JN193814

米国と戦後東アジア秩序

中国大国化構想の挫折

高橋慶吉

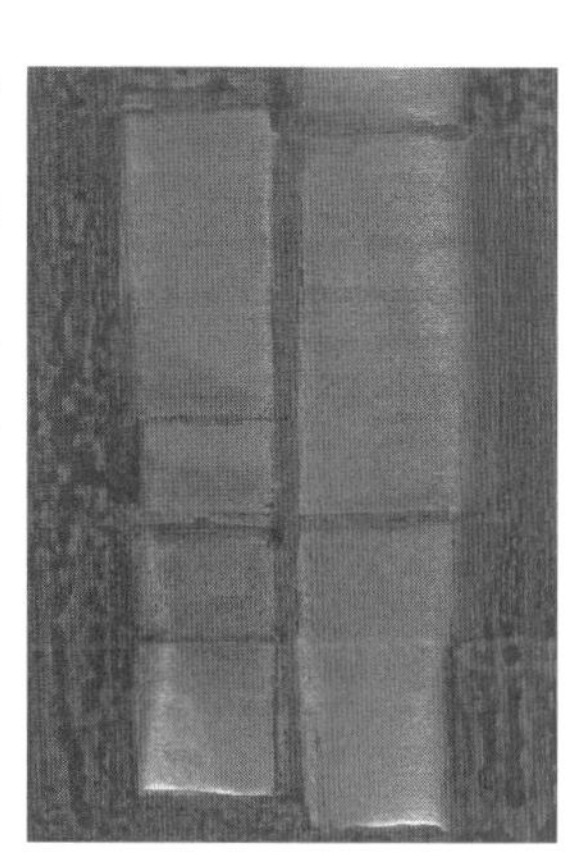

有斐閣

はじめに

第二次世界大戦も終局に向かいつつあった一九四五年五月一日、アメリカのジェイムズ・フォレスタル（James V. Forrestal）海軍長官は、政府内のある会議で次のような問いを投げかけた。

極東におけるロシアの影響力に対するわれわれの政策はどうなっているのか。その影響力に対抗する力をわれわれは望むのか。望むとしたら、それは中国なのか、日本なのか。[1]

四月に死去したローズヴェルト（Franklin D. Roosevelt）大統領の戦後構想に従うならば、フォレスタルの問いに対する答えは明らかだった。ローズヴェルトの構想は、日本を無力化する一方で、中国を戦後世界の安定に重要な責任を担う「大国」として位置づけるものだったからである。

ローズヴェルトの死を受けて発足したトルーマン（Harry S. Truman）政権は当初この構想に忠実だった。日本に対しては無条件降伏を強い、戦争終了後の占領政策ではその非軍事化を徹底しようとした。一方、中国に対しては、第二次世界大戦の英雄、ジョージ・マーシャル（George C. Marshall）前陸軍参謀総長を派遣し、国民党と共産党の調停に当たらせるなど、その統一と強化に努めた。

だが一九四六年夏、アメリカの努力もむなしく、国共間の対立は本格的な内戦に発展する。しかもその内戦にソ連との関係が深い中国共産党が勝利し、ローズヴェルトが大国中国の担い手として期待した蔣介石は、台湾へと逃亡した。

ローズヴェルトの中国に関する戦後構想について、五百旗頭真氏の名著『米国の日本占領政策』(中央公論社、一九八五年)は、その構想は「大国による世界管理」構想の一部であり、米英ソに加え中国を世界の管理者として位置づけるものだったと指摘する。五百旗頭氏によれば、そうした「中国大国化」の構想で中国に対して期待されたのは、アジアの管理者として「日本の無力化」に貢献することだった[2]。

本書は、この五百旗頭氏の研究を手がかりに、戦後、中国大国化構想が挫折し、その裏返しとしての日本無力化構想も挫折する中で、アメリカが日本をパートナーとする東アジア秩序の構築をめざすようになる、その政策転換の過程を米国対外援助法の制定(一九四八年)と米華相互防衛条約の成立(一九五四年)を軸に検証するものである。

あらかじめ各章の概略を述べれば、第一章ではローズヴェルトの中国大国化構想の前提と内容、そして戦時中における展開を従来あまり指摘されてこなかったアメリカの西半球政策との関連を踏まえて考察する。第二章と第三章は一九四八年制定の米国対外援助法を取り上げる。ヨーロッパ経済援助計画(マーシャル・プラン)を規定していたことで知られる一九四八年対外援助法だが、そこにはヨーロッパ向けの援助計画だけでなく、中国援助計画と日本経済復興計画も規定されていた。第二章では中国援助計画を通して、マーシャル調停失敗後に生じたアメリカの対中政策の変化を分析する。続く第三章では、日本の主要な貿易パートナーと期待された中国で反日世論が渦巻く中、アメリカがそれにどのように対応し、日本経済復興計画の作成に当たったかを明らかにする。第四章では、朝鮮戦争勃発(一九五〇年六月)直後から始まる台湾防衛策の展開を追い、米華相互防衛条約の締結に中国大国化構想の最終的な挫折と日本を基軸とする東アジア政策の確立を見出す。この章では、対ソ封じ込め政策の立案者として知られるケナン(George F. Kennan)の台湾占領論と日本経済復興政策の関係についても論じる。

本書は、アメリカ外交に関する実証研究である。国務省編纂『アメリカ対外関係文書集(*Foreign Relations of the United States*)』など公刊資料とアメリカ各地の図書館で収集した未公刊の資料を主として使用した。その中心はホワイトハウスや国務省など行政府の文書であるが、一九四八年対外援助法を取り上げる第二章と第三章では連邦議会の文書も多く利用している。

◆注

（1） Walter Mills, ed., *The Forrestal Diaries* (Viking Press, 1951), p. 52.
（2） 五百旗頭真『米国の日本占領政策——戦後日本の設計図』上巻（中央公論社、一九八五年）第四章。

目次

＊　引用文中では、原著作者による注記を（　）で示し、引用者による注記あるいは原文を補う言葉は〔　〕で示した。
＊　旧字体を用いた文献の引用に際しては、原則として、送り仮名はそのままとし、漢字は新字体を用いた。
＊　本文中で他の和書にある訳文をそのまま引用した場合、各章末の注に和書のみを記載した。訳文の一部を改変した場合には、注で原典を記したうえ、（　）内に和書を記載した。
＊　各章末の注における文献の表記は、同一文献を再度掲げる際には略記した。

第1章　中国大国化構想の形成

⬆左から蔣介石主席，ローズヴェルト大統領，宋美齢（1943年11月，エジプト・カイロ。Bettmann/Getty Images）。

一　大国管理の構想

「世界の警察官」

日本の真珠湾攻撃を受け、第二次世界大戦に参戦してから半年が経った一九四二年五月、ローズヴェルトはワシントンを訪れていたソ連外相・モロトフ（Vyacheslav M. Molotov）との会談で次のように述べた。

世界の警察官としての役割を果たすことが四つの主要な連合国の義務だと考える。

ローズヴェルトの言う「四つの主要な連合国」とはアメリカとイギリス、ソ連、そして中国のことである[①]。

ローズヴェルトがこのように「大国」による世界管理を構想した理由について五百旗頭氏は、「両大戦間の国際連盟の無力さ」に対する「幻滅」があったと指摘する。その幻滅からローズヴェルトは、「迅速な力の行使を効果的になしうるのは大国の団結のみ」と考えるようになったという[②]。

五百旗頭氏の「幻滅」という言葉からうかがわれるように、ローズヴェルトはもともと国際連盟に対する強い支持者だった。一九二〇年の大統領選挙では、副大統領候補として全国を飛び回り、連盟加盟を熱心に訴えている[③]。

だが一九三〇年代に入り、国際連盟が相次ぐ国際危機に無力な姿を露呈するようになると、ローズヴェルトはそれを否定的に見るようになっていく。一九四三年十一月にテヘランで行われたスターリン（Joseph Stalin）との会談でローズヴェルトが語ったところによると、彼は一九三五年のエチオピア危機の際に国際連盟がいかに機能しない組織であるかを思い知らされた。そのとき、連盟はただちにスエズ運河の封鎖を決議し、イタリア軍のエチオピアへの移動を困難ならしめるべきだった。しかし連盟では議論ばかりが行われ、結局何も行動はとられなかったのである。その結果、「イタリア軍はスエズ運河を通過し、エチオピアを破壊した」とローズヴェルトはスターリンに対して述べている。[4]

国際連盟に対するローズヴェルトの幻滅は大きく、戦争初期にはそれに類する普遍的な国際機構を新設することに対して否定的な姿勢をとるほどだった。一九四二年五月のモロトフとの会談では、連盟のような「組織はあまりに多くの国家が参加することになるため実際的ではない」という考えを示している。[5]

その会談で、戦後世界を四大国で管理するという構想を聞いたモロトフは、フランスを大国として再生させることについて、ローズヴェルトの見解を問うた。それに対するローズヴェルトの答えは、「一〇年か二〇年のうちにもしかすると可能になるかもしれない」という、曖昧で消極的なものだった。[6]ローズヴェルトはフランスに近親をもち、その文化に親しみを感じていたものの、ナチス・ドイツの軍門に早々と下り、かつ日本軍のインドシナ進駐を許したことに怒りや失望を抱いていた。また、「自由フランス」の指導者ド・ゴール（De Gaulle）と相性が悪かったこともあって、[7]ド・ゴールが何より望んでいたフランスの大国としての復活を認めようとしなかったのである。

地域主義

ローズヴェルトの大国管理の構想は大国の団結と同時に、大国の地域的役割を重視するものだった。具体的には、ヨーロッパはイギリスとソ連、西半球はアメリカ、東アジアはアメリカと中国が管理することになっていた。[8]ヨーロッパの秩序管理を担うのはイギリスとソ連になっていたとはいえ、戦争終了後のドイツの処理にはアメリカも英ソとともに当たることになっていた。だが、それが終われば軍をヨーロッパから引く。それがローズヴェルトの考えだった。[9]

一方、東アジアではアメリカはその地域の「警察官」として戦後も軍を駐留させることになっていた。そうしたローズヴェルトの構想を受け、アメリカ軍部では東アジアに多くの基地を設置する計画が作成されることになる。

なお、ローズヴェルト政権で国務長官を務めたハル（Cordell Hull）の回想によれば、ローズヴェルトは大国の地域割当てを構想するだけでなく，それぞれの地域に国際機構を創設することも考えていた⑩。国際連盟のような世界規模の国際機構によって平和をめざす考えを普遍主義と表現すれば，ローズヴェルトはそれとは対照的な地域主義とも言える考え方の強い支持者となっていたのである。

実はその点において，チャーチル（Winston Churchill）英首相の立場も同じだった。チャーチルの戦後構想では，普遍的国際機構を作りはするものの，そのもとにいくつかの地域評議会を設置し，問題の解決には主としてその評議会が当たることになっていた。一九四三年五月，チャーチルはウォーレス（Henry A. Wallace）米副大統領との会談で，地域主義を支持する理由を次のように語っている。

問題の解決へ向けて十分な労力を示して，それに取り組む見込みがある諸国は，その紛争によって自国の利益が大きく影響されるような諸国のみである。もしもそれらの紛争とは直接関係のないような諸国が，問題解決へ向けて中心となって関与するよう想定されるとすれば，それは単なる退屈で学術的なおしゃべりへと帰結するであろう⑪。

こうしたチャーチルの見方の背景にはおそらく，ローズヴェルトと同様の国際連盟に対する否定的評価があった⑫。

地域主義を支えたもの

ただ，チャーチルの地域主義はともかく，ローズヴェルトの地域主義は，国際連盟の失敗という消極的要因にのみ基づいていたのではない。それは，主権尊重と内政不干渉を基本理念に，西半球諸国との友好協力関係の確立に努めたローズヴェルトの西半球政策，すなわち善隣外交（Good Neighbor Policy）の成功という積極的要因に基づくものでもあった。

よく知られるように，アメリカはローズヴェルトの遠い親戚に当たるセオドア・ローズヴェルト（Theodore Roosevelt）が二〇世紀初頭に西半球における干渉権を主張して以降，カリブ海沿岸諸国に対する軍事介入を繰り返していた。とくに、ウィルソン（Woodrow Wilson）政権のときにはメキシコ、ハイチ、ドミニカ、キューバと多くの国々に軍事介入を行っている。ローズヴェルトは、ウィルソン政権の海軍次官としてそれら介入を強く支持し、深く関与した一人だった[13]。

アメリカがカリブ海沿岸諸国に対する軍事介入を繰り返したのは、民主的で親米的な政権を守ったり、打ち立てたりすることで、アメリカの安全保障上重要なその地域に域外勢力が入ってこないようにするためだった。また、アメリカの経済上の利権を守るためでもあった。だが、度重なるアメリカの軍事介入は米州諸国の中に強い反米気運を醸成し、一九二六年にアメリカが介入したニカラグアなどでは強い抵抗運動も起きていた。ローズヴェルトが善隣外交を推進した背景には、そうした状況が大恐慌に苦しむ自国経済の西半球における利益を害し、かつヨーロッパで台頭するドイツ勢力の西半球への浸透を許すことになるという懸念があった[14]。

ローズヴェルトが大統領として、善隣外交推進の意図を初めて公にしたのは一九三三年三月の就任演説においてである。その演説でローズヴェルトは、「この国をよき隣国の政策に捧げる」と宣言し、他国の諸権利や他国と交わした取り決めを神聖なものとして尊重すると誓ったのである[15]。

しかも、その年の十二月にローズヴェルト政権は、セオドア・ローズヴェルト以来の干渉権の主張を放棄する。モンテビデオ（ウルグアイ）で開催された第七回米州会議において、ハルがアメリカを代表して、「いかなる国家も他国の国内問題や対外関係に干渉する権利をもたない」と規定した「諸国家の権利と義務に関する協定（Convention on the Rights and Duties of States）」に署名したのである（一九三四年六月批准）。

もっとも、その際ハルは「一般的に認められている国際法」に基づく権利を留保している。そのことは、アメリカが例えば一九〇三年にキューバ政府と結んだ条約のもと、キューバに対する干渉権を持ち続けることを意味した[16]。だが、ローズヴェルトはハルの協定署名の数日後に行った演説で、「軍事介入に反対というのは、今後のアメリカの明確な方針である」と宣言している[17]。その宣言通り、翌年ローズヴェルト政権はキューバと新たな条約を締結し、キューバに対する干渉権を放棄した。

ただし、善隣外交を推進したローズヴェルトにアメリカの西半球における覇権的地位まで放棄する意図があったわけではもちろんない。むしろ、善隣外交は米州諸国のアメリカからの離反を防ぐことで、その地位を維持しようとするものだった。しかもローズヴェルト政権は、善隣外交による米州諸国との関係改善を背景にいくつか重要な成果をあげることにより、アメリカの西半球における覇権的地位をいっそう確かなものにしたとさえ言えるのである。

一九三四年制定の互恵通商協定法（大統領が、関税の低減と最恵国待遇の供与を骨子とする協定を他国と結ぶことを可能にした法律）のもと西半球で構築された自由貿易秩序は、善隣外交の重要な成果の一つである。言うまでもなく、その法律は西半球のみを対象にしたものだったわけではない。しかし実際に、アメリカが同法のもと互恵通商協定を締結した国の多くは西半球の国だった。その数は第二次世界大戦が勃発する一九三九年までに一一カ国（全体で一九カ国）に及んだのである[18]。

また一九三〇年代には、やはりアメリカ主導により、西半球で共同防衛体制の構築が進む。一九三六年一月、ローズヴェルトは米州諸国に対して書簡を送り、西半球の平和の問題を協議する国際会議の開催を呼びかけた。その半年前の一九三五年六月、チャコ戦争（Chaco War）として知られる、ボリビアとパラグアイの間の国境をめぐる争いが開始から三年を経て停戦となっていた。すでに米州諸国間には調停や仲裁に関する取り決めが存在したものの、ローズヴェルトはチャコ戦争の終了を受け、紛争の平和的解決を図るための仕組みをさらに強化したいと考えたのである。また、ローズヴェルトにはドイツの再軍備やイタリアのエチオピア侵攻に伴うヨーロッパ情勢の悪化に対応した、新たな枠組みを構築したいという考えもあった[19]。

一九三六年十二月、ローズヴェルトの呼びかけに応じて、ブエノスアイレスにおいて米州特別会議が開催され、多くの合意が成立する。そのうちとくに注目されるのは、「平和の維持、確保、回復のための協約（Convention for the Maintenance, Preservation, and Reestablishment of Peace）」である。ハルが、西半球の平和の問題に関係する取り決めの中で「最も強力」[20]と評価したその協約により、米州諸国間で戦争が起きたときや、米州諸国の安全が域外の戦争などによって脅かされたときには協議を行い、米州諸国全体で協力して平和の維持、確保、回復に努めることが決められた。しかも二年後の第八回米州会議（於：リマ）での決定によって、その協議のためいずれの米州国家も外相会議の開催を求めることができることになる[21]。

第二次世界大戦勃発直後の一九三九年九月、アメリカの要請によってパナマが米州諸国の外相を自らの首都に招き、第一回外相会議が開催される。その会議では、ヨーロッパの戦争からの中立が宣言されるとともに、西半球沿岸（カナダとカリブ海のヨーロッパ植民地を除く）から三〇〇マイルの水域における交戦国の活動を禁止することが決定された。翌年七月には第二回外相会議がハバナで開かれる。フランスがドイツに降伏し、イギリスも危ういと見られる中、開かれたその会議では、ドイツの進出を防ぐため、西半球のヨーロッパ植民地が域外国の手に渡りそうなときには米州諸国の共同管理の下に置くことが決められた[22]。

国際連盟が相次ぐ国際危機にうまく対処できず、その普遍主義が行き詰まりを呈していたときに、西半球で地域秩序の構築が進展したことは、ローズヴェルトの戦後構想において地域主義が重んじられる重要な要因となった。しかもローズヴェルトにとって、西半球の地域秩序は「世界に対する有益な模範[23]」となるべきものであった。またその構築を可能にしたアメリカの善隣外交は、ほかの大国がそれぞれ担当する地域においてやはり模範とすべき外交だった。一九四三年にイランのテヘランで行われた米英ソ首脳会談では、ローズヴェルトがスターリンに対して直接、善隣外交を「地域で傑出した力をもつ強国の政策」として勧めている[24]。

このことに明らかなように、ローズヴェルトの地域主義は大国のむき出しの力による地域支配を認めるものだったわけではない。大国はいわば警棒をふるっても棍棒をふるってならないのはもちろんのこと、警棒でさえ地域内諸国の同意と協力を得たうえでふるうべきだった。ローズヴェルトの構想において、大国とはそうした善隣外交の精神に則った抑制的な外交方針のもと、西半球で実現されたのと同様の安定的で開放的な地域秩序の構築のため、リーダーシップを発揮すべき存在だったのである。

ウェールズとハルの戦後構想

ただ、ローズヴェルトが西半球での成果を強調するとき、アルゼンチンの問題を都合よく無視していたことも確かである。アルゼンチンはアメリカに対する対抗心やヨーロッパとの関係を重視する立場から、互恵通商協定の締結を拒んだり、枢軸諸国に対する宣戦の要請になかなか応じなかったりと、アメリカのリーダーシップを容易に受け入れようとはしなかった。あるとき、ローズヴェルトはジャーナリストのガンサー（John Gunther）との会話の中で、アメリカがアルゼンチンを植民地にしてしまえば、問題は解決すると述べている[25]。軽口とはいえ、その発言からいかにアルゼンチンがアメリカにとって厄介な国家であったかがうかがわれよう。

アルゼンチンの問題があったとはいえ、ヨーロッパやアジアでは秩序そのものが崩壊していたことを考えると、西半球では秩序がよく保たれていたことは確かである。またアルゼンチンにしても、アメリカのリーダーシップのもとで構築された西半球秩序をすべて否定していたわけではない。例えば、「平和の維持、確保、回復のための協約」を締結し、パナマやハバナでの外相会議に参加している。

外交において独断専行的な政策形成スタイルを好んだローズヴェルトだったが、西半球政策についてはよき助言者としてウェールズ（Sumner Welles）がいた。ローズヴェルトが海軍次官を務めていた一九一五年に国務省に入省したウェールズは、当時としてはめずらしいラテンアメリカ問題の専門家としての道を歩み、一九二一年にはわずか二八歳でラテンアメリカ部長になっている（ただし、結婚生活の破綻の影響から翌年三月に辞任）。ローズヴェルトとは、ともにニューヨークの上流社会の一員として幼少期からの知り合いだったが、ローズヴェルトが一九二一年に罹患したポリオからの再起を図り、政治活動を再開した一九二〇年代半ばごろから外交政策についての意見を交換するようになっていた。一九三二年の大統領選挙の際には、外交問題に関する助言を提供するだけでなく、かなりの金銭的支援も行い、ローズヴェルトの当選に大きく貢献している。そのこともあってウェールズは、ローズヴェルト政権において国務次官補、キューバ大使、そして国務次官と要職を歴任することになるのである。[26]

ラテンアメリカ問題の専門家として、ウェールズは友好的で協調的な西半球政策の必要性をすでに政権に入る前から唱えていた。善隣外交は、そのウェールズの発案によるものという側面を強くもつ。もっとも、軍事介入の効果に対する疑問から、共和党政権時代の一九二〇年代にはすでにアメリカは介入を控えるようになっており、善隣外交をその延長線上にあるものとして位置づけることも可能である。とはいえ、一九二六年にニカラグアに軍事介入するなど、共和党政権の非介入政策は中途半端なものに終わっていた。それがローズヴェルト政権のもとで徹底したものとなった背景には、ウェールズの働きかけとそれに対するローズヴェルトの積極的な応答があった。

政権入りしたウェールズは、善隣外交の具体的な立案や実行に当たる一方で、第二次世界大戦期には国務省で進められた戦後計画の作成に深く関与することになる。その作業のために省内に設置された諮問委員会（Advisory Committee on Post-War Foreign Policy）の下部組織、政治小委員会（Subcommittee on Political Problems）の議長となったためである。[27]

戦後計画の作成作業の中で、ウェールズもローズヴェルトと同様、西半球秩序を他の地域が見習うべき模範ととらえていた。一九四三年二月、トロント大学での演説でウェールズが語ったところによれば、「われわれは、この新世界に、これまで文明人が作り上げてきたものの中で、おそらく最も高度な国際関係のシステムを作り上げた」。それは、

> 最小の国家でも最大の国家と同じく自由に、自らの運命を決定することのできるシステムである。それは、最小の国家であっても、最大の国家と同程度の安心感をもつことができるシステムである。なぜなら、小さな国家の独立と統一がより力の強い近隣諸国の重大な関心事であるということが明確になっており、西半球外の地域からの侵略によってその自由が脅かされるならば、強力な近隣諸国がその危険を排除するのに必要な行動を必ずとってくれることになっている

からである。

世界のすべての地域が独自の問題や特別な利点、そして固有の困難を抱えている。われわれは、ヨーロッパやその他の地域で古くから続いてきた対立関係について、いやというほど聞かされてきた。しかし、異なる人種、異なる言語、異なる起源をもつ南北アメリカの二一の独立した民主主義国でも、平和的で人道的な関係、そして利益の多い経済的協力関係の構築に向けこれだけの進歩を成し遂げることができるのであれば、同じ形態の関係を世界のすべての地域において作り上げることができないはずはない。(28)

善隣外交の実質的な立役者であるウェールズが、それを西半球において「高度な国際関係のシステム」の構築を可能にしたものとして高く評価していたことは言うまでもない。戦後に著した書物にウェールズは、善隣外交について次のように記している。

ラテンアメリカの人々は汎米主義に関する空疎な言葉を何世代にもわたって聞いてきた。しかしようやく彼らは、行動によるその実践を見ることになったのだ。完全に新しい協力の精神が生まれた。一〇〇年の歴史の中で初めて全西半球レベルでの連帯が実際に可能になったのだ。(29)

ウェールズはこうした西半球秩序と善隣外交に対する評価から、ローズヴェルトと同様、やはり地域主義を強く支持する立場に立った。だが、同時に普遍的な国際機構の創設にも前向きな姿勢をとった。なぜなら、世界的な問題に対して、大国以外の国家もある程度関与できるようにしなければ、世界の安定は得られないと考えていたからである。そのような考えから、国際機構に関する政治小委員会での検討作業では、地域機構の上に世界規模の国際機構を創設し、前者が問題を解決できないときには後者が介入するという、地域主義に重きを置きつつも、普遍主義を取り入れた仕組みを考案した。(30)それは、細部はともかく、基本的な枠組みという点ではチャーチルが考えたものと同じだった。

一方、ハル国務長官はウェールズの戦後構想に批判的で、ウェールズ以上に普遍主義を強く支持する立場をとった。

地域機構を一切認めないというわけではなかったが、あくまでも世界大の国際機構に従属する補助的な機関として位置づけられなければならないというのがハルの考えだった[31]。

ただし、こうしたハルとウェールズの考え方の相違は、西半球秩序に対する評価の違いから生まれたものではない。ハルもウェールズと同じく西半球秩序を高く評価しており、回顧録の中ではそれに関して次のように述べている。

　ラテンアメリカに対する政策を実行する際に私が望んでいたのは、それをパン・アメリカンのものだけにしてはならないということだった。私は常に、新世界において達成されたことが旧世界においても同様に成し遂げられることを願っていた[32]。

このように西半球秩序を評価する際、ハルの念頭には主として、自身がその構築に尽力した西半球の自由貿易秩序があったであろう。ハルの考えでは、それを世界規模に押し広げ、その存続を保証するのは普遍的な国際機構でなければならなかった。なぜなら、地域主義には地域間の対立を招く危険があったからである。しかも、それは国家間の対立よりも激しくなる可能性が多分にあった。さらに、大国に地域における特別の責任を認め、その大国が善隣外交を実践しなかった場合、閉鎖的な貿易圏ができてしまうおそれもあった。そうした危険性のある地域主義を、自由貿易の旗振り役としては支持することができなかったのである[33]。

また、ハルがウェールズの構想に批判的な立場をとった背景には、ウェールズに対する個人的な悪感情もあったかもしれない。ハルは、ローズヴェルトの旧友としてホワイトハウスに入り浸り、勝手に演説を行うなど直接の上司を無視するような行動を繰り返すウェールズに苛立ちを募らせていた。ウェールズの同性愛の噂がワシントンで広まり始めていた一九四三年夏、ついにハルはウェールズの解任をローズヴェルトに進言する。当時の支配的な性モラルのもと、同性愛の問題で政権が揺らぐことをおそれたローズヴェルトは、一九四三年八月、ハルの進言を容れ、ウェールズを解任した[34]。それ以降、国務省ではハルの普遍主義重視の立場に沿った戦後国際機構の立案が強力に推し進められることになる。

普遍主義の受容

かつて国際連盟への参加を拒んだアメリカ世論も、第二次世界大戦に参戦した後、普遍主義に対して肯定的な反応を見せるようになっていた。一九四二年二月の世論調査では、「もし戦後に国際機構を創設するとすれば、どの国家がそれに加盟すべきだと考えるか」という問いに対して、「枢軸諸国も含むすべての国家」という回答が五一パーセントを占めた。以下、「枢軸諸国を除くすべての国家」が一七パーセント、「枢軸諸国と戦争状態にある連合国」が一四パーセント、「英語を話す国家のみ」が四パーセント、「西半球の国家のみ」が二パーセントとなっている。また一九四三年九月に行われた世論調査では、「すべての国家を加盟国とする国際的なまとまりと、少数の国家のみを加盟国とするまとまりのうち、どちらのほうがうまく機能すると考えるか」という問いに、前者と回答したのが八三パーセント、それに対して後者としたのはわずか一一パーセントだった[35]。

こうした世論を背景に、連邦議会では一九四三年初頭の開会直後から、普遍的国際機構の創設とそれへの加盟を求める決議案を通そうとする動きが見られるようになる。二月には下院において実際に決議案が提出され、九月に三六〇対二九で可決された。十一月には上院でも同様の決議案が九六名中八五名の賛成を得て可決されている[36]。

普遍主義を求める世論とそれに呼応した議会の動きにより、ローズヴェルトはハルの普遍主義重視の立場を受け入れざるをえなくなる[37]。一九四三年十一月、ハルのイニシアティブとローズヴェルトの支持のもと、「一般安全保障に関する四国宣言」、いわゆるモスクワ宣言が米英ソの外相の署名に駐ソ中国大使の署名を加え、世界に発表された。その宣言では、「国際平和と安全の維持のために、すべての平和愛好国の主権平等の原則に基づく世界的国際機構の設立を必要と認める」ことが謳われた[38]。ハルによると、米英ソの外相会談では宣言に地域機構に関する文言を入れるべきという意見も出された。だが、ハルが「強く反対」したことにより、その意見が採用されることはなかったという。[39]

地域主義に対するこだわり

モスクワ宣言発表の翌月、イランのテヘランで米英ソ首脳会談が開催される。遅くともそのころまでには、普遍主義を取り入れたローズヴェルトの戦後構想の大枠は固まっていた。スターリンとの会談の席でローズヴェルトは、国務省における研究を下敷きに、三つの機関からなる普遍的な国際機構の構想を示している。三つの機関のうち一つは、すべての加盟国で構成される総会である。二つ目は、米英ソ中と六つの国家（ヨーロッパから二カ国、南アメリカ、中東、極東、イギリス自治領からそれぞれ一カ国）からなる機関で、農業や食糧、衛生など軍事以外のすべての問題を扱うことになっていた。三つ目の機関は米英ソ中によって構成される。それは、軍事の問題を扱い、平和に対するいかなる脅威にも即座に対処することのできる権限を有することになっていた。[40]

ローズヴェルトの考えでは、この普遍的な国際機構が戦後世界の秩序維持に主たる役割を担うべきだった。テヘランにおけるスターリンとの会談でローズヴェルトは、地域機構の役割に重きを置いたチャーチルの構想に言及し、議会の支持が得られないという理由からそれを明確に否定している。[41]

とはいえ、ローズヴェルトが完全に地域主義的な考えを捨てたわけではなかった。そのことは、テヘラン会談で普遍的国際機構の構想を示しながら、一方で善隣外交を地域で傑出した強国の政策としてスターリンに勧めていることに明らかである。また、同じくスターリンに対してローズヴェルトは、もしヨーロッパで平和に対する脅威が生じた場合、アメリカが行うことは空軍と海軍の派遣のみにとどめたいという意向を示している。[42]すなわち陸軍を派遣し、主として問題の処理に当たるのはあくまでもイギリスとソ連だというのがローズヴェルトの考えだった。

歴史家キンボール（Warren F. Kimball）は、「ローズヴェルトの戦後構想を理解するにあたりきわめて重要なことは、彼がそれぞれの警察官の地域的役割に常に重きを置いていたということだ」と指摘する。[43]キンボールは中国の大国化というローズヴェルトの構想に関してはほとんど検討の対象としていないが、彼の指摘は中国についても当てはまる。

二　中国の役割と位置づけ

戦争遂行の手段

一九世紀末のヘイ（John M. Hay）国務長官の門戸開放通牒以来、東アジアの安定のため、独立した統一中国の実現を図ることはアメリカの伝統的政策となっていた。ローズヴェルトの中国大国化構想はその伝統の延長線上にあるものとしてみることができる。[44]

ただし、アメリカ参戦以前にその構想が存在した形跡は見当たらない。たしかに、一九四一年八月の大西洋会談の記録から、大国管理の構想自体はすでに参戦前からローズヴェルトの脳裏に存在したことを確認することができる。だが、そのときローズヴェルトが世界の管理者として具体的に想定していたのは米英二国のみだった。[45]

中国大国化構想の存在をアメリカ参戦後においてしか確認することができないということは、同構想が戦争遂行上の必要性と密接なかかわりをもっていたことを示唆しているように思われる。戦争を遂行するうえで、中国はアメリカにとって重要な同盟国だった。その一つの理由は言うまでもなく、中国が日本の大軍を引き付けていたからである。日本軍が破竹の勢いでその勢力範囲を拡大させていた一九四二年初頭、ローズヴェルトは息子のエリオット（Elliott Roosevelt）に対して、「もし中国が屈したら、……［日本軍は］何をすると思うか」と問うている。ローズヴェルト自身のそれに対する答えは、中国戦線から解き放たれた日本軍は「オーストラリアを取り、インドを取るだろう」、そして「中東へとまっしぐらに進む」に違いないというものだった。[46]

また、中国を戦線にとどめることは「アジア人のためのアジア」の建設を戦争スローガンに掲げていた日本との戦いが、人種間の戦争に転化するのを防ぐうえでも重要だと考えられた。国務省のハミルトン（Maxwell M. Hamilton）

極東部長は一九四二年六月の覚書で、現下の戦争を人種間の戦争にしようとしている日本に対して、中国は「連合国側が有しているもっとも重要な防壁」であると指摘し、次のように警告している。

もし中国が崩壊すれば、日本は当然、心理的にアジア人種——世界の全有色人種とまではいかなくても——の指導者としての確固たる地位を手にするだろう。連合国が日本を打ち破ることは、あやしくなってくるかもしれない。(47)

しかも、中国は日本を爆撃するための貴重な空軍基地になるとみられた。ローズヴェルトは、早くも一九四一年十二月末のチャーチルとの会談でその可能性を探っていることを明かしている。(48)

だが、ローズヴェルトはそのチャーチルとの合意のもと、日本よりドイツの打倒を優先させる方針をとったために、中国に対して兵力、物資を十分に割くことができなかった。「心理的要素が中国に抵抗を続けさせるうえで大きな重要性をもつ(49)」とみられる中、そうした状況は中国に孤立感を生じさせ、その戦線離脱をもたらしかねないと懸念されることになる。

もっとも、中国との関係で「心理的要素」を重視する見解はすでにアメリカ参戦前からあるにはあった。武器貸与法の成立を見越し、援助の必要性を調査するため、一九四一年二月にローズヴェルトから重慶に派遣された大統領補佐官カリー（Lauchlin B. Currie）は大統領宛の調査報告書の中で、中国を戦線にとどまらせるには物資を支給するだけでなく、「イギリスに対するのと同様の待遇を与える」必要があると説いている。(50) またカリーの推薦とローズヴェルトの支持を受け、一九四一年七月から蔣介石の政治顧問を務めていたラティモア（Owen Lattimore）は、同年八月、カリーに対して送った手紙の中で、「中国人は政治的に孤立していると感じており、戦後平等な地位と正当な待遇を与えられないのではないかという懸念が高まっている」と報告した。(51)

一九四一年十二月の参戦により、中国の孤立感を和らげ、その戦線離脱を防ぐことはアメリカにとって、より切実な課題となった。戦時中、スピーチライターとしてローズヴェルトに仕えたシャーウッド（Robert E. Sherwood）によ

れば、ローズヴェルトが対中政策において

なによりも気にかけていたのは、中国に戦争を続けさせ、中国国民のアメリカに対する友情をつなぎとめることだった。彼はどの決定を下すにつけても、そうした目標を心に抱いていたのである。[52]

中国の大国化というローズヴェルトの方針も、右の「目標」と無縁ではなかったであろう。それは援助の不足を補い、中国の戦線離脱を防ぐことを一つのねらいとするものだったと思われる。[53]

ソ連を「世界の警察官」に

ちなみに、中国の戦線離脱の可能性をおそれたローズヴェルトは、同様の懸念をソ連に対しても抱いていた。ソ連には、前身のロシア連邦共和国時代にドイツと単独講和を結び、第一次世界大戦から離脱した前科があった。一九三九年には再びドイツと不可侵条約を結び、世界を驚かせている。しかもそのときの指導者スターリンが、同じくソ連の指導者としてドイツとの戦いを率いていたのである。その戦いを支えるためにソ連には巨額の援助が支給されていたものの、米英に対して不信を抱くようなことがあれば、あるいは米英との提携に利益を見出すことができなければ、スターリンは再びドイツと手を結びかねないとみられた。そうした事態は、ソ連が最大で一四九個師団にも及ぶドイツ軍を一手に引き受けていただけに、米英としては何としても防がなければならないことだった。

一九四三年一月にローズヴェルトが打ち出した日独伊に対する無条件降伏要求には、第二戦線（西部戦線）設定の遅れからスターリンの米英に対する不信が募っているとみられる中、最後まで戦い抜く決意を示し、ソ連の戦線離脱を防ぐというねらいがあったと言われる。[54]またテヘラン会談でローズヴェルトがアメリカ世論の支持を得られないと知りつつ、東欧、とりわけポーランドの国境問題でスターリンの要求に応じる姿勢を示したのは、やはりソ連をドイツ側に向かわせないためだった。[55]おそらくローズヴェルトがソ連を「世界の警察官」の一員とし、大国として扱う姿勢を示した背後にも同様のねらいがあった。

加えて、その姿勢の背後にはドイツ打倒後のヨーロッパ、とくに東欧の管理をソ連に任せるという戦後構想があった。そもそもドイツ敗走後、東欧の力の真空を埋めることができるのはソ連をおいて他になく、その地域がソ連の勢力圏と化すことは確実とみられた。ローズヴェルトの戦後構想はそうした展開を積極的に受け入れようとするものだった[56]。

ただし忘れてならないのは、それには善隣外交の遂行という条件が付されていたということである。その条件が満たされる可能性を考えるうえで、ソ連が共産主義に対する熱意を失いつつあるようにみえたことはローズヴェルトにとって明るい材料だった。ソ連の指導下にあった世界革命のための組織、コミンテルン（共産主義インターナショナル）は大会を一九三五年以来開いておらず、一九四三年五月ついに廃止される。しかもアメリカ側が驚いたことには、自由で多角的な貿易体制の構築のため一九四四年夏に開かれたブレトンウッズ会議にソ連は代表を派遣し、協定にも調印したのだった[57]。加えて、一九四三年十一月のテヘラン会談で、初対面のスターリンについて「近づきやすい」人物だという、まずまずの好印象をもてたこともローズヴェルトにとっては戦後のソ連外交を占ううえでの明るい材料だった[58]。

もちろん独ソ戦に入る前の数年間、スターリンがバルト三国を併合するなど攻撃的な近隣外交を展開していたことをローズヴェルトが忘れていたわけではない。だがローズヴェルトは、ドイツを弱体化させ、ソ連の安全保障上の主たる懸念を取り除けば、その拡張主義を緩和させることができると考えた。ドイツ弱体化のための格好の方策としてローズヴェルトが飛び付いたのが、有名なモーゲンソー・プランである。一九四四年秋にモーゲンソー（Henry Morgenthau, Jr.）財務長官が作成したそのプランでは、ドイツは二つに分割されるとともに、一大工業地帯であるルール地方は工業力を破壊したうえで国際管理のもとに置かれることになっていた。また降伏から少なくとも二〇年間、二つのドイツ国家が行う貿易や資本の輸入は国際的な統制を受けることにもなっていた[59]。もっとも、ローズヴェルトはモーゲンソー・プランがそのあまりに厳しい内容により世論の批判を受けたため、それに対する支持を撤回することになる。だが、その後もドイツ分割という構想は持ち続け、例えばヤルタ会談ではドイツを五つか七つの国家に分割するのが望ましいという見解を示した(60)。

中国の地域的役割

ソ連を大国として扱う方針と同じく、中国大国化構想も戦争遂行上のねらいにのみ基づくものだったわけではない。それは、アメリカが西半球でめざしたのと同様の、安定した開放的秩序を東アジアに打ち立てるためのパートナーとして、中国を位置づけるものでもあった。

中国に期待された具体的役割としてはまず、日本に対する「警察官」としての役割を指摘することができる。一九四三年三月、ローズヴェルトはイギリスのイーデン（Anthony Eden）外相に対して、「中国は日本を取り締まるきわめて有益な極東のパワーとなろう。私はあらゆる可能な方法をもって中国を強化したい」という考えを示している(61)。周知のように、ローズヴェルトは日本から無条件降伏を勝ち取ったのち、日本を連合国の占領下に置くことを構想していた。一九四四年八月の記者会見では、そうした考えを示したうえで、日本は「平和的な諸国と進んで共存することができるようになるまで、平和愛好的な世界から切り離されなければならない」と述べている(62)。

もっとも、ドイツに対する関心と比べて、日本に対する関心は低く、どのようにして日本を「平和的な諸国と進んで共存することができる」国家にするのか、ローズヴェルトが具体的な計画を練っていたわけではないようである(63)。とはいえ、モーゲンソー・プランという過酷な戦後処理の方針をドイツに対して適用しようとしていたことを踏まえると、ローズヴェルトは日本に対しても相当に厳しい姿勢で臨む意向だったとみるのが自然だろう。そのことは例えば、ドイツ、イタリア、日本が「ゴム紐を巻いて遊ぶおもちゃの飛行機より大きなものを飛ばすことができるようになることを望まない」という、戦後航空政策に関する議論（一九四三年十一月）におけるローズヴェルトの発言からもうかがうことができる(64)。

ただし、ローズヴェルトは日本をドイツのようにいくつかの国に分割するとまでは考えていなかったようである。だが、次節でも述べるように琉球諸島は日本から切り離し、中国に帰属させる考えだった。また千島列島についても、ソ連の信託統治のもとに置くというのがローズヴェルトの構想だった(65)。当然、植民地はすべて日本から剝奪され、第一次世界大戦の結果、日本の委任統治のもとに置かれた太平洋諸島もアメリカを施政国とする信託統治のもとに置かれることになっていた。

太平洋諸島の問題について、アメリカ軍部には安全保障上の理由から、信託統治ではなく領有を主張する見解が強く存在した。だが、それは大西洋憲章（一九四一年八月作成・発表）に謳われた領土不拡大の原則と矛盾するという理由からローズヴェルトによって明確に否定されている(66)。ただし、ローズヴェルトも軍部と安全保障上の関心は共有しており、太平洋を「アメリカの湖（American Lake）」、すなわちアメリカが事実上支配する海にしたいという考えをもっていた。そうした考えを一つの背景に、国際連盟の委任統治地域では禁止されていた「築城又ハ陸海軍根拠地ノ建設」（連盟規約第二二条）が、ローズヴェルトの考える信託統治制度のもとでは許され、日本の委任統治下にあった太平洋諸島にはアメリカが排他的な使用権をもつ軍事基地が多数設置されることになっていた(67)。

統合参謀本部によって作成され、一九四四年一月に大統領承認を受けた戦後基地計画（ＪＣＳ五七〇／二）によると、戦後アメリカは太平洋諸島だけでなく、千島列島や琉球諸島、朝鮮半島、中国大陸にも使用権をもつ基地をもつことになっていた(68)。日本はそれら基地を拠点とするアメリカと中ソにより、四方から強力に抑え込まれることになっていたのである。

中国に期待された地域的役割の二つ目は、日本の植民地支配から解放された後の朝鮮半島で信託統治を行う施政国としての役割だった。ローズヴェルトの構想では、中国、アメリカの他にソ連も朝鮮半島の信託統治に加わることになっていた(69)。

このことに明らかなように、ローズヴェルトは東アジアを基本的にはアメリカと中国が管理する地域とみなしながらも、ソ連の一定の関与を認める考えだった。ラティモアが起草し、ローズヴェルトが手を入れた一九四二年十二月の蔣介石宛書簡にはその理由が次のように記されている。

　広大な西太平洋地域においては、中国とアメリカが最大の責任を負う国としての資格を有することは明らかです。しかし、アメリカの領土がシベリア、朝鮮、日本に迫る北太平洋にあっては、たとえば朝鮮の独立問題などをめぐってロシアを排除することは好ましくないでしょう。この地域でソ連を孤立させることは、緊張を緩和するよりも増大する危険を冒すことになるでしょう。(70)

一方、ソ連との間で領土問題（具体的には外蒙古と新疆における問題）を抱え、モスクワと延安（中国共産党）の関係も疑っていた蔣介石は、朝鮮半島の問題からソ連を排除したいと考えていた。(71) 右の書簡は実は、ラティモアを通じてローズヴェルトに伝えられたそうした蔣の見解に対する回答として作成されたものである。

その回答に明らかなように、ローズヴェルトは極東方面におけるソ連との協力の可能性について楽観的だった。蔣介石がおそらく領土問題以上に強く懸念していたモスクワと延安の関係についてもすでに切れているとみていた。(72) とはいえ、ソ連が延安との関係構築に動く可能性をローズヴェルトが全く考えていなかったわけではなく、後述するようにヤルタではまさにその可能性を考慮してそれなりの措置をとっている。

また、ローズヴェルトが中国の大国化をめざした背景にもやはりソ連に対する一定の警戒心があった。一九四三年初頭、ローズヴェルトはウェールズに対して、「安定し、大国の一つとして認められた中国は、極東においてソ連の野心を阻む障壁となるだろう」と中国大国化の意義を説明している。(73) 同年三月のイーデンとの会談では、おそらく蔣介石の反ソ的姿勢を念頭に置きつつ、「ロシアとの間で深刻な政策の相違が生じた場合、中国は間違いなくわれわれの側につくだろう」という見方を示した。(74)

ローズヴェルトの構想では、中国は朝鮮半島だけでなく、東南アジアにおいても信託統治に当たることになっていた。そのことはローズヴェルトが日本の植民地だけでなく、ヨーロッパの植民地も廃止しようとしていたことを意味する。

言うまでもなく、ローズヴェルトが反植民地の姿勢をとったのは単なる心情論からではない。日独の戦争プロパガンダとその行動によって人種に対する意識が一般的に強まる中[75]、ローズヴェルトは植民地、とくにアジアにおける植民地でみられたヨーロッパ列強とその支配を受ける諸民族との間の緊張が戦後世界の安定を脅かすという強い懸念を抱くようになっていた。ローズヴェルトの認識では、アジアには「一一億の有色人種」がいた。彼らは「一握りの白人に支配され、憤っている」。ローズヴェルトの認識では、アジアには「一一億の有色人種」がいた。アメリカの目的は、「彼らの独立を助けることでなければならない」。なぜなら、「一一億の潜在的な敵は危険な存在」だからだ。このようにローズヴェルトは、一九四五年三月の側近タウシグ（Charles W. Taussig）との会話の中で述べている[76]。

反植民地の姿勢をとったローズヴェルトには他にも、植民地をめぐる帝国主義諸国間の争いが起これば、戦後世界の安定は得られないという考えがあったであろう。また、西半球で構築された自由貿易秩序を世界規模に押し広げる際に、植民地の存在が阻害要因となりかねないという懸念もあったかもしれない[77]。

なお、先行研究ではローズヴェルトが反植民地政策をとった理由として、第一次世界大戦期に民族自決理念を推し進めたウィルソンの影響がよく指摘される[78]。たしかに、それもあったかもしれないが、ウィルソンの民族自決理念とローズヴェルトのそれとの間には適用対象という点で重要な相違がある。ウィルソンは民族自決理念を主としてヨーロッパの諸民族に適用すべきものととらえていた。そのため委任統治制度の適用対象を第一次世界大戦の敗戦国であるドイツとトルコの植民地、あるいは領土に限定しようとする英仏の動きにほとんど抵抗しようとはしなかった[79]。

それに対して、ローズヴェルトは人種の問題に対する強い意識から、むしろ民族自決理念をヨーロッパ外の地域に対して積極的に適用すべきものと考えていた。チャーチルが大西洋憲章に規定された政体選択の権利について「主として現在ナチスのくびきのもとにある国家」に対して適用されるべき権利だとする解釈をイギリス議会で示すと[80]、それを公に否定する声明を発している。ローズヴェルトによれば、「大西洋憲章は大西洋に接する地域だけでなく、世界全体に適用される」べきものだった[81]。それに規定された政体選択の権利はまさに「一切ノ国民」（大西洋憲章）に対して認められなければならなかったのである。

ただし、ヨーロッパ外の諸民族には信託統治が実施されることになっていたという点で、ローズヴェルトの民族自決理念においてもやはり、ヨーロッパとそれ以外の地域という区別は存在した。その背景には、長期の外国による支配を受けたために未成熟ではあるものの、潜在的には白人に対する深刻な脅威となりかねないヨーロッパ外の諸民族には、成熟国家による善導が必要というローズヴェルトの考えがあった[82]。

ヨーロッパの植民地帝国の中で、ローズヴェルトの反植民地政策の主たる標的となったのはイギリスに次ぐ大帝国を築いておきながら、早々とドイツの軍門に下っていたフランスだった。ローズヴェルトは、一九四二年初頭、蔣介石が連合国軍最高司令官を務めることになった中国戦区の中にフランス領のインドシナを含めた。それにより、連合国軍はたとえフランス人部隊であっても、蔣介石の許可なしにインドシナに入ることはできず、いったん入れば蔣介石の指揮下に置かれることになった。列強諸国の進出に悩まされた中国の歴史を背景に、蔣介石が植民地の存続に否定的な姿勢をとっていたために、そのような仕組みはインドシナにおけるフランス帝国の復活を難しくすると考えられた[83]。しかも、それはアメリカにとってフランスやそのインドシナ復帰を支持していたイギリスとの正面衝突を回避できるという点で都合のいい仕組みだった。

インドシナでのフランス帝国の崩壊は、東南アジアにおける他のヨーロッパ植民地の支配を揺るがすことになるとみられた。というのも、「それらはすべて相互に関係し合っている」からである。「一つが自由を得れば、他は理想を得る」[84]。こうしたローズヴェルトの見方を踏まえると、中国はインドシナ、ひいては東南アジア全体からヨーロッパを追い出す重要な役割を担うことになっていたと言えよう。

最後に指摘したい中国の地域的役割は経済に関係するものである。すなわち、中国はアメリカの推進する自由貿易秩序の中で、アジアの復興や繁栄に寄与することも期待されていた。前戦時生産局長官で、一九四四年九月にローズヴェルトの命によって中国経済の調査に当たることになったネルソン（Donald M. Nelson）は、「かつて日本によって供給されていた必需品を、西アジアや東アジアの人々に供給するため、中国の工業を育成する」というアメリカ政府の方針を、重慶に向かう途中に立ち寄ったモスクワでモロトフに対して示している[85]。

数カ月の調査ののち、十二月にネルソンが大統領に提出した報告書によると、「中国にはアメリカの援助で工業発展する能力も意思もあった。もしその援助が現実的に計画され、資金提供が健全なビジネス・ベースで行われるならば、中国は戦後すぐにアジアにおける第一の工業国家として日本にとってかわり始めることになろう」。しかも「その場合、巨大な市場が着実にアメリカの輸出産業に対して開放されることになる」[86]。この報告書が大統領に提出されたころ国務省ではすでに、中国を自由貿易秩序の中に組み込み、その市場を開かれたものにするための通商協定案の策定が進められていた[87]。

ジュニア・パートナーとしての中国

以上のように、ローズヴェルトは中国大国化構想に多くの期待を込めていた。とはいえ、ローズヴェルトが中国の現状を高く評価していたわけでは決してない。テヘラン会談でスターリンが、「戦争が終わるとき、中国はさほど強力ではないだろう」という見通しを示したのに対してローズヴェルトは、「現在、中国が弱体であることを認識していないわけではない」と答えている[88]。中国が近代化の遅れた貧しい国家であることは誰もが知る事実だった。また、ローズヴェルトは中国が国民党と共産党の間で分裂した状態にあることも承知していた。そのため一九四二年五月のモロトフとの会談でローズヴェルトは、中国を「世界の警察官」として位置づける構想を示しながらも、統一的な中央政府の樹立を大国化の条件として挙げたのだった[89]。

だが、ローズヴェルトはその条件が満たされるのを待とうとはしなかった。中国の戦線離脱を防ぎ、かつ白人による世界支配という批判を受けないためにも中国は「大国クラブ」に加えておく必要があったからである[90]。しかも、ローズヴェルトの脳裏には中国の潜在力に対する高い評価があった。参戦直後、ワシントンに滞在中であったチャーチルから、アメリカ世論の中国に対する過大評価を指摘されると、「中国には五億の国民がいる。もしこの巨大な人口が、過去一世紀における日本のように発達して、現代式武器を持ったら、どういうことになるか」と反論している[91]。

この発言に明らかなように、ローズヴェルトの中国の潜在力に対する高い評価は、中国がもつ巨大な人口をパワーの源泉としてとらえる見方に基づいていた。たしかに、中国の人口を五億と言ったり、四億と言ったり、その人口の規模に関するローズヴェルトの発言は一定しない。だが、戦時中ローズヴェルトは一貫して、中国の巨大な人口を理由に、その潜在力を高く評価し続けた。一九四三年のテヘラン会談では、中国の大国化というアメリカの方針に疑問を呈したスターリンに対して、「四億の中国人民を潜在的な抗争の原因とするよりも友人とする方がよいと信じる」と主張している[92]。戦争末期の一九四五年一月には、ハルにかわって国務長官に就任していたステッティニアス（Edward R. Stettinius）に対して、「中国は今のところ弱体で、革命や内戦の可能性もある」と認めつつも、「四億五〇〇〇万人の中国人はいつかまとまり、近代化し、極東全体で最も重要な要素となるだろう」という見通しを示した[93]。その二カ月後には、「一一億の有色人種」の潜在的脅威をタウシグに説く中で、一一億の中には「四億五〇〇〇万の中国人が含まれる」と、とくに巨大な中国の人口に言及している[94]。

ある論者は、こうしたローズヴェルトの中国に関する発言に世紀転換期の欧米社会で流行した黄禍論の影響をみる[95]。一八八二年生まれのローズヴェルトにとって、世紀転換期は一〇代から二〇代という多感な時期に当たる。またアメリカにおける黄禍論の代表的論者は、ローズヴェルトがその著作を愛読した海軍史家マハン（Alfred Thayer Mahan）だった[96]。しかもマハンが長期的視点から、黄色人種の中でとくに警戒視していたのは中国人である。一九〇〇年発表の論文では、「四億の中国人といった巨大な大群が、一つの効果的な政治組織に結束して近代的設備を装備」する可能性を、彼らがすでに人口数からして「窮屈な領土内に閉塞されているという現状」と合わせて考えると平静ではいられないと述べている[97]。

ローズヴェルトの脳裏の中で、こうした議論が第二次世界大戦中の人種に対する意識の高まりによって喚起され、彼の戦後構想に一定の影響を与えた可能性は十分考えられよう。先行研究では、ローズヴェルトの中国大国化構想の背景には、対中貿易で巨富を築いた祖父との関係で幼少期から育まれた親中感情があったと指摘されがちである[98]。たしかにそれもあったかもしれないが、中国大国化構想を規定した要因としてはそうした淡い感情より中国に対する脅威認識のほうを重視すべきだろう。

マハンは右の一九〇〇年発表の論文で、「東洋文明と西洋文明とが、なんらの共通点も有さない敵対者として相対峙するという結末となるのか、さもなくば、西洋文明が新しい要素――とりわけ中国――を受け入れる結果になるのか、そのいずれかに落着すべき進展は、すでに始まっている」と説く[99]。ローズヴェルトの中国大国化構想は、明らかに後者の道をめざすものだった。しかもその選択の背景には、「中国が大国間の特別な関係の外側にいるより内側にいるほうが、国際的にも国内的にも中国の発展に影響を与えやすくなる」という考えがあった[100]。また、一一億に上るとみられたアジアの有色人種全体と長期の安定した関係を築くというねらいもあったのである。そのねらいについてローズヴェルトは、一九四三年十一月、ウェールズに対して次のように述べている。

> 西洋世界は自らの安全のために、アジア諸民族を劣等人種だと考えることを、きっぱりと永久に放棄し、来るべき時代における西洋と東洋との根本的な対立を防ぐ最上の方途として、はじめから中国と心からなる協力を結ばなければならない[101]。

ただしこうしたローズヴェルトの言葉から、中国が全く対等なパートナーとして位置づけられていたととらえれば中国大国化構想の本質を見誤ることになろう。その構想はたしかに、形式の上では中国を米英ソと対等の国家として位置づけるものだった。だが注意すべきは、ローズヴェルトが有色人種を敵に回してはいけないと説きつつ、善導のための信託統治を考えていたことに明らかなように、有色人種に対するローズヴェルトの脅威認識は家父長的思考と密接に結び付いていたということである。中国の現状に対するローズヴェルトの低い評価を踏まえると、中国人も例外ではなく、やはり家父長的思考の対象だったととらえるのが自然だろう。そうした理解から、中国を「大国間の特別な関係」の内側に含めるほうが「中国の発展に影響を与えやすくなる」という、右で紹介した見方はみる必要があるように思われる。すなわち、それは中国に対する脅威認識の反映であっただけでなく、中国を善導していこうとする家父長的思考の反映でもあったということである。ローズヴェルトにとって中国とは、その有用性と潜在力により特別な配慮を払うべき国家であったとともに、善導すべき国家、すなわち米英ソより一段低いところに位置する国家だった。

実際、国際連合の問題など戦後秩序に関する問題の検討に中国が加えられることは少なく、それはもっぱら米英ソの三国で行われた。枢軸諸国に対する方針でさえも、中国抜きに決められることが多かった。蔣介石は、そうした状態に不満を募らせ、米英で組織されていた連合参謀本部への中国の参加を認めるよう、何度もアメリカ側に求めた。しかし、それが受け入れられることはなかったのである[102]。

結局、ローズヴェルトにとって中国は、遠い将来はともかく当面は、パートナーはパートナーでも、対等なパートナーではなく、ジュニア・パートナーであった。ローズヴェルトの中国大国化構想は、そのような位置づけのもと、中国をアメリカのアジア管理の助けとしようとするものだった。そのことを踏まえると、ローズヴェルトがアジアで打ち立てようとした秩序とは、少なくとも短期的には西半球でみられたような、アメリカ一国による覇権的秩序だったということになる。

「アメリカ帝国」

そうしたローズヴェルトの戦後構想をよく反映していると思われるのが、すでに内容の一部を紹介した統合参謀本部作成の戦後基地計画（ＪＣＳ五七〇／二）である。[103] 図１（次ページ）に明らかなように、その計画では千島列島を北端に北東アジアから東南アジアに至る広い地域に、アメリカが使用権をもつ基地が多数設置されることになっていた。しかも、フィリピンの基地では太平洋諸島における基地と同じく、アメリカが排他的な使用権をもつとされている。その一方でヨーロッパには、西半球防衛にとって重要なポルトガル領アゾレス諸島を除き、アメリカが使用権をもつ軍事基地は一つも置かれないことになっていた。[104]

もっとも、ＪＣＳ五七〇／二は普遍的な国際機構が設立されるまでの期間を対象にした基地計画であったに過ぎない。また、それは空軍基地に関する計画として練られたもので、陸軍、海軍の使用も考慮した計画となっていたわけではない。

だが、ＪＣＳ五七〇／二は将来、恒久的な基地システムを構築する際の「確かな基礎」になると統合参謀本部では考えられていた。[105] しかもローズヴェルトは一九四四年一月、ハルに対して、ＪＣＳ五七〇／二をもとに、基地にかかわる「恒久的な、あるいは長期的な利益」を獲得するため関係諸政府とできるだけ早期に交渉を始めるよう指示している。[106] また、翌月にはその指示を補足する書簡をハルに送り、「空軍基地の問題だけに」交渉を限定するのではなく、「海軍、陸軍の基地施設の問題も考慮する」よう求めた。[107]

ハルのもと、交渉の実務に当たったのはバーリ（Adolf A. Berle）国務次官補だった。バーリは統合参謀本部作成の基地計画について日記に次のように記している。

これは壮大な計画だ。ある意味、この計画は「アメリカ帝国（American Empire）」とでも呼べるものの境界を定めることになろう。[108]

図1　戦後基地計画（JCS570/2）

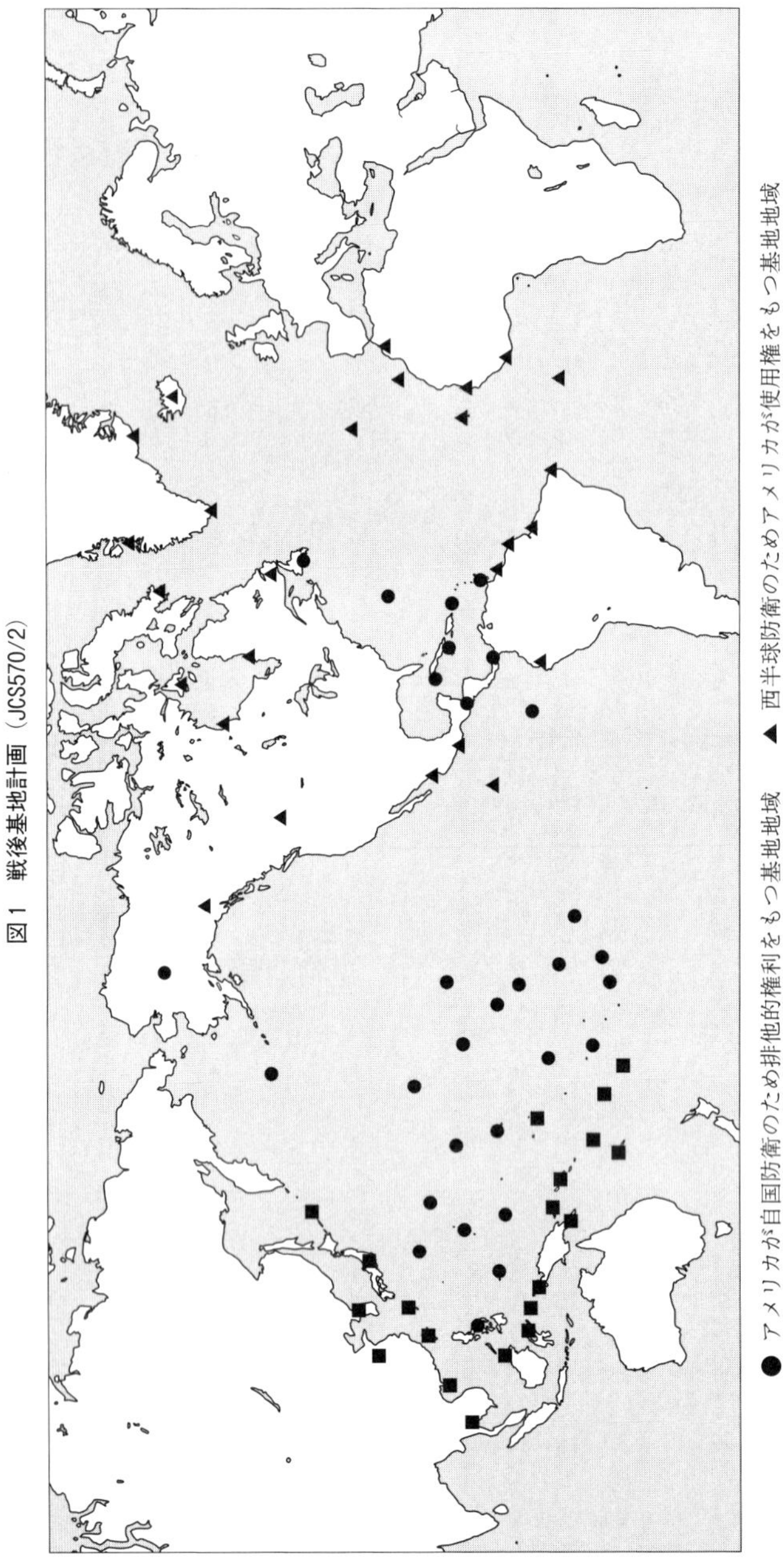

● アメリカが自国防衛のため排他的権利をもつ基地地域　▲ 西半球防衛のためアメリカが使用権をもつ基地地域

■ 平和執行のためアメリカが使用権をもつ基地地域

［出所］ JCS570/2をもとに作成。

三　カイロ・ヤルタ会談再考

治外法権の撤廃

一九四二年五月のモロトフとの会談でローズヴェルトが、中国の大国化の構想を示したとき、中国はまだアヘン戦争（一八四〇—四二年）以来の不平等条約体制の中にあった。中国をジュニア・パートナーとしてであれ、「大国クラブ」に加えるには、アメリカは不平等条約を解消し、通常の独立国としての地位を中国に付与する必要があった。また、イギリスとソ連から中国の「大国クラブ」入りについて同意を得る必要もあった。

不平等条約の問題について、すでにアメリカは蔣介石による北伐が完成した翌月の一九二八年七月に、他国に先駆け関税自主権の承認に応じていた。だが、他の列強諸国と同様、治外法権は維持し続けたため、それは大戦中も中国との間で懸案として残されたままだったのである。

ただし、一九四一年十二月にローズヴェルトがジャーナリストのスノー（Edgar Snow）に語ったところによると、ローズヴェルトはかなり早い段階から治外法権の撤廃に前向きだったようである。「治外法権を放棄しようとはせず、ひけ目なしに帝国主義の利益の分け前にあずかっていた」とアメリカの対中政策を批判したスノーに対しローズヴェルトは、「治外法権などはずっと前に廃止すべきだった。すでに私は一九三三年にハル長官にノートを送って、中国の治外法権を放棄する時期がきたように思うと言ったことがある」と弁解している。そうしたローズヴェルトの提案に対してハルは前向きだった。だが、国務省の顧問が反対したという[109]。

それから四年が経った一九三七年、今度はハルが中国との関係で治外法権を撤廃するときが来たと判断することになる。ハルのみるところ、一九三三年以降中国では比較的平穏な状態が続き、蔣介石政権は外国人の生命・財産を守り、問題が生じたときには十分な正義を与えることができるほどに安定し始めていた。そこでハルは、三月に治外法権の撤廃に向け、イギリス政府と意見の交換を開始する。しかしそれも、七月の日中全面戦争の勃発によって中断を余儀なくされた[110]。

結局、治外法権の問題が解決するのは、中国がアメリカの同盟国となり、その大国化という目標も掲げられるようになっていた一九四三年一月のことだった。米中間で調印された新たな条約により、中国におけるアメリカの治外法権は撤廃され、それに関連するいくつかの特権も廃止された[111]。

英ソの抵抗と受容

米中間で治外法権撤廃に関する条約が締結されたのと同じ日に、アメリカと歩調を合わせてイギリスも同様の条約を中国と結んでいる。ただし、そのことはイギリスが中国の大国化というアメリカの目標を共有していたことを意味しない。一九四二年十一月、チャーチルは閣議で、「重慶政府を世界の大国とみなすことはできない」と述べ、その理由として中国はイギリス帝国を解体するいかなる試みにおいてもアメリカ側につくことになるからだという趣旨のことを言っている[112]。一九四三年三月には、イーデンがローズヴェルトやホプキンズ（Harry L. Hopkins）大統領特別顧問との会談の中で、「中国人が太平洋を行ったり来たりするというアイディアはあまりよいとは思わない」と言い放ち、帝国保持にかけるイギリスの執念の強さをアメリカ側に印象づけるということもあった[113]。

しかし一方で、イギリス外務省には「強い安定した中国政府」が存在しなければ、中国との間に「安定した貿易の流れは作りえない」という考えがあった。また、中国に関する「アメリカの熱中に対してとやかくいってみても無益」だとする認識もあった[114]。結局、イギリスは一九四三年夏には、帝国保持という方針は維持しつつも、アメリカの中国大国化の方針を受け入れることにしたようである。八月、サンソム（George B. Sansom）駐米公使からアメリカ政府に対して、「強力な中国」を望むとする前月の再度にわたるイーデンの発言が伝えられた[115]。

ローズヴェルト政権はこうしたイギリスの姿勢の変化を確かなものにしたいと考えた。加えて、中国の大国化についてソ連の承諾を得ることも望んだ。その機会としてローズヴェルト政権が選んだのは、一九四三年十月にモスクワで開催が予定されていた米英ソ外相会談だった。その会談において、普遍的な国際機構の樹立を誓う宣言を、米英ソ中の四カ国の宣言として世界に発表することを計画したのである。

事前の調整で、イギリスがそうしたアメリカの計画に異を唱えることはなかった。一方、ソ連はモスクワ会談が米英ソ三国の会談であることを理由にそれに反対した[116]。そのころスターリンは中国の現状を低く評価しつつも、アメリカの援助で中国が飛躍的に戦闘能力を向上させることをおそれていた。中国の大国としての地位がそうした援助の恰好の口実となりかねないことを考えると、中国を「大国クラブ」に加えることには反対せざるをえなかったのである[117]。

結局、会談開始までにソ連が四国宣言の問題でアメリカ側に歩み寄ることはなかった。しかしアメリカ側の意思も固かった。モスクワへと発つ数日前の会議でハルは、中国が現在もそして将来も、国際政治の中の「非常に重要な要素」であることから、たとえ「何の協定もできないことになっても、四国宣言の構想は維持すべき」ことをローズヴェルトと申し合わせている[118]。

モスクワ会談初日、ハルはイーデンの支持のもと、四国宣言を議題にすることに成功した[119]。しかし、四国宣言に対する同意をソ連から得ることは容易でなかった。ハルは、もし宣言から中国が排除されれば「政治・軍事両面において太平洋地域に巨大な反響を呼び起こし」、アメリカ政府は「数々の再調整」を迫られることになろうと、対ソ援助の減額の可能性もほのめかしつつ、モロトフに対する説得を試みた[120]。その結果、会談開始から一週間後にようやくソ連の同意を得ることができたのである[121]。

ハルの尽力により、モスクワ宣言が米英ソ中の四カ国の宣言として発表されたことで、同宣言において設立が謳われた「世界的国際機構」において中国が特別な地位を得る道が開かれた。ハルものちに、「もし私が原署名国の一つとして中国を「モスクワ宣言に」加える努力をしなかったならば、国連安保理の常任理事国としての地位を要求する中国の資格はそれほど確かなものではなかっただろう」と回顧している[122]。

ちなみに、モスクワで米英ソの外相会談が行われていたころ、アメリカ国内では一八八二年制定の中国人移民排斥法の撤廃をめざす動きが本格化していた。ローズヴェルトが議会に教書を送り、「われわれが中国を戦争遂行上のパートナーとしてだけでなく、戦後におけるパートナーとしても認識」していることを証明するものとして、同法の撤廃を求めたためである。[123] アメリカでは、一九二一年移民法以来、基本的には原国籍割当制度（National Origins Quota System）[124] のもと移民の受け入れ数が管理されていた。だが中国人は同制度の適用外とされ、中国人移民排斥法によって移民が全面的に禁止されていた。また、中国人はアメリカに帰化することも許されてはいなかった。

もっとも、こうした扱いを受けていたのは中国人だけではない。日本人も一九二四年移民法（いわゆる排日移民法）によって排斥の対象とされていたし、それ以外のアジア人もフィリピン人を除き、一九一七年移民法によってやはり排斥対象となっていた。だが、ローズヴェルトの中国大国化構想のもと、戦時中においてはアジア人の中で中国人のみが差別的措置を解除されることになる。一九四三年十二月に大統領署名を受けて成立した法律（公法一九九号）により、中国人には原国籍割当制度に基づき移民枠（一〇五人）が与えられるとともに、帰化権が認められたのである。[125]

カイロ会談

一九四九年に国務省によって編纂された『中国白書』によれば、「米国が中国の地位を大国中の一つとして認めたことは一九四三年秋、二つの機会において明示された」。「二つの機会」のうち、一つはすでに述べたモスクワ宣言（四国宣言）を、もう一つは一九四三年十一月の米英中首脳会談の結果発表されたカイロ宣言を指す。[126]

カイロ宣言では、米英中の戦争目的として、「満洲、台湾及膨湖島ノ如キ日本国ガ清国人ヨリ盗取シタル一切ノ地域ヲ中華民国ニ返還スルコト」が謳われた。ローズヴェルトはすでに一九四二年二月に、「中国が失ったすべての領土を回復」させたいという意向を蔣介石の参謀長として中国に向かおうとしていたスティルウェル（Joseph W. Stilwell）に対して示していた。[127] そうしたローズヴェルトの意向を蔣介石、チャーチルとの協議の上、具体化させたのがカイロ宣言中の右の規定だった。

実は、ローズヴェルトの言う「中国が失ったすべての領土」には香港も含まれていた。カイロでローズヴェルトはチャーチルに対して、実際に香港の返還を求めるとともに、返還後の香港を信託統治のもとに置き、自由港として世界に対して開放するという構想を示している[128]。

この構想が実現すれば、イギリスは香港返還後も、通商上の利益を十分に享受することができるはずだった。しかも、カイロでローズヴェルトがチャーチルに語ったところによると、日本軍によって奪われた香港の財産はもとの所有者に返されることになっていた[129]。だが、イギリスは香港を信託統治下に置くというローズヴェルトの構想を受け入れようとしなかった。それどころか、極東における利権の回復を保証する文言をカイロ宣言に加えるよう求めたのだった[130]。

なお、香港に関するローズヴェルトの構想がカイロで中国側と協議されたことを示す記録は存在しない。だが、その構想自体はすでに一九四三年二月の蔣介石の妻・宋美齢との会談でローズヴェルトによって披瀝されていた[131]。また、翌年六月に重慶を訪れたウォーレス副大統領から蔣介石に直接伝えられてもいる[132]。しかも、一九四五年一月にローズヴェルトがステッティニアスに述べたところによると、蔣介石は香港の自由港化を認める考えだった[133]。

香港を信託統治のもとに置き、自由港とすることで、中国とイギリスの利害の調和を図ろうとしたローズヴェルトは、同じ方式を大連にも適用したいと考えていた。大連に対する中国の主権を尊重しつつ、ソ連の通商上の利益を満たすためである[134]。

ただし大連を自由港にしたところで、シベリアから大連に至る鉄道の利用がソ連に対して保証されなければ意味がない。その鉄道の問題について、ローズヴェルトは帰国後の太平洋戦争会議（Pacific War Council）で、「満州鉄道（Manchurian Railway）は中国政府の所有物であるべき」ということで、テヘランにおいてスターリンと意見が一致したと報告している[135]。しかしテヘラン会議の議事録の中に、満州の鉄道に関する議論を確認することはできない。また、たとえローズヴェルトの報告の通りだったとしても、その報告の中に鉄道の管理権や運営権に対する言及がない点は注意を要しよう。

ローズヴェルトは、シベリアから大連に至る鉄道についても信託統治のもとに置くことを構想していたと思われる。中東における同様の問題、すなわちソ連がペルシア湾における港とそれに至る鉄道を求めていた問題で、ローズヴェルトはまさにそうした構想を示しているからである。[136]またハリマン（W. Averell Harriman）駐ソ大使の一九四五年七月の覚書によれば、同年二月のヤルタ会談でローズヴェルトはスターリンに対して、満州の「鉄道と港は国際信託統治のもとで運営されるべきという提案を行った」ことになっている。[137]会談の議事録にそうしたローズヴェルトの提案をみることはできないが、ヤルタでソ連側との実質的な交渉に当たったハリマンの覚書だけに、その信憑性は高いととらえるべきだろう。

満州におけるソ連の通商上の利益を満たそうとするローズヴェルトの方針は、一九四三年三月には中国側に伝えられていた。中華民国国民政府（以下、国府と略す。のちの中華民国政府についても同じ）の外交部長としてワシントンに滞在していた宋子文との会談で、満州の将来の地位に関するアメリカの方針を問われたウェールズは、「ソ連の正当な通商上の利益が、将来の中国政府によって全面的に認められるという理解のもとで、満州に対する中国主権は再び確立されるべきと信じる」と答えている。[138]

議事録で確認することはできないが、満州に関するローズヴェルトの方針はカイロ会談初日に行われた米中首脳会談で、大統領本人から直接蔣介石に伝えられたものと思われる。だが、蔣介石はそれを受け入れようとしなかったようである。カイロ会談二日目にローズヴェルトは前日の蔣との会談を振り返り、「中国の要望は大変広範なものであって、それは満州と朝鮮の再占領を含む」ものだったとチャーチルに対して不満を示している。[139]

満州に関する問題と同様、朝鮮の問題についても米中首脳間で具体的にどのような意見の対立があったのか、議事録で確認することはできない。しかし、朝鮮半島における信託統治にソ連を加えるというローズヴェルトの構想に、やはり蔣介石が反対した可能性はあろう[140]。

ただし、一九四四年六月に重慶を訪れたウォーレス副大統領と蔣介石の会談の記録によれば、大連の問題では蔣介石が最終的に折れたようである。そのウォーレスとの会談で蔣介石はカイロ会談を振り返り、「極東方面においてソ連が中国と協力すること、そして中国の主権が侵されないことを条件に」、大連の自由港化というローズヴェルトの提案に同意したと述べている[141]。

一方、鉄道の問題がカイロでどのように処理されたのかを資料で確認することはできない。だが、その問題についてもそれなりに満足のいく回答が蔣介石から得られたからこそローズヴェルトは、カイロ宣言で「満洲……ヲ中華民国ニ返還スル」ことに対して支持を与えたのだろう。カイロ宣言は、文面上、アメリカが満州の中国返還に無条件の支持を与えたもののようにみえるのは確かである。だが満州は、その中国返還を無条件で支持することができるほど単純な地域ではなかった。そのことをよく知っていたローズヴェルトは、満州の中国返還に支持を与えつつも、それに対していくつか条件を付けたのである[142]。

しかも、カイロ宣言で中国に返還されるべき地域は満州や台湾など「日本国ガ清国人ヨリ盗取シタル」地域に限定された。同宣言に香港に関する言及はもちろん、大西洋憲章にあったような植民地問題に関する一般的な言辞さえも盛り込まれることはなかった[143]。

さらに言えば、カイロ宣言は「署名もないプレスリリース的な文書[144]」に過ぎない。形式において、カイロ宣言はモスクワ宣言とは大きく異なる文書となっているのである。

とはいえ、『中国白書』が言うように、カイロ宣言がモスクワ宣言と並ぶ、中国大国化構想の重要な成果だったことは確かである。そもそも中国の指導者が米英の首脳と同じテーブルを囲みアジアの問題を議論するなど、戦前においては到底考えられないことだった。それをローズヴェルトの中国大国化構想が可能にしたのである。

モスクワ、カイロ両会談の時期に、中国を大国とする政策が実現されたと、しばしば論じられている。それは、形式的にのみいえることであって、実質的にいえば、カイロは中国大国化政策の始まりではなく終りであった。日本の真珠湾攻撃の直後にローズベルトによって打ち出されたこの政策は、二年を経ずして破綻したのである[145]。

だが、五百旗頭氏の研究は次のようにカイロ会談をアメリカの対中政策の転換点ととらえる。

蔣介石に対する失望

五百旗頭氏によれば、カイロ会談の後、ローズヴェルトはそれまで中国にかけていた期待をソ連に移す。その結果が一九四五年二月のヤルタでの密約だった。その密約でローズヴェルトは、スターリンが要求した中国主権にかかわるいくつかの事項を、蔣介石の同意を条件としつつも受け入れた。五百旗頭氏はそのヤルタの起点としてカイロをみるのである。

そうした解釈の背景には、カイロでローズヴェルトが蔣介石に深く失望したという見方がある。その失望の原因は二つあった。一つは、「天皇制と日本占領に関する蔣の控え目で消極的な態度」である。それは、「ひるがえって日本管理という〈アジアの中心勢力〉が果すべき役割を、中国が引き受ける意志も能力もないことを示していた」という[146]。

まず天皇制の問題に関して、ローズヴェルトがそれを「戦後は廃止すべきか」と問うたのに対して蔣介石は、「それは日本の政治体制にかかわる問題であり、日本国民自身の戦後における決定に委ねるべきである」と答えている。また、ローズヴェルトが「戦後の日本占領において中国が主導的役割を果すべきである」と述べると、蔣介石は「中国にそのような重い責任を負う備えはない。それは、米国のリーダーシップのもとで遂行さるべきであり、その時に必要とあらば中国はそれを支援する立場で参加できよう」と応じた[147]。

実は、これら蔣介石の受け答えにローズヴェルトがどのような感想を抱いたかを示す直接の資料はない。だが蔣介石の印象では、日本の政治体制は日本国民自身が決定すべきだとする見解に対して、ローズヴェルトは失望するどころか、むしろ「深く同感した」のだった[148]。

一方、日本占領の問題については、ローズヴェルトの発言の真意を探る必要があろう。なぜなら中国の現実を高く評価していなかったローズヴェルトが、海を隔てた日本で、その一部ならともかく、全土において中国が主導的な役割を果たしうると本気で考えていたとは信じ難いからである。この点、歴史家・刘暁原はローズヴェルトの発言を、戦後日本における中国の役割について蔣介石の見解を引き出すための「観測気球」だったとみているが[149]、妥当だろう。ローズヴェルトの構想において、日本管理の役割を主として担うのは中国ではなくアメリカだったと思われる。

ちなみに、テヘラン会談を終え、カイロに戻ってきたローズヴェルトは、蔣介石に対して「インドシナを望むか」尋ねたことをスティルウェルに明かしているが[150]、その問いの背後にもやはり、日本占領に関する発言と同様のねらいがあったとみるべきだろう。というのも、インドシナは信託統治下に置き、ゆくゆくは独立させるというのがカイロ会談前からのローズヴェルトの構想だったからである。

ただし、琉球の問題については異なった見方をする必要があるかもしれない。よく知られるように、ローズヴェルトはカイロで蔣介石に「琉球諸島を望むか」繰り返し尋ねた[151]。それだけでなく、一九四三年前半にはアメリカを訪れていた顧維鈞・駐英大使や宋美齢に対して、台湾と同じく琉球諸島は「中国に返還されるべき」だという考えを示している[152]。議事録にはないが、そうした考えはテヘランでスターリンに対しても披瀝されたようである。帰国後の太平洋戦争会議でローズヴェルトは、「スターリンは琉球諸島の歴史に詳しく、それらが中国に帰属すべきということに完全に同意した」と報告している[153]。

琉球の中国帰属という案を中国要人に何度も話し、かつその案でスターリンとも合意していることを踏まえると、ローズヴェルトは蔣介石が望みさえすれば、中国による琉球の領有を認める心積もりだったように思われる。ただし、前節で紹介した戦後基地計画（JCS五七〇／二）によると、琉球にはアメリカが使用権をもつ軍事基地が置かれることになっていた。蔣介石に琉球の領有を勧めたローズヴェルトには、中国の一部にあった沖縄領有論に応えたいという五百旗頭氏が指摘している考えの他に、[154]琉球を友好国である中国のものにしたほうが基地を安定的に維持できるという考えがあったのかもしれない。

蔣介石は日本占領における主導的役割だけでなく、琉球の領有も辞退し、かわりに米中両国による信託統治を提案した。[155]また、インドシナに対する野心も否定している。そうした「蔣の控え目で消極的な態度」に、大国による善隣外交の実践を理想としていたローズヴェルトは喜びこそすれ、失望することはなかったのではないだろうか。ローズヴェルトが「満州と朝鮮の再占領」という「大変広範」な「中国の要望」に対して不満を示していることも、そのような見方を裏づける一つのエピソードと言えるだろう。

五百旗頭氏が、ローズヴェルトに失望をもたらした二つ目の原因として指摘するのは、対日戦に関する蔣介石の粗末な言動である。それについて、五百旗頭氏はカイロに同行していた息子エリオットに対するローズヴェルトの発言を引きつつ、次のように説明している。

> 大統領にとって何よりも痛切な事実は、「蔣の軍隊が少しも戦っていない」ことであった。蔣はその点について、訓練や装備の劣悪を語って釈明したが、大統領は、蔣に本気で戦う意志があるのかどうか、疑わずにはおられなかった。蔣自身が最重要と説き、事実、中国の死活にかかわると思われるビルマ作戦について、中国がどのような貢献をなす用意があるのか、蔣の言葉は会談ごとに揺れ動いた。一般的に同意し、次には問題点のすべてについて留保し、最後には結局全部受けいれるといった状態であった。彼は自国の問題についてすら、自信と明確な意志を持ちえないようであった。夫のために通訳を派手に務める蔣夫人（宋美齢）の方が際立っており、決断力に富むように見えた。[156]

これと同様の趣旨の説明をカイロ会談に関する最近の研究にもみることができる。[157]

その研究も指摘しているように、会談を境にローズヴェルトの蔣介石に対する態度には顕著な変化がみられる。カイロ会談前には蔣介石を「モロッコのスルタン」のように軽く扱ってはならないと部下をたしなめ、中国援助に条件を付けるべきだとする勧告も受け入れようとしなかったローズヴェルトが、会談後は中国援助の停止もほのめかしつつつ、蔣に相当の軍事行動を求めるようになったのである。[158] しかもカイロ会談の翌年には、日本軍による大陸打通作戦（一号作戦）によって国府軍が壊滅的な打撃を受ける中、ローズヴェルトは中国共産党軍を含む全中国軍の指揮権をスティルウェルに委譲するよう蔣介石に求めた。[159] こうしたカイロ会談前と後のローズヴェルトの蔣介石に対する姿勢の違いを踏まえると、カイロでローズヴェルトが蔣介石に失望したとする五百旗頭氏の指摘自体は当を得たものだと思われる。

ダンバートン・オークス会議

ただ、中国軍指揮権に関する要請は結局のところ撤回され、かねてより蔣介石と折り合いが悪く、指揮権問題を通して関係が決定的に悪化したスティルウェルが解任された（一九四四年十月）。このことに明確に表れているように、ローズヴェルトの蔣介石支持の方針に大きな変化があったわけではない。また、中国が「大国クラブ」から外されたわけでもない。むしろ中国は、一九四四年八月から十月にかけて行われたダンバートン・オークス会議で国連安保理常任理事国となることが決められたことにより、「大国クラブ」の一員としての地位をほぼ確実なものとするのである。

それが、アメリカの中国大国化に対するこだわりの結果であったことは、ダンバートン・オークス会議の準備段階におけるその行動から明らかである。会議の準備段階でソ連は、対日戦に対する中立の立場が損なわれるとして、中国を会議に招くことに反対の立場をとった。そのためアメリカは、米英ソの会議をまず行い、その次に米英中の会議を開催するという方法を考案する。だが、それに対してはイギリスが否定的で、中国代表をダンバートン・オークスに招くものの、米英中の会議は開かず、米英ソの会議の情報を提供し、そこでの議論に中国の意向をできるだけ反映させるようにすればよいという立場をとった。たしかに、米英中の会議が先行する米英ソの会議の決定を単に追認するだけのものになることは目にみえており、効率性を重視するのであれば、イギリスの提案通りにすべきだったであろう。だが、アメリカはそれを呑もうとはしなかった。その結果、中国はモスクワ宣言のときと同様、実質的な審議から外されはしたものの、十月に世界に対して発表されたダンバートン・オークス提案に提案国として名前を連ねることになったのである[160]。

中国とは対照的に、ダンバートン・オークス会議に参加したくても参加できなかったのがフランスである。会議前、ド・ゴール率いるフランスの臨時政府はアメリカに参加を認めるよう働きかけていた。だが、個人的にド・ゴールを好まず、ド・ゴールがフランス国民に指導者として受け入れられるかどうか懐疑的でもあったローズヴェルトによって参加を拒まれたのである[161]。

とはいえ、ダンバートン・オークス会議でローズヴェルトは、フランスを国連安保理の常任理事国としての地位に就けることを認めた。イギリスの熱心な働きかけがあったことに加え、会議前にはフランスの大国化に反対していたソ連が、イギリスを支持する立場に回ったためである[162]。

イギリスがフランスの大国化を望んだ背景には、ドイツの無条件降伏が追求される中、ソ連がヨーロッパで勢力を拡大させることに対する懸念があった。その懸念をチャーチルは、一九四三年五月のウォーレス副大統領との会談において、「イギリスとロシアの間に地図上、強力な国家が一つもなくなるという見通しは魅力的なものではない[163]」という言い方で示している。「イギリスとロシアの間」にある国家の中で、ドイツ以外に「強力な国家」となりうるのはフランスしかなかった。

またチャーチルには、アメリカをはじめとする反植民地勢力に対抗するうえで、フランスを「大国クラブ」に加えておいたほうがよいという判断もあったかもしれない。フランスはかつて植民地獲得競争におけるイギリスのライバルだった。しかしそうだったからこそ、反植民地勢力との関係ではパートナーとなりうる貴重な国家だったのではないだろうか[164]。

ダンバートン・オークス会議でソ連がイギリスを支持し、フランスの大国化を認める姿勢をとった理由ははっきりしない。だが、戦後ドイツの復活を強く危惧する立場から、フランスの大国化が国益に資すると判断した可能性はあろう。ダンバートン・オークス会議終了から二カ月が経った一九四四年十二月には、まさにドイツの脅威に対処するための同盟相互援助条約が仏ソ代表によって調印されている[165]。

イギリスとソ連の要求により、フランスの「大国クラブ」入りを認めざるをえなかったローズヴェルトだったが、クラブ入りの時期を判断する権利は留保しようとした[166]。そのローズヴェルトの意向を受け、ダンバートン・オークス提案の常任理事国に関する規定は、「アメリカとイギリス、ソ連、中華民国、そしてしかるべきときにフランス」が常任理事国となるというものになる。

しかも、ローズヴェルトにフランスの植民地大国としての復活を認める考えはなかった。ローズヴェルトは、ダンバートン・オークス会議後もインドシナなどにおけるフランス植民地の廃止を主張し続けた。

ヤルタ会談

米英ソ首脳がクリミア半島のヤルタに会し、極東に関する密約（以下、ヤルタ協定）を結んだのはダンバートン・オークス会議が閉幕してから四カ月が経った一九四五年二月のことだった。スターリンはそのヤルタ協定により、ヨーロッパでの戦争終結から二カ月、ないし三カ月経った後に対日戦に参加することを約束した。

ソ連の対日参戦はかねてよりローズヴェルトが強く望んでいたことだった。歴史家・長谷川毅氏の研究によると、日本軍の真珠湾攻撃の翌日、早くもローズヴェルトはリトヴィーノフ（Maxim Maksimovich Litvinov）駐米ソ連大使に対して対日参戦の要請をしている[167]。

だが、スターリンはドイツとの戦争が終わらなければ対日参戦できないという姿勢を取り続けた。しかも対独戦が終わりに近づくと、対日参戦に対する見返りを求めるようになる。ヤルタではその問題に関して協議が行われ、その結果、日本の統治下にあった樺太南部の返還と千島列島の引き渡し、さらには蔣介石の同意を条件に中国主権にかかわる左の四つの事項について合意が成立した。

・外蒙古の現状維持。
・大連港の国際化。ただし、ソ連の優先的利益を保障。
・東清・南満州鉄道の中ソ共同運営。ただし、ソ連の優先的利益を保障。
・ソ連による旅順の租借。

ただし、これらのうち大連港の国際化と東清・南満州鉄道の中ソ共同運営という規定は、ローズヴェルトにとって必ずしも対日参戦の確約を得るための条件、ないし「代償」[168]としてとらえられるべきものだったわけではない。というのも、満州におけるソ連の通商上の利益を満たす必要があるというのは、対日参戦の問題とは関係なく、すでにカイロ会談前からローズヴェルトが考えていたことだったからである。

具体的には、信託統治制度を適用することで、大連も鉄道も国際管理のもとに置くというのがローズヴェルトの構想だった。それに対してスターリンは、一九四四年十二月にハリマン駐ソ大使に対して示しているように、どちらも租借したいという意向をもっていた。しかも、同じくハリマンに対してスターリンは旅順に対する租借権まで求めた[169]。

これらスターリンの要求は、ローズヴェルトに善隣外交の精神から逸脱する過大な要求と映ったに違いない。しかし、アメリカの負担を減らすにはスターリンから対日参戦の確約を得なければならないという制約の中で、ローズヴェルトは「海軍基地トシテノ旅順口ノ租借権」を認めた。一方、アメリカの通商上の利益もからむ大連と鉄道の問題では、ソ連の租借権を認めず、「優先的利益」という漠然とした利益と鉄道に対する共同運営権を認めるにとどめたのである。

しかも戦後のハリマンの証言によると、ヤルタ協定の背後には、参戦によって獲得することのできる利権をあらかじめ定めておくことにより、「極東におけるソ連の勢力拡大に歯止め」をかけるというローズヴェルトのねらいがあった。[170] ローズヴェルトはソ連の対日参戦を望みながらも、一九四四年十一月にハリマンに対して、「もしロシア軍が入ったとしたら、はたして出ることがあるんだろうか」と不安を口にしていた。[171] その不安からローズヴェルトは、ヤルタ協定によってソ連の勢力拡大に限界を設けるとともに、中国が「満洲ニ於ケル完全ナル主権ヲ保有スル」ことをソ連に認めさせたのである。そのことは、満州の中国からの切り離しという、かつて日本が行ったような行動はとらないことをソ連に誓約させたことを意味した。

さらにはヤルタ協定でローズヴェルトがスターリンに、「友好同盟条約ヲ中華民国国民政府ト締結スル用意アルコトヲ表明」させている点も重要である。ローズヴェルトは国民党と共産党の間に分裂した中国国内の状態がソ連の中国内政に対する干渉をもたらすことを懸念していた。実際、ソ連には混乱する中国内政に干渉し、アメリカ主導で構築されたワシントン体制を揺るがした過去があった。しかも、中国共産党がソ連にとって重要な満州やモンゴルに近い華北で勢力を伸ばしていたことを踏まえると、ソ連が延安との関係構築に動く可能性を考えないわけにはいかなかったのである。とくに、ソ連の対日参戦がそのきっかけとなることをおそれたローズヴェルトは、ヨーロッパ戦線の進展により、ソ連の対日参戦の時期が近づきつつあるとみられた一九四四年十一月、蔣介石の義兄に当たる孔祥熙に対して、ソ連は中国共産党を支持していない、いまこそ共産党と協定を結ぶべきときだと説き、中国の政治的分裂状態の解消を国府に急がせようとした。[172] またその三カ月後にはヤルタにおいて、スターリンに国府との友好同盟条約締結を約束させることで、ソ連が延安支援へと動くことを防ごうとしたのである。

ソ連の国府支持は中国共産党の立場を弱め、そのころハーレー（Patrick J. Hurley）駐華大使によって行われていた国共調停工作を後押しすることになると考えられた。[173] つまり、ヤルタ協定は間接的とはいえ、蔣介石率いる国府を中心に、かつてローズヴェルトが大国化の条件として挙げた中国の国家統一を実現しようとするものだった。

以上のことを踏まえると、ヤルタ協定をアジア方面におけるローズヴェルトのソ連に対する特別な期待の反映ととらえることは難しい。もちろん、それは基本的には対ソ協調の路線に沿ったものではあったが、ソ連に対する一定の不信を背景に中国大国化構想との両立を図ろうとするものだったのである。

なお、ヤルタ協定は中国との事前の協議なく結ばれたものだと言われ、そのこともローズヴェルトが中国大国化構想をすでに放棄していた証拠としてよく引き合いに出される。[174]だが、先述したようにカイロで大連の問題は確実に、また鉄道の問題もかなりの確率で協議されていた。だからこそ、ヤルタ到着の翌日（二月四日）、ハリマンから、スターリンは樺太南部と千島列島、大連に至る鉄道の管理権、そして外蒙古の現状維持を望むだろうと聞いたローズヴェルトは、「モンゴルの現状維持に関して［スターリンと］議論する前に蔣介石の考えを知りたい」と述べる一方で、「その他の問題については大丈夫だ」と答えたのだろう。[175]

ただし、このローズヴェルトの返答から明らかなように、外蒙古の問題について米中間で事前の協議が行われていたわけではない。旅順の問題についても同じことが言える。また、大連と鉄道の問題でもローズヴェルトは中国側と事前の協議を行うことなくソ連に対して優先的利益を認めた。ヤルタ協定が中国側との十分な協議なしに結ばれた協定であったことは確かである。だが、その事実すら中国大国化構想と矛盾するものとしてではなく、パートナーはパートナーでもジュニア・パートナーという、同構想における当時の中国の位置づけをよく示すものとしてとらえることができるように思われる。

ちなみに、ヤルタではソ連の対日参戦にかかわる密約の他に、信託統治に関する合意も成立している。それにより、信託統治は次の三つの地域に適用されることになった。

・「現存する国際連盟の委任統治領」
・「現在の戦争の結果、敵国から切り離される地域」
・「自発的に信託統治のもとに置かれるその他の地域」

このヤルタでの合意はほぼそのまま国連憲章の規定となっている（国連憲章七七条）。

かつて有力だった見方によると、この合意によって連合国の植民地は実質上、信託統治の適用対象から除外された。つまり、ローズヴェルトはインドシナでの信託統治をあきらめ、フランスの帝国支配を認めたというのである。そうしたローズヴェルトの方針転換の背景には、やはり蔣介石に対する失望があったと言われる。[176]

だが、最近の研究ではこの見方は必ずしも支持されていない。もしローズヴェルトがフランスの帝国支配を認める方針に舵を切っていれば、三月にインドシナの管轄権について再考すべきだという提案をチャーチルから受けたとき、それに前向きに対応していたはずである。だが、ローズヴェルトはチャーチルの提案に対して、インドシナを蔣介石の管轄地域にとどめる意向を明確にしている。[177]しかもローズヴェルトはヤルタ会談中も、またその後もフランスのインドシナ復帰を否定する見解を示している。[178]これらのことを踏まえてある歴史家は、インドシナが「敵国から切り離される地域」、すなわち敵国の支配する地域としてローズヴェルトには理解されていた可能性を指摘する。[179]

たしかに、当時インドシナは日本軍の絶大な影響力のもとにあった。しかもヤルタ会談の翌月、日本軍によってフランスの現地政府は解体させられ、インドシナは連合国側からみればまさに敵国の支配する地域となったのである。[180]ローズヴェルトが戦後まで生きながらえていたならば、中国軍によるインドシナ解放を支援し、ヤルタでの合意に従い、その地域を信託統治のもとに置こうとしたのではないだろうか。

しかもローズヴェルトには、たとえ米中がインドシナ解放の主体となることができなくても、フランスの帝国支配を許す意向はなかった。三月に行われたタウシグとの会話の記録にあるように、フランスのインドシナ復帰は「独立が最終的な目標という条件つき」でなければならず、インドシナはあくまでも信託統治のもとに置かれるべきというのがローズヴェルトの考えだった。[181]

そのことを踏まえると、「自発的に信託統治のもとに置かれるその他の地域」というヤルタでの合意は、イギリスの同意を得ながら、連合国の植民地を信託統治の適用対象に含めようとしたローズヴェルト外交の成果としてみるべきだろう。その合意により、アメリカはフランスがインドシナに復帰したとしても、「自発的に」信託統治のもとに置くようパリに圧力をかけることができるようになったのである[182]。

以上のように考えると、ヤルタでの合意でローズヴェルトがインドシナに対する信託統治構想を断念したと言うことはできない。むしろその合意には、インドシナを信託統治下に置くための仕掛けが巧妙に仕組まれていたのである。

中国大国化構想の制度的実現と残された課題

ヤルタ会談の二カ月後、ローズヴェルトは脳溢血に襲われ、この世を去る。ヤルタ会談の際、ローズヴェルトはすでにかなり衰弱していたが、最近の研究でも指摘されている通り、その衰弱が会談の結果に影響を与えたと認めることはできない[183]。

ヤルタでは、四月にサンフランシスコにおいて国連憲章制定のための連合国会議を開くことが決められていた。他界したローズヴェルトの跡を襲い、大統領職に就いたトルーマンがまず決定したことは予定通りその会議を開催するということだった[184]。

サンフランシスコ会議は二カ月にわたって行われ、その最終日には五〇カ国の代表によって国連憲章が調印された。その憲章を、かつて国際連盟への加盟を拒んだアメリカ上院は八九対二という圧倒的多数で承認した[185]。

一九四五年十月、五大国を含む二九カ国による憲章の批准を得て、国連が正式に発足する。中国は「国際の平和及び安全の維持に関する主要な責任」（国連憲章二四条）を負う安全保障理事会において常任理事国としての地位に就いた。

このことは、中国大国化構想が制度的には実現したことを意味している。そうした結果をもたらしたローズヴェルトの中国大国化構想について、本章の議論をまとめると次のようになる。

第二次世界大戦による世界秩序の崩壊を受け、ローズヴェルトは大国管理の構想を推進した。それは、善隣外交として知られるアメリカの西半球政策の成功を背景に、米英ソ中を「世界の警察官」として位置づけ、それぞれが特定の地域で特別の責任を担うとするものだった。

そうした大国管理の構想の中で中国はアジアを担当することになっていた。具体的には、日本の軍国主義の復活を抑えるとともにソ連の極東方面における野心を制し、信託統治施政国として朝鮮半島と東南アジアの独立を助けることになっていた。さらに、日本にかわるアジアの工業国として、その地域の復興と繁栄に寄与することも期待されていた。中国は善隣外交の精神に立ちつつ、これら地域的役割に取り組むことで、一九三〇年代に西半球に作られた秩序と同様の安定的で開放的なアジア秩序の構築に貢献すべきとされたのである。

しかし、当時の中国は国民党と共産党の対立を内部に抱え、国家統一すら十分に達成できていなかった。ローズヴェルトがそのことを承知していなかったわけではもちろんない。だが、白人による世界支配という批判を招かないためには、中国を「大国クラブ」に加えておく必要があった。また中国の対日戦線からの離脱を防ぐには、いくら弱体であろうと中国に大国としての地位を約束することが有効だと考えられた。しかもローズヴェルトには、四億を超える莫大な人口をもつ中国がいずれ巨大な勢力となるだろうという見通しがあった。ローズヴェルトにとっては、たとえ短期的には期待された地域的役割を十分に果たすことができなくても、中国を「大国クラブ」に加え、密な関係を築いておくことが必要なことだったのである。またそうすることで、中国の発展に影響を及ぼすことが可能となり、アジアの有色人種全体と安定した関係を構築することもできると考えられた。

見逃してならないのは、ローズヴェルトの構想では中国だけでなくアメリカもアジアの管理に携わることになっていたことである。しかも中国の現状に対する低い評価を背景に、少なくとも当面はアメリカが主導的な立場に立つことになっていた。そうした想定のもと、ローズヴェルトが戦後アジアに多数の軍事基地を置くことを構想していたというのは第二節に記した通りである。結局のところ、ローズヴェルトの中国大国化構想とは、将来予想される実質的な意味での中国大国化の可能性に備えつつ、当面中国をジュニア・パートナーと位置づけ、アメリカを核とする西半球の秩序と同様の秩序を東アジアにおいても構築しようとするものだったと言うことができる。

ローズヴェルトの中国大国化の構想に対して、イギリスは帝国保持の観点から、ソ連は地政学上の理由から否定的な姿勢をとった。とくにソ連の姿勢は頑なだったが、アメリカの半ば脅しも含む熱心な働きかけによって結局は折れ、中国を「世界の警察官」の一つとして認めることになる。

中国大国化構想と言えば、アジア管理の主たる役割を中国に任せようとするものだったとみられがちである。だが、もしそうであったならばローズヴェルトは日本のアジア覇権の樹立を阻止しようとする一方で、中国のアジア覇権を認めようとしていたということになろう。日本であれ、中国であれ、他国によるアジア支配を許す意向はローズヴェルトにはなかった。中国大国化構想における中国のジュニア・パートナーという当面の地位を踏まえれば、ローズヴェルトの脳裏にあったのはむしろ東アジアを一時的にせよアメリカの覇権のもとに置くという考えだったとみるべきだろう。

とはいえ、ローズヴェルトの中国大国化構想が戦前期には考えられなかったほどのアジア国際秩序に対する中国の関与を認めるものだったことは確かである。また、中国が将来アメリカと対等のパワーとなる可能性を否定するものでもなかった。だが、同時にそれは中国に対して善隣外交の実践を要請するものだった。

国連憲章の前文には、「われら連合国の人民は、……善良な隣人（good neighbors）として互に平和に生活」することを決意するという記述がある。それに明らかなように、国連加盟国には善隣外交の実践が要請されているのである。とりわけ安保理常任理事国は、強大な権限をもつだけにそれが強く求められていると言えよう。このように考えると、「世界の警察官」に善隣外交の実践を求めたローズヴェルトの構想は戦後国際政治の重要な原則になるべきものだったということになる。

カイロで蔣介石が日本占領における主導的役割もインドシナに対する野心も否定したことは、蔣介石の中国が善隣外交を実践するであろうことをうかがわせるよい兆候だった。また、蔣介石が琉球を米中共同の信託統治地域とすることを提案するなど、アメリカのアジア・プレゼンスを積極的に受け入れる姿勢を示していたこともローズヴェルトにとっては評価できることだったに違いない。

とはいえ、ローズヴェルトの時代において中国に対してまず求められたのは国家の統一だった。戦時中、ローズヴェルトはハーレー駐華大使に国共調停を行わせたが、統一を実現することはできなかった。そのため国共対立の問題は中国大国化構想を引き継いだトルーマン政権にとっても解決すべき重要な課題となるのである。

◆注

（1）Memorandum of Conference, May 29, 1942, *Foreign Relations of the United States*（以下、*FRUS*と略す）: *1942*, Vol. 3 (GPO, 1961), pp. 568–569.

（2）五百旗頭『米国の日本占領政策』上巻、一二八頁。

（3）一九二〇年の大統領選挙については、Donald R. McCoy, "Election of 1920," in Gil Troy, Arthur M. Schlesinger Jr., and Fred L. Israel eds., *History of American Presidential Election, 1789–2008*, 4th edition (Facts on File, 2012)を参照。

（4）Roosevelt-Stalin Meeting, November 29, 1943, *FRUS: The Conferences at Cairo and Tehran, 1943* (GPO, 1961), pp. 530–531.

（5）Memorandum of Conference, May 29, 1942, *FRUS: 1942*, Vol. 3, p. 568.

（6）*Ibid.*, p. 569.

（7）ローズヴェルトとド・ゴールの関係については、Claude Fohlen, "De Gaulle and Franklin D. Roosevelt," in Cornelis A. van Minnen and John F. Sears, eds., *FDR and His Contemporaries: Foreign Perceptions of an American President* (St. Martin's Press, 1992), chap. 3を参照。

（8）The President's conversation at luncheon with G. G. T. and S. I. R., November 13, 1942, Folder: United Nations, 1942–January 1945, Box: 168, President's Secretary's File, Franklin D. Roosevelt Papers, Franklin D. Roosevelt Library, Hyde Park, NY; William D. Hassett, *Off the Record with F. D. R., 1942–1945* (Greenwood Press, 1980), p. 166.

（9）一九四五年二月のヤルタ会談では、二年以内にヨーロッパから軍を撤退させる意向をローズヴェルトは示している（Second Plenary Meeting, February 5, 1945, *FRUS: The Conferences at Malta and Yalta, 1945*, GPO, 1955, p. 617）。

（10）Cordell Hull, *The Memoirs of Cordell Hull*, Vol. 2 (Macmillan, 1948), chap. 117.

（11）細谷雄一「国連構想とイギリス外交――普遍主義と地域主義の交錯　一九四一―四三年」細谷雄一編『グローバル・ガバナン

スと日本』（中央公論新社、二〇一三年）一一二頁。

（12） この点については、E. J. Hughes, "Winston Churchill and the Formation of the United Nations Organization," *Journal of Contemporary History*, Vol. 9, No. 4 (October 1974), p. 187 を参照。

（13） この点については、Graham Cross, *The Diplomatic Education of Franklin D. Roosevelt, 1882–1933* (Palgrave Macmillan, 2012), chap. 2 を参照。

（14） 善隣外交については、Irwin F. Gellman, *Good Neighbor Diplomacy: United States Policies in Latin America, 1933–1945* (The Johns Hopkins University Press, 1979) や Fredrick B. Pike, *FDR's Good Neighbor Policy: Sixty Years of Generally Gentle Chaos* (University of Texas Press, 1995) を参照。

（15） F. D. Roosevelt, Inaugural Address, March 4, 1933, in Samuel I. Rosenman, comp. *The Year of Crisis, 1933*, Vol. 2 of *The Public Papers and Addresses of Franklin D. Roosevelt* (Russell & Russell, 1966), p. 14.

（16） この留保の問題については、J. Lloyd Mecham, *The United States and Inter-American Security, 1889–1960* (University of Texas Press, 1961), pp. 115–116 と Gellman, *Good Neighbor Diplomacy*, pp. 22–26 を参照。

（17） F. D. Roosevelt, "From Now on, War by Governments Shall be Changed to Peace by Peoples," Address before the Woodrow Wilson Foundation, December 28, 1933, in Rosenman, comp., *The Public Papers and Addresses of Franklin D. Roosevelt*, Vol. 2, p. 545.

（18） 一九三四年に互恵通商協定法が制定された背景には、一九三〇年成立のスムート＝ホーリー関税法に対する反省があった。同法は、輸入関税を記録的な高さに引き上げることで、世界恐慌からの回復を図ろうとしたものだった。だが、それが各国の報復措置を招き、アメリカ経済は甚大な被害を被ったのである。

互恵通商協定法制定の背景には、自由貿易を国際平和実現のための欠かせない条件とみる見方もあった。政権内でそうした見方をとくに強くもっていたのはハル国務長官である。ハルによれば、「より自由な、差別や障害がより少ないという意味でより自由な、貿易のフローを実現することができれば、ある国が別の国をひどくねたんだりしないだろうし、あらゆる国の生活水準が上がると期待することができる。それにより戦争を生み出す経済的不満の種を取り除けば、永続的な平和がもたらされる可能性がかなり出てこよう」。回顧録の中でハルは自身のこうした見方を、「国務長官として一二年間推し進めた哲学」と表現している（Hull, *Memoirs*, Vol. 1, p. 81. 訳文は、ギデオン・ローズ／千々和泰明監訳、佐藤友紀訳『終戦論――なぜアメリカは戦後処理に失敗し続けるのか』原書房、二〇一二年、八九―九〇頁を参照）。

なお、アメリカが互恵通商協定を締結した一一カ国の西半球諸国とは次の通りである。キューバ、ハイチ、ブラジル、コロンビア、カナダ、グアテマラ、ホンジュラス、ニカラグア、コスタリカ、エルサルバドル、エクアドル。残りの八カ国は、ベルギー、スウェーデン、フィンランド、フランス、オランダ、スイス、チェコスロバキア、イギリスである（Douglas A. Irwin, “From Smoot-Hawley to Reciprocal Trade Agreements: Changing the Course of U. S. Trade Policy in the 1930s,” in Michael D. Bordo, Claudia Goldin, and Eugene N. White, eds., *The Defining Moment: The Great Depression and the American Economy in the Twentieth Century*, The University of Chicago Press, 1998, p. 343）。

（19） Sumner Welles, *Seven Decisions That Shaped History* (Harper and Brothers, 1951), p. 103; Mecham, *The United States and Inter-American Security*, pp. 122-123.

（20） *New York Times*, December 13, 1936, p. 43.

（21） ブエノスアイレス会議とリマ会議の成果については、Mecham, *The United States and Inter-American Security*, chap. 5を参照。

（22） パナマとハバナにおける外相会議の成果については、Mecham, *The United States and Inter-American Security*, chap. 7を参照。

（23） F. D. Roosevelt, Address before the Inter-American Conference for the Maintenance of Peace, Buenos Aires, Argentina, December 1, 1936, in Rosenman, comp., *The People Approve, 1936*, Vol. 5 of *The Public Papers and Addresses of Franklin D. Roosevelt* (Russell & Russell, 1966), p. 605.

（24） Forrest Davis, “What Really Happened at Teheran,” May 13, 1944, *Saturday Evening Post*, p. 13. この記事はローズヴェルトに対するインタビューに基づき執筆されたもので、発表前にホワイトハウスによるチェックを受けていた（Warren F. Kimball, *The Juggler: Franklin Roosevelt as Wartime Statesman*, Princeton University Press, 1994, p. 248, note 84）。ローズヴェルトは一九四一年四月にキング（William Lyon Mackenzie King）カナダ首相に対して、「われわれがどのように共存することができるかを他国に示した」善隣外交は、世界に対する「偉大な貢献の一つ」とも話している（The Diaries of William Lyon Mackenzie King, April 16, 1941, Library and Archives Canada. 〈http://www.bac-lac.gc.ca/eng/discover/politics-government/prime-ministers/william-lyon-mackenzie-king/Pages/item.aspx?IdNumber=22610〉, accessed October 8, 2019）。また、一九四四年十月二十一日の外交政策協会（Foreign Policy Association）における演説では、善隣外交は「普遍的なものにすることができるし、普遍的なものにするべき」というのが自身の「信念」だと述べた（F. D. Roosevelt, “American Foreign Policy,” *Department of State Bulletin*, Vol. 11, No. 278, 1944, p. 447）。

（25） Kimball, *The Juggler*, p. 123.

（26） ウェールズの経歴については、Irwin F. Gellman, *Secret Affairs: FDR, Cordell Hull, and Sumner Welles* (Enigma Books, 1995) や Christopher D. O'Sullivan, *Sumner Welles, Postwar Planning, and the Quest for a New World Order, 1937-1943* (Columbia University Press, 2009) を参照。

（27） 五百旗頭『米国の日本占領政策』上巻、七〇—七二頁。

（28）Sumner Welles, "The Victory of Peace: Formulate a United Nations Peace Plan Now," *Vital Speeches of the Day*, Vol. 9, 1943, p. 339.

（29）Sumner Welles, *Where Are We Heading?*（Harper and Brothers, 1946）, p. 185.

（30）"Tentative views of the Subcommittee on Political Problems," July 2, 1943, P Document 236, *Post WWII Foreign Policy Planning: State Department Records of Harley A. Notter, 1939-1945*（CIS, 1987）; O'Sullivan, *Sumner Welles, Postwar Planning, and the Quest for a New World Order*, chap. 4; Welles, *Where Are We Heading?*, chap. 1.

（31）Hull, *Memoirs*, Vol. 2, p. 1645.

（32）*Ibid.*, Vol. 1, pp. 320-321.

（33）*Ibid.*, Vol. 2, p. 1644.

（34）ハルとウェールズの関係については、Gellman, *Secret Affairs* を参照。

（35）Mildred Strunk, *Public Opinion, 1935-1946*（Greenwood Press, 1978）, p. 911. 国際機構の問題に関する第二次世界大戦期のアメリカ世論については、Robert A. Divine, *Second Chance: The Triumph of Internationalism in America during World War II*（Atheneum, 1971）と Selig Adler, *The Isolationist Impulse: Its Twentieth-Century Reaction*（Greenwood Press, 1957）, chap. 13 を参照。

（36）こうした議会の動きについては、Divine, *Second Chance*, chap. 4-6 を参照。

（37）よく知られるように、ローズヴェルトはアメリカ世論の動向に非常に敏感だった。大統領評伝で知られる、ジャーナリストで歴史家のグッドウィンは、「彼［ローズヴェルト］は彼以前のどの大統領よりも世論を研究した」と述べている（ドリス・カーンズ・グッドウィン／砂村榮利子・山下淑美訳『フランクリン・ローズヴェルト』下巻「激戦の果てに」中央公論新社、二〇一四年、四四七頁）。

（38）Staff of the Senate Committee on Foreign Relations and the Department of State, *A Decade of American Foreign Policy: Basic Documents, 1941-49*（Scholarly Press, 1968）, p. 12（加藤俊作『国際連合成立史――国連はどのようにしてつくられたか』有信堂高文社、二〇〇〇年、二〇六頁）.

　一九四一年八月発表の大西洋憲章の第八項を国連の一つの起源とみる見解がある。だが、左に明らかなように、第八項に「国際機構（international organization）」という語句はなく、それにかわるものとして「一般的安全保障制度（system of general security）」という抽象度の高い語句が使用されている。しかも、同制度の確立より侵略国の武装解除のほうに重きを置いた表現となっている。

　大西洋憲章第八項「陸、海又ハ空ノ軍備カ自国国境外ヘノ侵略ノ脅威ヲ与エ又ハ与ウルコトアルヘキ国ニ依リ引続キ使用セ

ラルルトキハ将来ノ平和ハ維持セラルルコトヲ得サルカ故ニ、両国ハ一層広汎ニシテ永久的ナル一般的安全保障制度ノ確立
ニ至ル迄ハ斯ル国ノ武装解除ハ不可欠ノモノナリト信ス。」
大西洋会談でイギリスが示した草案には、普遍的な国際機構の設立が明確に謳われていた。だがローズヴェルトが、国際連盟に対する低い評価と孤立主義的なアメリカ世論の反発を招きかねないという懸念から、イギリス草案の受け入れを拒んだのである（*FRUS: 1941*, Vol. 1, GPO, 1958, p. 355, p. 363）。国連へとつながる普遍的国際機構の設立が明確に宣言されたのは、一九四三年十一月のモスクワ宣言においてである。

（39） Hull, *Memoirs*, Vol. 2, p. 1647.

（40） Roosevelt-Stalin Meeting, November 29, 1943, *FRUS: The Conferences at Cairo and Tehran, 1943*, p. 530.

（41） *Ibid.*, p. 531.

（42） *Ibid.*

（43） Warren F. Kimball, "The Sheriffs: FDR's Postwar World," in David B. Woolner, Warren F. Kimball, and David Reynolds, eds., *FDR's World: War, Peace, and Legacies* (Palgrave Macmillan, 2008), p. 95.

（44） 同様の見方をとる研究に、タン・ツォウ／太田一郎訳『アメリカの失敗』（毎日新聞社、一九六七年）四三頁、Warren I. Cohen, *America's Response to China: A History of Sino-American Relations*, 5th edition (Columbia University Press, 2010), pp. 155-156がある。

（45） Memorandum of Conversation, August 11, 1941, *FRUS: 1941*, Vol. 1, p. 363.

（46） Elliott Roosevelt, *As He Saw It* (Greenwood Press, 1946), p. 53.

（47） クリストファー・ソーン／市川洋一訳『米英にとっての太平洋戦争』上巻（草思社、一九九五年）二六〇頁。

（48） Notes of Meeting at the White House with Roosevelt and Churchill Presiding, December 23, 1941, *FRUS: The Conferences at Washington, 1941-1942, and Casablanca, 1943* (GPO, 1968), p. 70. 作戦基地としての中国の位置づけと中国大国化構想との関係については、ツォウ『アメリカの失敗』第三章B「極東戦略と中国大国化政策」が詳しい。

（49） Memorandum by Hamilton, June 17, 1942, *FRUS: 1942, China* (GPO, 1956), p. 81.

（50） From Currie to Roosevelt, "Report on Some Aspects of the Current Political, Economic and Military Situation in China," March 15, 1941, *FRUS: 1941*, Vol. 4 (GPO, 1956), p. 92, p. 94.

（51） Robert E. Sherwood, *Roosevelt and Hopkins: An Intimate History* (Harper and Brothers, 1948), p. 404（ロバート・シャーウッド／村上光彦訳『ルーズヴェルトとホプキンズ』第一巻、みすず書房、一九五七年、四三六頁）. ラティモアが蒋介石の政治顧問となった経緯については、Robert P. Newman, *Owen Lattimore and the "Loss" of China* (University of California Press, 1992), pp.

55–59を参照。

(52) Sherwood, *Roosevelt and Hopkins*, p. 740（シャーウッド『ルーズヴェルトとホプキンズ』第二巻、二八九頁）.

(53) この点については、五百旗頭『米国の日本占領政策』上巻、一四八－一五一頁も参照。

(54) 同右、一二四－一二八頁、John Lewis Gaddis, *Russia, the Soviet Union, and the United States: An Interpretive History*, 2nd edition (McGraw-Hill, 1990), p. 156.

(55) Vojtech Mastny, "Stalin and the Prospects of a Separate Peace in World War II," *The American Historical Review*, Vol. 77, No. 5 (December 1972), p. 1388; スーザン・バトラー／松本幸重訳『ローズヴェルトとスターリン――テヘラン・ヤルタ会談と戦後構想』上巻（白水社、二〇一七年）一七七－一七八頁、一八五頁。

(56) この点については、Lloyd C. Gardner, *Spheres of Influence: The Great Powers Partition Europe, from Munich to Yalta* (Ivan R. Dee, 1993), chap. 6–7や、John Lamberton Harper, *American Visions of Europe: Franklin D. Roosevelt, George F. Kennan, and Dean G. Acheson* (Cambridge University Press, 1994), part 1、Marc Trachtenberg, *A Constructed Peace: The Making of the European Settlement, 1945–1963* (Princeton University Press, 1999), chap. 1を参照。

(57) ブレトンウッズ会議に対するソ連参加問題については、Georg Schild, *Bretton Woods and Dumbarton Oaks: American Economic and Political Postwar Planning in the Summer of 1944* (Macmillan, 1995), pp. 102–104とVladimir O. Pechatnov, "The Soviet Union and the Bretton Woods Conference," in Giles Scott-Smith and J. Simon Rofe, eds., *Global Perspectives on the Bretton Woods Conference and the Post-War World Order* (Palgrave Macmillan, 2017) を参照。後者の研究によると、ソ連には戦後経済秩序の構築に積極的に参加したほうが、対米関係や自国の戦後復興の問題を考えると得策という考えがあった。だが戦争末期、対米関係が冷却化していく中でブレトンウッズ体制には加わらないという決定をスターリンが下したという。

(58) シャーウッド『ルーズヴェルトとホプキンズ』第二巻、三四四頁。

(59) Briefing Book Prepared in the Treasury Department, September 9, 1944, *FRUS: Conference at Quebec, 1944* (GPO, 1972), pp. 128–143.

(60) Second Plenary Meeting, February 5, 1945, *FRUS: The Conferences at Malta and Yalta*, p. 614.

(61) Memorandum by Hopkins, March 22, 1943, *FRUS: 1943*, Vol. 3 (GPO, 1963), p. 35（五百旗頭『米国の日本占領政策』上巻、一五三頁）.

(62) *New York Times*, August 18, 1944, p. 1.

(63) この点については、五百旗頭氏も「大統領の日本についての関心と知識は極端に乏しかった」と指摘している（五百旗頭『米国の日本占領政策』上巻、一二九頁）。

(64) Memorandum by the Assistant Secretary of State (Berle), November 11, 1943, *FRUS: The Conferences at Cairo and Tehran*, p. 177. 対日政策と対ドイツ政策との関係については、Dayna L. Barnes, *Architects of Occupation: American Experts and the Planning for Postwar Japan* (Cornell University Press, 2017), pp. 15-17 を参照。

(65) Meeting at the White House, October 5, 1943, *FRUS: 1943*, Vol. 1 (GPO, 1963), p. 543. ローズヴェルトの考える信託統治制度は植民地に限らず、紛争の原因となりやすい国際通商上の要衝や軍事上の重要な地点にも広く適用されることになっていた。一九四三年十月のローズヴェルトと国務省幹部との会議では、千島列島以外に、キール運河地帯やペルシア湾地域、小笠原諸島などを信託統治のもとに置くことについて議論がなされている (*Ibid.*)。

(66) Memorandum by the Special Assistant to the Secretary of State (Pasvolsky), November 15, 1944, *FRUS: The Conferences at Malta and Yalta*, p. 57.

(67) Millis, ed., *The Forrestal Diaries*, p. 33; ソーン『米英にとっての太平洋戦争』下巻、一六二—一六三頁、JCS570/2 "U. S. Requirements for Post War Air Bases," January 10, 1944, Folder: CCS360 (12-9-42), Sec. 2, Box: 270, Central Decimal File, Records of the U. S. Joint Chiefs of Staff, Record Group 218, National Archives, College Park, MD (以下、Record Group は RG と、National Archives は NA と略す).

(68) Ibid.

(69) Roosevelt-Stalin Meeting, February 8, 1945, *FRUS: The Conferences at Malta and Yalta, 1945*, p. 770.

(70) 五百旗頭『米国の日本占領政策』上巻、一五四頁。この蔣介石宛書簡は「草案」として国務省編纂の『アメリカ対外関係文書集』に掲載されているが (*FRUS: 1942, China*, p. 186)、実際に送付され、一九四二年末には重慶に届いたようである (Newman, *Owen Lattimore and the "Loss" of China*, p. 96; Xiaoyuan Liu, *A Partnership for Disorder: China, the United States, and Their Policies for the Postwar Disposition of the Japanese Empire, 1941-1945*, Cambridge University Press, 1996, p. 110)。

(71) こうした蔣介石の考えについては、Liu, *A Partnership for Disorder*, chap. 4-5 を参照。

(72) 例えば一九四五年三月、ローズヴェルトはジャーナリストのスノーに対して、中国共産主義者は「農業改革」計画を実現しようとしているのであって、共産主義を実現しようとしているのではないと語っている (Edgar Snow, *The Pattern of Soviet Power*, Random House, 1945, p. 140)。

(73) Welles, *Seven Decisions That Shaped History*, p. 186.

(74) Memorandum of Conversation, March 27, 1943, *FRUS: 1943*, Vol. 3, p. 39; CAB/65/38/2, April 13, 1943, Cabinet Papers, National Archives, Kew, London.

(75) この点については、ジョン・W・ダワー／猿谷要監修『人種偏見——太平洋戦争に見る日米摩擦の底流』(TBSブリタニカ、一九八七年）やクリストファー・ソーン／市川洋一訳『太平洋戦争における人種問題』（草思社、一九九一年）を参照。

(76) Memorandum of Conversation, March 15, 1945, *FRUS: 1945*, Vol. 1 (GPO, 1967), p. 124. ローズヴェルトの同様の発言を、彼にそば近くで仕えたサックリーの日記（一九四四年六月二十八日）の中などにもみることができる（Geoffrey C. Ward, ed., *Closest Companion: The Unknown Story and the Intimate Friendship between Franklin Roosevelt and Margaret Suckley*, Simon and Schuster, 2009, p. 314)。

(77) ローズヴェルト政権は互恵通商協定法に基づき、イギリスと一九三八年に通商協定を結んだ。だが、イギリスによる関税譲許の範囲は限定的なものにとどまり、イギリス帝国の特恵関税制度を打ち壊すことができなかった。この点については、山本和人『戦後世界貿易秩序の形成――英米の協調と角逐』（ミネルヴァ書房、一九九九年）第三章を参照。

(78) 例えば、Kimball, *The Juggler*, p. 128.

(79) ウィルソンの民族自決理念については、Derek Heater, *National Self-Determination: Woodrow Wilson and His Legacy* (St. Martin's Press, 1994) や Erez Manela, *The Wilsonian Moment: Self-Determination and the International Origins of Anticolonial Nationalism* (Oxford University Press, 2007) を参照。マネラの研究では、ウィルソンの民族自決理念が、彼の意図に反し、ヨーロッパ外の地域で大きな反響を巻き起こしたことが明らかにされている。

(80) チャーチルが一九四一年九月十一日に行った下院での演説（ソーン『米英にとっての太平洋戦争』上巻、一〇二頁）。

(81) F. D. Roosevelt, "We Must Keep on Striking Out Enemies Wherever and Whenever We Can Meet Them," Fireside Chat on Progress of the War, February 23, 1942, in Rosenman, comp., *Humanity on the Defensive, 1942*, Vol. 11 of *The Public Papers and Addresses of Franklin D. Roosevelt* (Russell and Russell, 1950), p. 115.

(82) 信託統治構想との関連で、ローズヴェルトが好んで口にしたのがアメリカのフィリピン統治の経験だった。一九世紀末以来、アメリカの植民地となっていたフィリピンは、ローズヴェルトの支持のもと、一九三四年に成立したフィリピン独立法によって一〇年後の独立が約束されていた。ローズヴェルトによれば、それは「フィリピン人が自立できる日が来るという確かな考えのもと」、アメリカがフィリピン人の指導者とともに教育の促進や衛生面の改善、商業・交通の発達に努めた結果だった。戦後、信託統治に当たる施政者は、「われわれがフィリピンで成し遂げたことを達成できるよう努力」しなければならない。(F. D. Roosevelt, Radio Address on the Seventh Anniversary of the Philippines Commonwealth Government, November 15, 1942, in Rosenman, comp., *The Public Papers and Addresses of Franklin D. Roosevelt*, Vol. 11, p. 474; Memorandum of Conversation, June 1, 1942, *FRUS: 1942*, Vol. 3, p. 581)。このようにアメリカのフィリピン経験を植民地問題解決のモデルとしてとらえるローズヴェルトの考え方については、Gary R. Hess, *The United States' Emergence as a Southeast Asian Power, 1940-1950* (Columbia University Press, 1987), chap. 7 を参照。

(83) この点については、Walter LaFeber, "Roosevelt, Churchill, and Indochina: 1942–45," *The American Historical Review*, Vol. 80, No. 5 (December 1975), p. 1282を参照。

(84) Roosevelt, *As He Saw It*, p. 72. ローズヴェルトは同様のことを、ヤルタ会談から帰る途中、船上で行った記者会見の中でも述べている（Press Conference, February 23, 1945, Series 1, Press Conferences, Roosevelt Papers, Roosevelt Library）。

(85) Telegram from Harriman to Hull, September 5, 1944, *FRUS: 1944*, Vol. 6 (GPO, 1967), p. 254.

(86) From Nelson to Roosevelt, December 20, 1944, Folder: China, July-December 1944, Box: 27, President's Secretary's File, Roosevelt Papers, Roosevelt Library.

(87) この通商協定は一九四六年十一月に米中双方の代表によって署名され、一九四八年十一月に発効することになる。

(88) Roosevelt-Stalin Meeting, November 29, 1943, *FRUS: The Conferences at Cairo and Tehran, 1943*, pp. 531-532.

(89) Memorandum of Conference, May 29, 1942, *FRUS: 1942*, Vol. 3, p. 568.

(90) 五百旗頭『米国の日本占領政策』上巻、一五二―一五三頁。

(91) 同右、一五一頁。

(92) 同右。

(93) Thomas M. Campbell and George C. Herring, Jr., eds., *The Diaries of Edward R. Stettinius, Jr., 1943–1946* (New Viewpoints, 1975), p. 210.

(94) Memorandum of Conversation, March 15, 1945, *FRUS: 1945*, Vol. 1, p. 124.

(95) Willard Range, *Franklin D. Roosevelt's World Order* (University of Georgia Press, 1959), pp. 178–179.

(96) ローズヴェルトは一〇代半ばのときにクリスマス・プレゼントとしてマハンの著作を受け取って以来、それを愛読するようになった。一九三六年のローズヴェルトのある書簡には、「私は少年のとき、光栄にもマハン提督のことを知りました。私はマハン提督の本と論文のほぼすべてをもっています」とある（J. Simon Rofe, "'Under the Influence of Mahan': Theodore and Franklin Roosevelt and Their Understanding of American National Interest," *Diplomacy and Statecraft*, Vol. 19, 2008, p. 732）。

(97) アルフレッド・T・マハン／麻田貞雄訳「アジアの問題」『アルフレッド・T・マハン』アメリカ古典文庫第八巻（研究社、一九七七年）二三八頁。

(98) 歴史家ワードによれば、ローズヴェルトの祖父が対中貿易で築いた富の多くは、アヘンの取り引きによるものだった（Geoffrey C. Ward, "On Writing about FDR," *Prologue*, Vol. 23, Summer 1991, p. 123）。ローズヴェルトがその事実をどれほど知っていたかは不明である。

(99) マハン「アジアの問題」二三九頁。

(100) Hull, *Memoirs*, Vol. 2, p. 1257.

(101) Welles, *Seven Decisions That Shaped History*, pp. 154-155（五百旗頭『米国の日本占領政策』上巻、一五二頁）. 有色人種と長期の安定した関係を築くという、中国大国化構想のねらいを強調する議論として、Erez Manela, "The Fourth Policeman: Franklin Roosevelt's Vision for China's Global Role," 呉思華・呂芳上・林永樂主編『開羅宣言的意義與影響』（政大出版社、二〇一四年）がある。

(102) 中国の参加問題はカイロ会談の際に連合参謀本部において検討されたものの、結局正式メンバーとしては中国を加えず、首脳会談が開かれるときに必要に応じて中国の参加を認めることになった（CCS426/1 "Report of the Combined Chiefs of Staff to Roosevelt and Churchill," December 6, 1943, *FRUS: Conferences at Cairo and Tehran*, p. 815）。

(103) この基地計画については、川名晋史『基地の政治学――戦後米国の海外基地拡大政策の起源』（白桃書房、二〇一二年）第二章や Elliott V. Converse III, *Circling the Earth: United States Plans for a Postwar Overseas Military Base System, 1942-1948* (Air University Press, 2005), chap. 1 が詳しい。

(104) ＪＣＳ五七〇／二では、グリーンランドとアイスランドにもアメリカが使用権をもつ基地が設置されることになっていたが、どちらもヨーロッパではなく西半球に属する地域という分類がなされている。この点については、Stacie L. Pettyjohn, *U. S. Global Defense Posture, 1783-2011* (RAND Corporation, 2012), p. 54 も参照。なお、ＪＣＳ五七〇／二ではアメリカ本土も「アメリカが自国防衛のため排他的権利をもつ基地地域」として指定されている。だが、その更新版であるＪＣＳ五七〇／四〇（図2、七二頁）から、アメリカ本土は考慮の対象外とされた。それに合わせ、図1でもアメリカ本土には●を付けていない。

(105) JCS570, "U. S. Requirements for Post-War Air Bases," November 6, 1943, Folder: CCS360 (12-9-42), Sec. 2, Box: 270, Central Decimal File, Records of the U. S. Joint Chiefs of Staff, RG218, NA.

(106) From Roosevelt to Hull, January 7, 1944, ibid.

(107) From Roosevelt to Hull, February 1, 1944, ibid.

(108) Beatrice Bishop Berle and Travis Beal Jacobs, eds., *Navigating the Rapids, 1918-1971: From the Papers of Adolf A. Berle* (Harcourt Brace Jovanovich, 1973), p. 449.

(109) エドガー・スノー／松岡洋子訳『目ざめへの旅』（筑摩書房、一九八八年）二四四頁。なお、ハルの回顧録には、「早くも一九三四年に大統領は、条件が整い次第、中国とこのプロジェクト［治外法権撤廃に向けたプロジェクト］に関する交渉を始めることに前向きな意向を示した」とある（Hull, *Memoirs*, Vol. 2, p. 1257）。

(110) Hull, *Memoirs*, Vol. 1, p. 566.

(111) 治外法権撤廃に至る過程については、馬暁華『幻の新秩序とアジア太平洋――第二次世界大戦期の米中同盟の軋轢』（彩流社、二〇〇〇年）第三章とWesley R. Fishel, *The End of Extraterritoriality in China* (University of California Press, 1974) を参照。

(112) David Dilks, ed., *The Diaries of Sir Alexander Cadogan, 1938–1945* (G. P. Putnam's Sons, 1972), p. 488.

(113) Memorandum by Hopkins, March 22, 1943, *FRUS: 1943*, Vol. 3, p. 36.

(114) ソーン『米英にとっての太平洋戦争』上巻、四四七頁、四五一頁。

(115) Memorandum of Conversation, August 5, 1943, *FRUS: 1943*, China (GPO, 1957), pp. 84–85; 五百旗頭『米国の日本占領政策』上巻、一五九頁。

(116) Molotov to the Chargé in the Soviet Union (Hamilton), September 29, 1943, *FRUS: 1943*, Vol. 1, p. 535; The Soviet Chargé (Gromyko) to the Acting Secretary of State, October 2, 1943, *ibid.*, pp. 537–538; Stalin to Roosevelt, October 6, 1943, *ibid.*, p. 548.

(117) Odd Arne Westad, *Cold War and Revolution: Soviet-American Rivalry and the Origins of the Chinese Civil War* (Columbia University Press, 1993), pp. 8-9; 下斗米伸夫『アジア冷戦史』（中公新書、二〇〇四年）一四一頁。

(118) Memorandum of Conversation with Roosevelt, October 5, 1943, *FRUS: 1943*, Vol. 1, pp. 541–542.

(119) Summary of the Proceedings of the First Session of the Moscow Tripartite Conference, October 19, 1943, *ibid.*, pp. 580–581.

(120) Memorandum of Conversation, October 21, 1943, *ibid.*, p. 602; W. Averell Harriman and Elie Abel, *Special Envoy to Churchill and Stalin, 1941–1946* (Random House, 1975), p. 236.

(121) Summary of the Proceedings of the 8th Session of the Tripartite Conference, October 26, 1943, *FRUS: 1943*, Vol. 1, p. 640. ソ連駐在アメリカ大使としてモスクワ会談に出席していたハリマンの見解では、本来ハルは、ナチス支配からの「解放が数カ月のうちとみられていたポーランドや他の中東欧諸国の独立を守るため」、ソ連に対して影響力を行使し、何らかの取り決めを成立させるべきだった。しかし、「ハルは中国を第四の大国として認めさせるために、影響力のすべてを使ってしまった」のである（Harriman, *Special Envoy to Churchill and Stalin*, p. 236）。

(122) Hull, *Memoirs*, Vol. 2, p. 1307.

(123) *Congressional Record*, 78th Cong., 1st sess., 1943, Vol. 89, pt. 6, p. 8199.

(124) 国勢調査に基づき、ある一定率の移民入国枠を各国に与えるという制度（蓑原俊洋『排日移民法と日米関係』岩波書店、二〇〇二年、八七頁）。

(125) 中国人移民排斥法の撤廃過程については、馬『幻の新秩序とアジア太平洋』第四章、第五章を参照。

(126) アメリカ国務省編／朝日新聞社訳『中国白書——米国の対華関係』（朝日新聞社、一九四九年）六〇頁。

(127) 五百旗頭『米国の日本占領政策』上巻、一三八頁。

(128) Memorandum by the Co-Chairman of the Anglo-American Caribbean Commission (Taussig), January 16, 1945, *FRUS:*

Conferences at Cairo and Tehran, 1943, p. 887; Summary Notes of Conversations between Wallace and Chiang Kai-shek, *FRUS: 1944,* Vol. 6, p. 232.

(129) Memorandum by Taussig, January 16, 1945, *FRUS: Conferences at Cairo and Tehran, 1943,* p. 887.

(130) CAB65/40/15, December 13, 1943, Cabinet Papers, National Archives, Kew; ソーン『米英にとっての太平洋戦争』上巻、四四二頁。

(131) 秦孝儀總編纂『總統蔣公大事長編初稿』巻五、上冊（一九七八年）、二二二七頁。

(132) Summary Notes of Conversations between Wallace and Chiang, *FRUS: 1944,* Vol. 6, p. 232.

(133) Preliminary Memorandum on Conversation between Roosevelt and Stettinius for the Colonies, January 16, 1945, Folder: January-June 1945, Box: 52, Charles W. Taussig Papers, Roosevelt Library.

(134) Welles, *Seven Decisions That Shaped History,* p. 153; Roosevelt-Churchill-Stalin Luncheon Meeting, November 30, 1943, *FRUS: The Conferences at Cairo and Tehran, 1943,* p. 567; Theodore H. White, ed., *The Stilwell Papers* (Schocken, 1972), p. 252.

(135) Minutes of a Meeting of the Pacific War Council, January 12, 1944, *FRUS.: The Conferences at Cairo and Tehran, 1943,* p. 869. 太平洋戦争会議とは、対日戦遂行の主導権を米英が握っている状態に不満を募らせていると見られた「小国をなだめ」（マーシャル陸軍参謀総長）、意見表明の機会を提供するため、一九四二年四月にワシントンに設立されたものである。設立時の参加国は、アメリカ、イギリス、オランダ、オーストラリア、カナダ、中国、ニュージーランド、フィリピンだった（のちに自由フランスが参加）。太平洋戦争会議については、Timothy P. Maga, "Vision and Victory: Franklin Roosevelt and the Pacific War Council, 1942–1944," *Presidential Studies Quarterly,* Vol. 21, No. 2, (Spring 1991) を参照。

(136) Memorandum of Conversation with Roosevelt, October 5, 1943, *FRUS: 1943,* Vol. 1, p. 543; Roosevelt to Stettinius, December 8, 1944, *FRUS: The Conferences at Malta and Yalta, 1945,* p. 333; Warren F. Kimball, ed., *Churchill and Roosevelt: The Complete Correspondence,* Vol. 3 (Princeton University Press, 1984), pp. 3–4.

(137) Memorandum by Harriman, July 18, 1945, *FRUS: 1945,* Vol. 7 (GPO, 1969), p. 946.

(138) Memorandum of Conversation, March 29, 1943, *FRUS: 1943, China,* p. 845.

(139) Meeting of the Combined Chiefs of Staff with Roosevelt and Churchill, November 24, 1943, *FRUS: The Conferences at Cairo and Tehran, 1943,* p. 334.

(140) この点については、Liu, *A Partnership for Disorder,* pp. 142–143 を参照。

(141) Department of State, *United States Relations with China: With Special Reference to the Period 1944–1949*（以下、*China White Paper* と記す）(GPO, 1949), p. 558. 蔣介石の随行団の一人としてカイロ会談に出席した董顕光が、一九四八年九月の記者会見で

行った説明はややニュアンスが異なる。董によれば、蒋介石はカイロにおいて、中国の主権を害しないという条件が満たされるのであれば、戦争が終わった後、大連の自由港化という提案について検討してもよいと述べた（From Stuart to Marshall, September 24, 1948, *FRUS: The Conferences at Cairo and Tehran, 1943*, p. 891）。

(142) ローズヴェルトは、台湾についても条件付き返還を考えていた。この点については、第四章第一節で論じることにする。

(143) この点については、John J. Sbrega, "The Anticolonial Views of Franklin D. Roosevelt, 1941–1945," in Herbert D. Rosenbaum and Elizabeth Bartelme, eds., *Franklin D. Roosevelt: The Man, the Myth, the Era, 1882–1945* (Greenwood Press, 1987), pp. 193–194 を参照。

(144) 川島真「カイロ宣言の"亡霊"」『中央公論』第一二九巻二号（二〇一四年二月号）、一四頁。

(145) 五百旗頭『米国の日本占領政策』上巻、一七二―一七三頁。

(146) 同右、一六九頁。

(147) 同右、一六五頁。

(148) サンケイ新聞社『蔣介石秘録十四――日本降伏』（サンケイ出版、一九七七年）一二一頁。

(149) Liu, *A Partnership for Disorder*, p. 133.

(150) White, ed., *The Stilwell Papers*, p. 253.

(151) Chinese Summary Record, *FRUS: The Conferences at Cairo and Tehran, 1943*, p. 324.

(152) 顾维钧／中国社会科学院近代史研究所译『顾维钧回忆录』第五分册（中华书局、一九八七年）、二八三頁。

(153) Minutes of a Meeting of the Pacific War Council, January 12, 1944, *FRUS: The Conferences at Cairo and Tehran, 1943*, p. 869.

(154) 五百旗頭『米国の日本占領政策』上巻、一六三―一六四頁。

(155) Chinese Summary Record, *FRUS: The Conferences at Cairo and Tehran, 1943*, p. 324.

(156) 五百旗頭『米国の日本占領政策』上巻、一七〇頁。

(157) Ronald Ian Heiferman, *The Cairo Conference of 1943: Roosevelt, Churchill, Chiang Kai-shek and Madame Chiang* (McFarland, 2011).

(158) *Ibid.*, chap. 13.

(159) 中国軍指揮権問題については、バーバラ・W・タックマン／杉辺利英訳『失敗したアメリカの中国政策――ビルマ戦線のスティルウェル将軍』（朝日新聞社、一九九六年）や杉田米行「一九四〇年代アメリカ対中国政策の不確定性」西村成雄編『中国外交と国連の成立』（法律文化社、二〇〇四年）第五章を参照。

(160) ダンバートン・オークス会議への中国参加問題については、Robert C. Hilderbrand, *Dumbarton Oaks: The Origins of the*

United Nations and the Search for Postwar Security (The University of North Carolina Press, 1990), chap. 2を参照。

(161) Robert Dallek, *Franklin D. Roosevelt and American Foreign Policy, 1932–1945* (Oxford University Press, 1995), pp. 461–462; Hilderbrand, *Dumbarton Oaks*, p. 123; 宮下雄一郎『フランス再興と国際秩序の構想――第二次世界大戦期の政治と外交』(勁草書房、二〇一六年) 三三六―三三七頁。

(162) Hilderbrand, *Dumbarton Oaks*, pp. 122–123.

(163) American-British Luncheon Meeting, May 22, 1943, *FRUS: The Conferences at Washington and Quebec, 1943* (GPO, 1970), p. 168.

(164) チャーチルの帝国主義者としての側面に注目する最近の議論として、木畑洋一『チャーチル――イギリス帝国と歩んだ男』(山川出版社、二〇一六年)。

(165) 仏ソ同盟相互援助条約については、宮下『フランス再興と国際秩序の構想』三三八―三四二頁を参照。

(166) 同右、三三七頁、Hilderbrand, *Dumbarton Oaks*, p. 123.

(167) 長谷川毅『暗闘――スターリン、トルーマンと日本降伏』(中央公論新社、二〇〇六年) 三四頁。

(168) 現在でも「代償」説は有力である。S. M. Plokhy, *Yalta: The Price of Peace* (Penguin Books, 2011) は、そうした見方をとる最近の代表的研究と言えよう。

(169) Telegram from Harriman to Roosevelt, December 15, 1944, *FRUS: The Conferences at Malta and Yalta, 1945*, pp. 378–379.

(170) Senate Joint Committee on Armed Services and Foreign Relations, *Military Situation in the Far East: Hearings*, 81st Cong., 1st sess., 1951 (GPO, 1951), p. 3332.

(171) 五百旗頭『米国の日本占領政策』下巻、七四頁。

(172) Westad, *Cold War and Revolution*, p. 20.

(173) この点については、Dallek, *Franklin D. Roosevelt and American Foreign Policy*, chap. 16やMichael Schaller, *The U. S. Crusade in China, 1938–1945* (Columbia University Press, 1979), chap. 10を参照。

(174) 五百旗頭『米国の日本占領政策』下巻、一七五頁。

(175) Meeting of Roosevelt with his Advisers, February 4, 1945, *FRUS: The Conferences at Malta and Yalta*, p. 567.

(176) こうした見方をとる代表的研究として、LaFeber, "Roosevelt, Churchill, and Indochina: 1942–45" がある。

(177) From Churchill to Roosevelt, March 17, 1945, Folder: Churchill to FDR, February-April 1945, Box: 7, Map Room Papers, Roosevelt Papers, Roosevelt Library; From Roosevelt to Churchill, March 22, 1945, Folder: FDR to Churchill, February-April 1945, ibid.

(178) Roosevelt-Stalin Meeting, February 8, 1945, *FRUS: The Conferences at Malta and Yalta*, p. 770; Press Conference, February 23, 1945, Series 1, Press Conferences, Roosevelt Papers, Roosevelt Library.
ヤルタ会談後もローズヴェルトがインドシナへのフランス復帰に反対し続けたため、イギリスの不安は続いた。一九四五年三月（ヤルタ会談の翌月）、イギリス外務省は次のような説明文書をチャーチルに送っている。

「日本敗北後の極東にもっとも欠如しそうに思われるものは安定である。そして法と秩序を守ることのできる極東の安定勢力を支援することは、われわれのためでもある。インドシナに関するかぎり、安定勢力としてフランスにかわる満足すべきものがあるとは思われない。アメリカ政府はそれに対して徹底的に反対しており、われわれとしてはローズヴェルト大統領の態度がまったく理解できない」（ソーン『米英にとっての太平洋戦争』下巻、三四五頁）。

(179) Stein Tønnesson, *The Vietnamese Revolution of 1945: Roosevelt, Ho Chi Minh and de Gaulle in a World at War* (Sage, 1991), pp. 210-215, pp. 256-265; Tønnesson, "Franklin Roosevelt, Trusteeship, and Indochina: A Reassessment," in Mark Atwood Lawrence and Fredrik Logevall, eds., *The First Vietnam War: Colonial Conflict and Cold War Crisis* (Harvard University Press, 2007). 一九四四年三月のウォーレス副大統領の日記によれば、ローズヴェルトはチャーチルに、「アメリカが日本によって攻撃される半年前、フランスがインドシナに対する権利を日本に放棄したという事実について注意を促した」ことがあったという (John Morton Blum, ed., *The Price of Vision: The Diary of Henry A. Wallace, 1942-1946*, Houghton Mifflin Company, 1973, pp. 307-308)。

(180) ただし、フランスの植民地時代と同様、グエン朝（阮朝）は存続した。

(181) Memorandum of Conversation, March 15, 1945, *FRUS: 1945*, Vol. 1, p. 124.

(182) もちろん、戦争が終われば同じような圧力がロンドンにもかけられる可能性があった。そのことにイギリスが気づいていなかったわけではないようである。ソーンの研究によれば、イギリス政府内にはまさにその可能性をおそれ、「自由意思にもとづいて信託統治制度のもとにおくというヤルタ協定の条項」は拒否するべきだという声があった（ソーン『米英にとっての太平洋戦争』下巻、三一二頁）。

(183) Plokhy, *Yalta*, p. 400; Roger Daniels, *Franklin D. Roosevelt: The War Years, 1939-1945* (University of Illinois Press, 2016), p. 476.

(184) H・S・トルーマン／加瀬俊一監修、堀江芳孝訳『トルーマン回顧録〔新装版〕』第一巻（恒文社、一九九二年）二二頁。

(185) 加藤『国際連合成立史』一二八頁。

第2章　中国大国化構想の挫折

⬆左からマーシャル特使，宋美齢，蔣介石主席（1945年12月，中国・南京。Photo by George Lacks/The LIFE Picture Collection via Getty Images）。

一　トルーマン政権の発足

ローズヴェルト路線の継承

大統領就任の宣誓を終え、国連設立のためのサンフランシスコ会議を予定通り開催することを決定したトルーマンは、自身が主催する初めての閣議に臨み、次のように宣言した。

ローズヴェルト政権の対外政策と国内政策、双方とも継続させる。[1]

ローズヴェルトの死から一週間後に行われた世論調査によると、アメリカ人の多くは必ずしもローズヴェルト路線の継承をトルーマンに求めてはいなかった。ローズヴェルトであれば行ったであろう政策をトルーマンは遂行すべきだとする回答が二八パーセントであったのに対して、トルーマン自身の考えに基づいて政策を推し進めるべきだとする回答は六七パーセントにも上ったのである。[2]

だが、ローズヴェルトの突然の死によって大統領となったトルーマンに、独自の政策構想などあろうはずがなかった。しかもトルーマンは上院議員時代（一九三五―四五年）から、ローズヴェルトの強い支持者だったのである。[3] そのため右の宣言に明らかなように、国連の問題に限らず、あらゆる問題においてローズヴェルトの政策を踏襲するというのがトルーマンの当初の考えだった。

とはいえ、個々の政策に対する関心や熱意という点でローズヴェルトとトルーマンの間には当然のことながら相違があった。また、ローズヴェルトの政策に対する十分な知識をトルーマンが持ち合わせていたわけでもなかった。トルーマンがローズヴェルトに仕えたのは、副大統領職にあった一九四五年一月から四月の間に限られる。しかもその間、政策形成にかかわることはほとんどなかった。そのためトルーマンが大統領職に就いたとき、原爆開発のことも、またヤルタ協定のことも知らなかったというのはよく知られた事実である。

トルーマンはそうした自らの知識の限界をよく認識していた。また、トルーマンにはローズヴェルトがとったような独断専行的な政策形成のスタイルを好まないところもあった。初めての閣議で「私に助言をすることをためらわないでほしい。私は喜んでそれを聞くつもりである」[4]と話したトルーマンは、その言葉通りローズヴェルトよりはるかに部下の意見を尊重する姿勢をとった。政策形成のイニシアティブもめったにとろうとはしなかった。そうした新大統領の姿勢により、前政権の時代には冷遇されがちだった国務省が政策形成機関として息を吹き返すことになる。

ソ連に対する不信

トルーマンが大統領に就任したころ、ソ連軍がドイツ軍を追って東欧へとなだれ込んでいた。トルーマン政権は前政権と同様、ソ連による東欧の勢力圏化それ自体は容認する方針をとった。一九四五年十月、ステッティニアスにかわり国務長官に就任していたバーンズ（James F. Byrnes）はある演説において、ソ連が東欧で「特別な安全保障上の利益」をもつことを認めている[5]。

だが同じ演説でバーンズは、アメリカの善隣外交に言及しつつ、主権平等や内政不干渉、政体選択の自由といった原則が重視されなければならないと説いた[6]。ソ連に対してよき隣人であることを求める点でも、トルーマン政権の対ソ政策は前政権のそれを受け継ぐものだったのである[7]。

しかしアメリカのみるところ、ドイツを追い出し東欧へと入っていったソ連はよき隣人としての振る舞いに欠けていた。そうした認識をよく示しているのが、一九四五年四月にワシントンで行われた会議の中でのハリマン駐ソ大使の発言である。トルーマンも出席したその会議でハリマンは、現在アメリカが直面している問題は「野蛮人によるヨーロッパへの侵略」だと述べ、「ソ連による外国の支配は、その国家の対外関係に対する単なる影響力にとどまらない。それは、秘密警察や言論の自由の否定などを特徴とするソビエト・システムの拡大を意味する」と警告した[8]。

大統領の交代とそれに伴う政策形成イニシアティブの所在の変化、そしてソ連に対する不信の高まりは、アメリカの対外政策をローズヴェルトの時代のそれとは異なるものへと徐々に変えていくことになる。たしかに、アメリカの対外政策全体に大きな変化が生じるのは、トルーマン政権がソ連への対決姿勢を鮮明にし、封じ込め政策として知られる冷戦政策を本格化させた一九四七年以降のことである。それまでは、ローズヴェルトの路線を基調とする対外政策が初閣議におけるトルーマンの宣言通り展開された⑨。だが、一部の政策では一九四七年より前の時期からすでに顕著な変化が生じていた。アジアにおけるヨーロッパ諸国の植民地に対する政策はそうした類の政策として挙げることができる。この節では以下、中国大国化構想の戦後における展開をみるための前提作業として、ヨーロッパ植民地をはじめとする中国周辺地域に対するトルーマン政権の初期の政策を概観することにしたい。

英仏のアジア植民地を容認

前章に記したように、ローズヴェルトはインドシナにおけるフランス帝国の復活を阻止するため、そこに信託統治制度を適用することを考えていた。そのための布石として、インドシナを蔣介石の管轄地域にしたというのもすでに述べた通りである。そのことに不満をもっていたチャーチルは、ローズヴェルトの晩年、インドシナの管轄権の見直しを求めたが、ローズヴェルトはそれを決して変えようとはしなかった。

一方、トルーマンは植民地の問題に対してローズヴェルトのような熱意をもってはいなかった。また国務省ヨーロッパ局や軍部では、フランスのインドシナ復帰を支持する見解が強かった。その背景には、ヨーロッパ方面において共産勢力の脅威に当たるにはフランスの強化やフランスとの協力が欠かせないというチャーチルと同様の考えがあった⑩。

ローズヴェルトの外交政策をまとめたものとして、四月十六日に国務省からトルーマンに提出された「政策マニュアル」には、そうしたヨーロッパ局の意向を反映して、インドシナを信託統治のもとに置くというローズヴェルトの構想は記されなかった。そのかわり同文書では、フランスが平和の維持に大きな責任を担うことができるようにすることが「アメリカの最善の利益」であるとされ、フランスを援助し、その「力と影響力を回復させる」ことが必要だと説かれた⑪。こうした政府内の見解を受けてか、トルーマンは八月二十四日のド・ゴールとの会見で、「インドシナに関して、アメリカ政府はフランスの復帰に反対するようなことは一切しない」と断言したのだった⑫。

実は、このちょうど一カ月前、ポツダム会談においてトルーマンは、蔣介石の同意を条件としつつも、インドシナの管轄権に関するかねてからのイギリスの要求を一部呑んでいた。インドシナを北緯一六度線で南北二つに分け、南側をイギリス人貴族で、東南アジア連合軍の最高司令官を務めていたマウントバッテン（Louis Mountbatten）の管轄下に置くことを認めたのである⑬。

北緯一六度以北だけとはいえ、その地域を蔣介石の管轄下にとどめたのは、広東攻略のためにはその南部側面を監視する必要があると、スティルウェルの後任として蔣介石の参謀長に就任していたウェデマイヤー（Albert C. Wedemeyer）が主張したためだった⑭。また、蔣介石の顔を立てるためでもあったかもしれない。ただポツダムでは、イギリスの意向を受け、戦争の展開によっては北緯一六度以北の地域をマウントバッテンの管轄下に置くこともありうるという趣旨の文言が米英間の合意文書に盛り込まれた⑮。

八月一日、ポツダムでの決定を伝えられた蔣介石はそれに対して抵抗しようとはしなかった。日本と中国共産党の問題に加え、ソ連の対日参戦の問題も抱えていた蔣介石には、自国領土ではないインドシナの管轄権をめぐって米英と争う余裕などなかったからである。八月三日、蔣介石はウェデマイヤーに対して、「アメリカの現在の「インドシナ」政策がいかなるものであろうとそれを支持する」という考えを示し、同月十日にはトルーマンにポツダムでの決定を受け入れる意向を伝えた⑯。

その後、日本がポツダム宣言を受け入れると、ポツダム会談での決定に従い、国府軍がアメリカ軍の輸送支援のもとインドシナ北部に、イギリス軍がフランス軍を伴いインドシナ南部へと入っていった。一九四六年二月、中国内における利権の放棄を条件に、中国のインドシナからの撤兵を定めた協定が中仏間で結ばれる[17]。イギリス、中国が完全に兵を引き、フランスが実際にインドシナ管轄権を手に入れたのはそのおよそ半年後のことだった。

フランスのインドシナ復帰を認めたトルーマン政権は、イギリスが香港に帰ることにも反対しようとしなかった。一九四五年八月十八日、トルーマンはアトリー（Clement R. Attlee）英首相から香港問題に関する電報を受け取る。それには、日本の支配から香港を解放するため、同地にイギリス海軍が向かっていること、そして日本軍の降伏受け入れの問題をめぐって中国との間で争いが生じていることが記されていた。中国は、当時アメリカ主導で作成されていた一般命令第一号に、「支那（満洲ヲ除ク）……ニ在ル日本国ノ先任指揮官並ニ一切ノ陸上、海上、航空及補助部隊ハ蔣介石総帥ニ降伏スベシ」とあったのを理由に、香港で日本軍の降伏を受けるべきは蔣介石だと主張していた。それに対してイギリスは、香港はイギリス領土であるため、一般命令第一号の言う「支那」に含まれないという立場をとった。アトリーは八月十八日の電報で、こうした英中間の立場の相違を説明し、イギリス側を支持するようトルーマンに求めたのである[18]。

それに対してトルーマンは、中国側との事前の調整を求めつつも、イギリス軍が日本軍の降伏を受けることに反対しないという回答を送った[19]。アメリカ軍の輸送支援がなければイギリス軍より先に香港に入ることが難しい状態にあった蔣介石は、そうしたトルーマンの姿勢によって譲歩を余儀なくされる。蔣介石の委任のもとで、という条件付きではあったが、イギリス軍司令官が香港の日本軍の降伏を受けることを認めた[20]。

だが、イギリスは香港が自国領土であるという立場を崩さず、蔣介石の譲歩案も受け入れようとしなかった[21]。結局、この問題はアメリカが介入を控える中、英中間で交渉が行われ、その結果、イギリス軍人であるハーコート（Cecil H. J. Harcourt）少将が自国と蔣介石を代表して、香港の日本軍の降伏を受けることになった[22]。

こうして降伏受け入れの形式こそイギリスと中国、双方の顔が立つものになったものの、実質的には軍を香港に入れることに対してアメリカの支持を得た時点で、イギリスの勝利が確定したも同然だった。もしアメリカが蔣介石を支持し、イギリス軍より先に国府軍を香港に輸送していれば、戦後イギリスが香港を取り戻すことは難しかったにちがいない[23]。だが、アメリカがそうした対応をとらなかったことで、香港は再びイギリスの統治下に置かれることになったのである。

アメリカのアジア覇権とソ連

イギリス、フランスのアジア復帰を認めたトルーマン政権だったが、東アジアをアメリカの強力な管理下に置くというローズヴェルトの方針を否定していたわけではない。一九四五年秋から翌年にかけて作成された新たな基地計画（JCS五七〇／四〇）でも、アメリカは東アジアに多くの基地を設置することになっていた（次ページ、図2参照）。しかも、そのうちのいくつかはイギリス、フランスの植民地に設けられることになっていた[24]。そのことは、両国が西半球において植民地を保有しながらアメリカの覇権を認めてきたのと同様、アジアにおいてもアメリカの覇権を受け入れるとみられていたことを示している。

イギリス、フランスとは対照的に、アメリカのアジア覇権に対する深刻な挑戦者となりかねないとみられたのがソ連だった。JCS五七〇／四〇では、ヤルタ協定に基づきソ連に対して引き渡されることになっていた千島列島が、基地を置くべき地域リストから外された。その背景には、アメリカが千島列島に基地を求めれば、太平洋における同様の権利をソ連が要求してくるかもしれないという見方があった[25]。

アジア太平洋方面においては、ヤルタ協定が規定する範囲を超えてソ連勢力が拡大するのを許してはならないというのがトルーマン政権の基本的な考えだった。ただ、ヤルタ協定が規定する範囲とはどこからどこまでか、明確だったわけでは必ずしもない。そのため七月にヤルタ協定を実施に移すため開始された中ソ交渉は難航することになる。アメリカのみるところ、その交渉でソ連は協定から逸脱する要求をいくつも行っていた。その中で、とくにアメリカが問題視したのは大連に関する要求だった。スターリンは、ソ連の優先的利益がヤルタ協定で保障されていることを

図2　基地計画（JCS570/40）

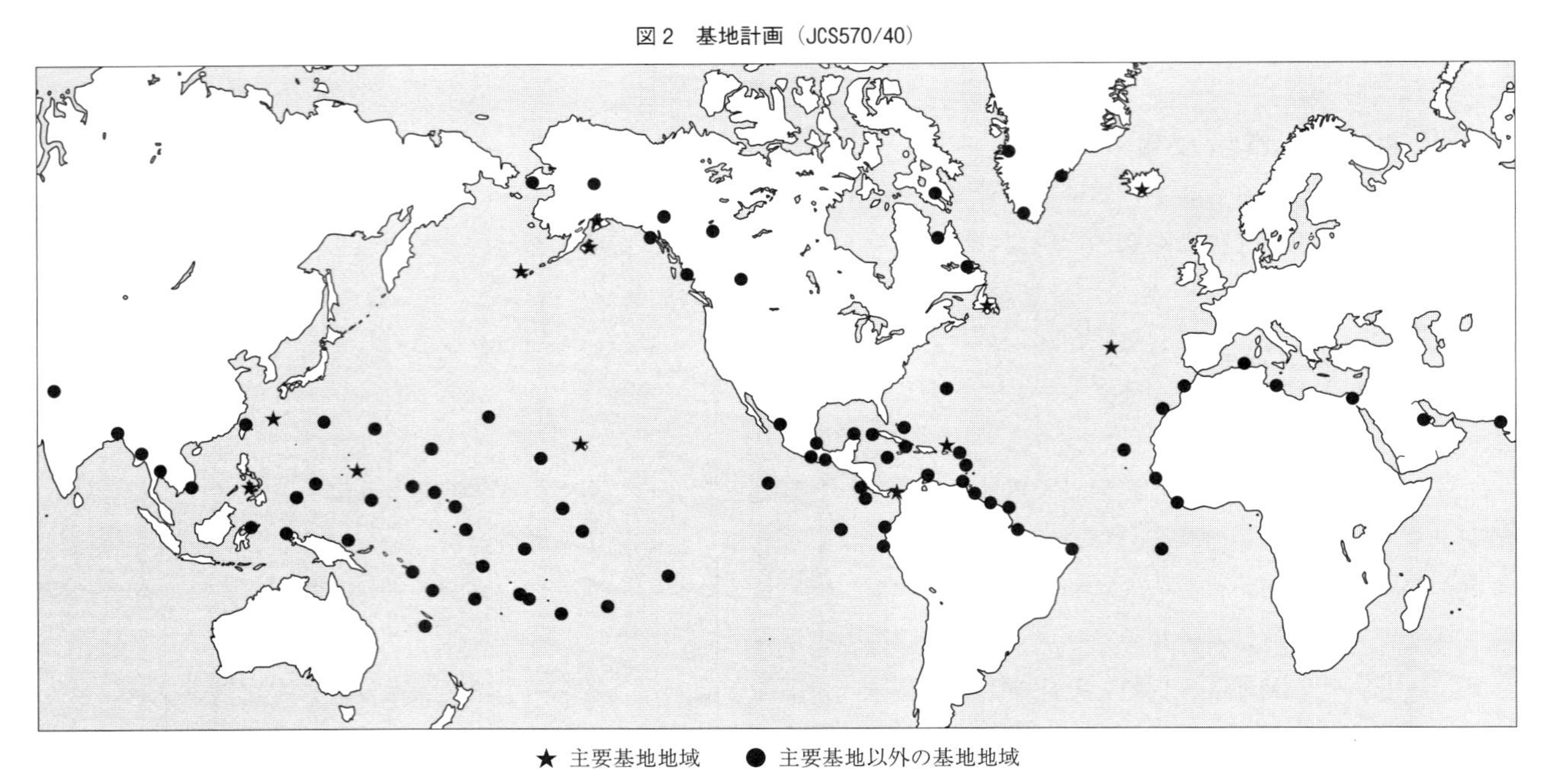

［出所］ JCS570/40をもとに作成。

理由に、旅順と同様、大連もソ連軍によって管理される地区として認めるよう中国に迫ったのである。中国はそれに対して強く反発した。トルーマンもハリマン駐ソ大使を通してスターリンに対して要求の撤回を求めた。だが、スターリンは折れない。業を煮やしたハリマンは、ソ連軍が満州国境を越え、南進を開始した翌日（八月十日）、トルーマンとバーンズに宛てた電報で遼東半島の占領を勧告する。あわせて、ソ連軍による全土占領の可能性が懸念された朝鮮半島にアメリカ軍を上陸させることも訴えた[26]。

同じ日に、モスクワの連合国賠償委員会でアメリカ代表を務めていたポーレー（Edwin W. Pauley）も、「わが軍が朝鮮及び満州の工業地帯を、南端から北に向かって、できるだけ多く、速やかに占領すべきという確信に達した」という電報をトルーマンとバーンズに送付した[27]。ポーレーがこの電報を送る二日前、中ソ交渉においてスターリンは、ソ連占領地における日本人所有の一部の財産をソ連の戦利品とみなすという考えを明らかにしていた[28]。そうしたスターリンの方針を許せば、中国や朝鮮半島の復興にとって欠かせないと考えられた多くの先進的な工業機械や設備がソ連へと移送されることは確実だとみられた。ソ連はドイツの占領地域において、まさに戦利品という名目で多くの機械設備を剝奪していたからである。賠償問題担当としてとくにそうしたソ連の行為をよく把握していたポーレーは、満州と朝鮮の工業地帯にアメリカ軍を投入することで、ドイツにおけるのと同様のことが起きるのを防ぐべきだと考えたのである。

これらハリマンとポーレーの提言を受けトルーマンは、八月十一日、マーシャル陸軍参謀総長とキング（Ernest J. King）海軍作戦部長に対して、大連の占領と朝鮮への上陸を敢行するための準備を命じた[29]。だが、そのうち大連に対する作戦は結局見送られる。その一つの理由は、八月十四日にアメリカにとって一応満足できる大連に関する合意（「大連港に関する協定」）が中ソ間で成立したことにあった。ソ華友好同盟条約の付属協定として結ばれたその協定により、大連がソ連軍の統制を受けるのは「日本国との戦争の場合」に限られた[30]。

大連に対する作戦の実施が見送られたのは、ソ連軍より先に大連を占領することは難しいとみられたからでもあった。またたとえそれが可能でも、一般命令第一号との関係から、大連占領を行うことは望ましくないとも判断された。モスクワは、一般命令第一号でソ連軍の管轄地域とされた満州に旅順、大連も含まれるという立場をとっていた。ハリマンは八月十日の電報で、そうしたモスクワの立場を尊重する必要はないという見解を示していたものの、ワシントンではもしアメリカがハリマンの言うような姿勢をとれば、一般命令第一号全体の国際的効力が失われかねないと危惧されたのである。[31]

朝鮮の信託統治

もっとも、たとえアメリカが満州においてモスクワの立場を尊重する姿勢を示したとしても、ソ連が他の地域において一般命令第一号に規定された通りの行動をとるという保証はなかった。トルーマン政権が大連に対する作戦を中止する一方で、朝鮮半島には軍を急派したのはそのためである。米ソ間では朝鮮半島の作戦地域を北緯三八度線で分けるという合意が八月十五日の時点で成立しており、一般命令第一号もその合意を反映した内容になっていた。そのソ連に対する拘束力を信じることができれば、アメリカが上陸を急ぐ必要などなかったはずである。だが、「実際にアメリカ軍と遭遇しない限り[32]」、ソ連軍が南進を止めることはないとみられたのだった。

こうして朝鮮半島の南半分を占領下に置いたトルーマン政権だったが、その後も朝鮮半島を信託統治のもとに置くというローズヴェルトの構想の実現を追求し続けることになる。一九四五年十二月にモスクワで開催された米英ソ外相会談では、バーンズの強い主張により、朝鮮半島を占領下に置く米ソ両国がまず共同委員会を立ち上げ、朝鮮民主主義臨時政府の設立を助けること、そして同臨時政府と協議ののち、「四カ国［米英ソ中］による朝鮮信託統治協定を作成する」ことが決められた。[33]

その決定を受け、翌年三月に第一次米ソ共同委員会が開催される。だが、臨時政府の設立に向け、協議を行うべき朝鮮の団体について意見が合わず、五月に無期休会となった。一九四七年五月に第二次米ソ共同委員会が開かれるも、やはり同じ問題で議論は行き詰まってしまう。

言うまでもなく、その行き詰まりの背景には戦後の米ソ間における緊張の高まりがあった。ただ、朝鮮半島の信託統治の問題をめぐっては戦時中からすでに米ソ間に意見の相違があったのも確かである。ローズヴェルトとスターリンは、朝鮮半島を信託統治下に置くということでは合意しながらも、ローズヴェルトが二〇年や三〇年という長期の信託統治を想定していたのに対して、スターリンは信託統治の期間は短ければ短いほどよいという立場をとったのである。[34]

ハリマンのみるところ、スターリンには朝鮮半島で信託統治を長く続けるよりも、朝鮮の独立を早く認めたほうが影響力拡大には都合がよいという判断があった。というのも、信託統治の枠組みのもとでは、ソ連は三分の一か四分の一の発言権しか得られず、中国やイギリスの協力によってアメリカが主導権を握ることが確実だったからである。[35]ハリマンは一九四五年十一月の本省宛の電報で、ソ連が朝鮮半島で影響力拡大をめざすのは、その地域がフィンランドやポーランド、ルーマニアと同じように、ソ連攻撃のための跳躍台となりうる地域だからだという見方を示した。[36]同様の見方をポーレーも一九四六年六月の大統領宛書簡の中で示している。またポーレーはその書簡で、モスクワには外モンゴル、シベリアと合わせて、満州と華北を挟み込むねらいがあるとも指摘した。[37]

このポーレーの指摘は、朝鮮半島の問題を中国の問題と関係するものとしてとらえている点で興味深い。実は、そうした見解は当時ワシントンで広く共有されていたものだった。ポーレーの大統領宛書簡が送られる少し前に国務省によって作成され、陸海軍省の賛同も得た朝鮮問題に関する文書には次のように記されている。

> 日本であろうと、ソ連であろうと、その朝鮮支配は中国による満州支配をいっそう危うくし、極東における恒久的な政治的安定のために欠かせない、強力で安定した中国の建設の可能性を減ずることになる。[38]

朝鮮半島北部がソ連の占領下に置かれる中、この文書が指摘するような事態を回避し、アメリカが朝鮮で主導権を握るには、ソ連も含む信託統治の枠組みをとる必要があった。インドシナでは簡単に信託統治の構想を放棄し、かつソ連に対する不信も募らせていたトルーマン政権が、朝鮮半島においてはローズヴェルト以来の信託統治構想にこだわった一つの理由はまさにそうした点にあった。

日本の無力化

一九二〇年代に国務省きっての中国専門家として駐華公使を務めたマクマリー（John Van Antwerp MacMurray）は、一九三五年に記した覚書の中で、中国をめぐる日米間の緊張が戦争へと発展する可能性を指摘し、次のように警告した。

> 日本の徹底的敗北は、極東にも世界にも何の恩恵にはならないだろう。それは単に、一連の新しい緊張を生むだけであり、ロシア帝国の後継者たるソ連が、日本に代わって極東支配のための敵対者として現れることを促すにすぎないだろう。[39]

戦争末期のワシントンの一部では、中国が対ソ抑止力として機能するのかという疑問から、マクマリーが一〇年前の覚書の中で示したのと同様の見方が生まれていた。本書冒頭で紹介したフォレスタルの発言はそうした見方を背景に、日本の無力化というローズヴェルト以来の方針に疑問を呈したものである。フォレスタル以外にも例えばハリマンが、一九四五年五月に国務省で行われた対ソ政策に関する議論の中で、「日本の将来に関するわれわれの目標は何なのか」と問い、それを破壊するのか、一つのパワーとして存続させるのかはっきりさせなければならないと訴えた。[40]

日本を対ソ抑止力として機能させるには、その早期降伏を促し、徹底的な破壊を免れさせる必要があった。しかも、日本の早期降伏を勝ち取ることができれば、ソ連の極東方面での勢力拡大へとつながると懸念された対日参戦を防ぐことができるかもしれなかった。一九四五年七月に日本に対して出されたポツダム宣言は、そうした考えを背景に

「穏当な［降伏］条件を提示した」[41]ものだと言われる。たしかに、日本に対して平和産業の維持や世界貿易関係の参加を認めるなど、とくに経済に関する規定は穏当な内容になっていた。その点について鈴木貫太郎内閣の外相としてポツダム宣言への対応に当たった東郷茂徳は、「日本の経済的立場には相当の注意が加へられて居ると認めた。蓋し経済的条項に就ては独逸に対し『モルゲンソー』案等の苛酷なるものが伝へられて居る際のこととてこれにより稍安心した様の感がした」と戦後の手記に記している[42]。

だが、ポツダム宣言には日本の早期降伏を促すうえで障害となる、重大な欠陥があった。東郷が手記で「日本政府の形態の問題」に「不明瞭の点」があったと述べているように[43]、天皇制の存続を明確に保証する規定がなかったのである。たしかに、草案の段階ではそうした規定が入っていた。すなわち、侵略戦争のおそれがなければ「現皇室下の立憲君主制」も認めると記されていたのである。それは、グルー（Joseph C. Grew）国務次官やスティムソン（Henry L. Stimson）陸軍長官に代表される政権内の知日派（もしくは親日派）の働きによるものだった。彼らは、日本政府が天皇制の問題を何より重視していることをよく知っていた。そのため、その存続を保証すれば原爆（アメリカはポツダム宣言を発表する一〇日前、その開発に成功していた）を使用することなく、またソ連の参戦を招くこともなく、日本との戦争を終わらせることができると考えたのである[44]。

だが、天皇制の存続を保証する文言はバーンズやアチソン（Dean G. Acheson）国務次官補といった対日強硬派の巻き返しにより、最終的には削除される。バーンズが削除を求めた理由ははっきりしない。だが、アメリカ世論の反発を懸念したためというのが一般的な理解である。他には、あくまでも原爆によって戦争を終わらせたかったからだという見方もある。それによると、バーンズは原爆で日本人だけでなくロシア人をも威嚇しようとしていた。そうすることで、対日戦をソ連の参戦前に終わらせるとともに、ソ連の戦後の行動を御しやすいものにできると考えていたという[45]。

一方、アチソンは日本の徹底的改革を求める立場から天皇制の存続に反対した。アチソンによれば、天皇制は「時代錯誤的」な「封建的制度」だった。そのようなものは一掃し，戦後日本を共和国にしなければならない[46]。

アチソンは日本の徹底的改革を可能にするため，ポツダム宣言を日本との「契約」ととらえる国務省知日派の見解も否定しようとした。戦争終了後の日本との関係はあくまでも「契約的基礎ではなく，無条件降伏に基づく」とし，ポツダム宣言が効果をもつのは，それが「誠意に基づき発表されたわれわれの政策の一部分を形成する」からに過ぎないと主張したのである[47]。つまり，ポツダム宣言は法的拘束力をもたず，アメリカの行動に一定の政治的制約を課すだけだというのがアチソンの主張だった。

言うまでもなく，アチソンと対立した知日派も，日本の改革の必要性それ自体を否定していたわけではない。しかし改革は日本の国情を踏まえた，節度あるものでなければならないというのが彼らの考えだった。

そうした考えを受け入れることのできないアチソンは，対日戦終了直後，グルー後任の国務次官として国務省再編の任に当たることになったのに乗じて，知日派の追い出しにかかる。それにより，バランタイン（Joseph W. Ballantine）やドゥーマン（Eugene H. Dooman）など，グルーの庇護のもと極東局（前身は極東部。一九四四年一月に局に昇格）の要職に就いていた知日派がその職を追われていった。かわりに極東局の要職に就いたのは，ヴィンセント（John Carter Vincent）など概して日本に対して厳しい見解をもつ親中派官僚だった[48]。

知日派が力を落とし，親中派が台頭する中，ポツダム宣言に関するアチソンの主張が通ることになる。九月六日，マッカーサー（Douglas MacArthur）に対して，ポツダム宣言の「契約的」性格を否定し，連合国最高司令官としての「権限は最高であるから，貴官は，その範囲に関しては日本側からのいかなる異論をも受け付けない」とする指令が送られた[49]。

幸いマッカーサーがその巨大な権限を行使し，天皇制の廃止に乗り出すことはなかった。そのようなことをすれば，戦後の日本は大混乱に陥っていたであろう。その点についてはアチソンも，自らの考えが「完全な間違いであったとすぐに認識するようになった」とのちに振り返っている[50]。

だが、天皇制の存続は許されたとはいえ、占領初期のアメリカの対日姿勢が相当厳しいものであったことは確かである。その時期に、具体的にどのような政策がとられたのかについては第三章でみることにする。ここでは、トルーマン政権の発足で日本の軍事的無力化というローズヴェルトの方針に変化が生じたわけではないことを確認するにとどめたい。

二　中国統一策の展開

対中政策の選択肢

日本の無力化がめざされる中、東アジアでアメリカのパートナー（ジュニア・パートナー）となるべき国家はやはり中国だった。一九四五年五月十四日、トルーマンは宋子文・外交部長に対して、「強力で統一した民主的中国」を支持すると言明している[51]。また八月十八日に行われた同じく宋子文（このときは行政院長）との会談では、中国を「アメリカの極東における唯一信頼できる友人」と表現し、その強国化を望むと述べた[52]。

だが終戦直後、中国の国内は激しく分裂した状態にあった。蔣介石は日本軍によって中国南西部に押し込められ、共産党が華北を中心に勢力を築いていた。しかも中国各地に合わせて一〇〇万を超える日本軍がおり、満州にはソ連軍も入っていた。

中国駐留の日本軍は、戦争に負けた軍隊であったとはいえ、不気味な存在だった。ワシントンや重慶、東京の意向に従わず、武装解除に抵抗することもありうると考えられたからである[53]。

だが、アメリカにとってはやはり日本軍よりソ連軍の動向のほうが気がかりだった。中国共産党を通して満州や華北に傀儡国家・政府を樹立する可能性まであるとみられたからである。たしかに、ソ連はヤルタで国府との友好同盟条約の締結を約束するなど、国府を支持する姿勢をとってはいた。だがソ連に対する不信が募る中、一九四五年四月のステッティニアス国務長官のハーレー宛電報にあるように、蔣介石を支持するという「スターリン元帥の言明は現在の情勢について与えられたものであり、長い先の事態についてのものではない」と考えられた。「ソ連がその最上の利益に従い政策を再検討し、これを修正する」可能性はいくらでもある。そうステッティニアスはハーレーに対して警告している[54]。

国務省によって編纂され、一九四九年八月に刊行された『中国白書』によれば、終戦直後、アメリカには対中政策の選択肢が三つあった[55]。

（一）関与を一切やめる。

（二）国民党を援助し、共産党を打倒するため、大規模な軍事干渉を行う。

（三）国民党を援助し、できるだけ広い範囲にわたって権威を確保させる一方で、国共両勢力に和解を働きかけ、内戦を回避させる。

第一の選択肢について『中国白書』は、「われわれの国際的責任と伝統的な友好政策を放棄するに等しい」ものだったと指摘している[56]。もっとも、『中国白書』の言う「国際的責任」とは具体的に何を意味するのかはっきりしない。だが、当時アメリカが日本人を中国から本国に送還することを自らの国際的責任としてとらえていたことは確かである。一方で、「伝統的な友好政策」とは明らかに、中国の統一と独立を支持してきた一九世紀末以来の門戸開放政策を指している。ただし、戦前期中国の統一と独立を脅かす勢力としてとらえられていたのはもっぱら日本であったのに対して、戦後そのような勢力としてみられたのはソ連だった。

第二の選択肢について『中国白書』は、「全く実行不可能なものであった」と指摘している。というのも、そのコストはかりしれず、アメリカ世論の支持を得られるとは考えられなかったからである。また、中国世論の反発を買うおそれもあった[57]。

こうした事情から三つ目の選択肢がとられることになったというのが『中国白書』の説明である。その選択のもと、アメリカは中国の分断を防ぎ、蔣介石を中心とする統一中国の実現に努めたというわけである。

ただし、三つ目の選択肢をとることにも反対する声がワシントンになかったわけではない。アチソンの支持により、知日派のバランタインにかわり国務省極東局の局長となっていたヴィンセントはそうした声を上げた一人だった。国務省の親中派の代表格として、ヴィンセントは東アジアの平和と安全にとっての中国の重要性を固く信じていた。しかし、「親国民党でなくても、親中国であることはできる」[58]という考えのもと、国民党の非民主的で腐敗した統治には批判的で、戦時中から国府の改革の必要性を訴え続けていた。ヴィンセントの考えでは、国民党を支援しながら、国共調停を進めることは不可能だった。というのも、アメリカが国民党を一方的に支援すれば、民主的改革に否定的で、共産党を武力で打倒しようとする党内の勢力を勢いづけてしまうからである。

そうした見方からヴィンセントは、国共対立の平和的解決と並行してアメリカがめざすべきは、国府の改革とそれによる腐敗分子の追い出しだと訴えた。しかも、改革の過程で中国共産党が勢力を伸長させることをアメリカは容認すべきというのがヴィンセントの考えだった。なぜなら、共産党の勢力拡大は平和的解決への志向を国民党の中で強めるだろうし、共産党が中国政治において一定の力をもてば、ソ連の中国に対する警戒心は薄れ、国共対立に介入しようとするソ連のインセンティブも弱くなるだろうからである[59]。

しかし、中国共産党の勢力拡大は同党の平和的解決への志向を弱めてしまうおそれがあった。また中国共産党が力をつければつけるほど、ソ連にとって中国内政に介入するリスクやコストは減るため、介入へのインセンティブは余計に強まるという可能性もあった。一九四五年十二月の対中政策をめぐる議論の中でマーシャルは、もしアメリカが蔣介石支援をやめれば、「中国分断と満州におけるロシアの力の回復という悲劇的な結果を招くことになる」と指摘している[60]。こうした考えからヴィンセントの提案は退けられたのだった。

とはいえ、アメリカの援助が国民党内の武力統一路線を強化してしまうというヴィンセントの指摘した問題にどう対処するのか、トルーマン政権に明快な考えがあったわけではない。後述するように、アメリカの国共調停の努力が行き詰まり、まさにその問題への対処が求められる中、ヴィンセントの主張は見直されることになる。

国民党支援

中国の国土が広大で、かつ国民党が日本軍によって中国南西部に押し込められていたことから、国民党の権威を広い範囲にわたって確保させるには相当の援助が必要だった。トルーマン政権はその多くを武器貸与法援助という形で支給することになる。

「民主主義の兵器廠」として、枢軸諸国との戦争を戦う諸国を支援するという武器貸与法の本来の目的からすれば、同法に基づく援助は戦争の終了に伴い打ち切られるべきだった。実際、ソ連やイギリスに対する援助は、日本のポツダム宣言受諾後、ほどなくして打ち切られている。だが中国については、日本軍が国内にまだとどまっており、その抵抗の可能性もあるという理由で例外とされた[61]。連合国と日本の間で降伏文書の調印式が行われた三日後の九月五日、トルーマンは武器貸与法の中国適用を六カ月延長するという統合参謀本部の勧告を承認した[62]。

各種資料によると、その六カ月の間に、戦中期中国に支給された武器貸与法援助の八割に相当する約七億ドルの援助が支給された[63]。七億ドルのうち四億ドルは、国府に対するさまざまな物資や兵器の提供という形で支出され、残りの三億ドルは国府軍を日本軍占領地域へと輸送し、その接収を助けるために使われた。

前者について、とくに大規模に行われた援助プログラムとしては、国府軍三九個師団に対する装備提供プログラムがある。それは戦中期に始まったプログラムだったが、戦争が終わった時点でも未完了だったために戦後も継続して行われたのである。他にも、国府の空軍力を強化するためのプログラムが実施され、九三六機の航空機とその他装備が譲渡された[64]。また国府の海軍力を強化するため、九三隻の船舶の譲渡も行われる[65]。当時、中国共産党軍も満州駐留のソ連軍から武器の提供を受けていた[66]。だが、その規模はアメリカの国府援助にはるかに及ばず、共産党軍は武器装備の点で国府軍に圧倒されることになる。

後者、すなわち国府軍に対する輸送支援は、日本が留保付きながらポツダム宣言の受諾を伝えてきた一九四五年八月十日に統合参謀本部によって出された指令に基づき行われた。その指令は蔣介石の参謀長でかつ中国戦区アメリカ軍司令官でもあったウェデマイヤーに対して、「内戦において中国の中央政府を支援しないというアメリカの基本的原則」を害さない範囲で、「中国の重要な地域」への国府軍輸送を支援するよう命じる内容になっていた。[67]

終戦直後、アメリカ軍司令部と国府側が協議した結果、「中国の重要な地域」の中でも南京・上海エリアを最優先の輸送地域とすることが決められた。その地域は政治経済的にとくに重要な地域であったし、上海については他地域に展開する軍の補給基地にもなると考えられたからである。[68]

だが、南京・上海エリアを優先すると、華北の重要地域が中国共産党の手に渡ってしまうという問題があった。ただでさえ共産党は、地理的に華北の日本軍占領地域を接収するのに有利な立場にあった。しかも共産党の行動は素早く、ウェデマイヤーに対して国府軍の輸送指令が出されたのと同じ日に、朱徳・総司令から各部隊に対して、日本軍とその傀儡軍が占拠する市と町および交通の要路を「接収し、進軍して占領し、軍事管制を行ない、秩序を維持する」ようにという命令が発せられた。[69]

この朱徳の命令をハーレーは、八月十二日付の国務長官宛の電報で「国府に対する公然たる反抗」だと批判した。ハーレーによれば、「もしアメリカと連合国が中国の好戦的な武装政党に日本軍の降伏を受けること、そして日本軍の武器を獲得することを許せば、中国における内戦は必至となる」[70]。こうした危機感からハーレーは、中国駐留の日本軍に対して、武器を国府に引き渡すことを命じるようワシントンに勧告した。

その勧告通り、一般命令第一号には中国（満州を除く）の日本軍は「蔣介石総帥ニ降伏スベシ」と記された。しかも、降伏先の司令官を記したセクションのすぐあとに、「前記各指揮官ノミガ降伏ヲ受諾スルノ権限ヲ付与セラレタル連合国代表者ニシテ日本国軍隊ノ降伏ハ総テ右指揮官又ハ其ノ代表者ノミニ対シ為サルベシ」という規定が置かれる。歴史家ガリキオ（Marc S. Gallicchio）によれば、この「規定は、日本人に対して彼らを武装解除しようとする中国共産党の努力に抵抗するよう暗に命じるもの」だった。これによって、「降伏に対する中国共産党の参加が効果的に排除された」のである。[71]

さらにトルーマン政権は、蔣介石の要請に応じる形で、九月から十月にかけて五万人の海兵隊を華北に投入し、天津、北平といった重要都市や港、鉄道、炭鉱を次々に押さえていった。それは表向き日本軍の武装解除と本国送還を支援するためとされたが、その裏には中国共産党の進出を防ぐというねらいがあった。[72] また、アメリカ海軍の中では華北に投入された海兵隊をソ連軍の満州からのさらなる南下を防ぐための抑止力としてとらえる見方も強かった、とある海軍史家は指摘する。[73]

海兵隊の輸送に当たった第七艦隊が華北で拠点としたのが青島だった。その地理的位置からして、青島の基地が旅順のソ連軍基地をにらむものでもあったことは明らかである。アメリカは、中国情勢の悪化によって一九四九年五月に撤退を余儀なくされるまで青島に基地を維持し続けた。[74]

一九四五年九月末、国府軍による南京・上海地域の接収が終了し、十月半ばにはウェデマイヤー率いる中国戦区アメリカ軍司令部が上海に移転した。その後、本格化した華北向けのアメリカ軍の輸送作戦により、十一月初旬までにはアメリカ海兵隊によって押さえられていた華北の重要地点のほぼすべてに国府軍が配置されることになる。[75]

なお、戦後国府は軍事援助だけでなく、巨額の経済援助も受け取っていた。その多くはアンラ（UNRRA）を通して支給された。アンラとは、正式名称を連合国救済復興機関（United Nations Relief and Rehabilitation Administration）と言い、枢軸国の侵略で被害を受けた諸国に対する援助を目的に、一九四三年十一月に連合国とその友好国、合わせて四四カ国によって設立された組織だった。一九四七年に米ソ冷戦の余波を受け活動を終了するまで、そのトップには必ずアメリカ人が就き、資金のおよそ七割（二七億ドル）がアメリカからの拠出で賄われた。ある論者が言うように、アンラは事実上アメリカが支配する組織だったのである。[76]

中国はアンラ援助の最大の受領国だった。アンラが活動を終了する一九四七年までにおよそ五億ドル相当の物資の支給を受けている。支給物資には、食糧や衣類、医薬品といった救済的性格の強いものに加え、機械器具や車両、船舶など復興物資も多く含まれた。アンラは人種や宗教、政治に関係なく、物資を平等に配分することを原則としたものの、中国共産党の支配地域にアンラ物資が届けられることはほとんどなく、その大半が国府支配地域へと向けられた[77]。

『中国白書』によれば、「対日戦勝日以降、アメリカ政府は供与と貸付の形でおよそ二〇億ドルを国府に対して支給した。その金額は、中国政府の貨幣支出の五〇パーセントを超え、政府予算に対する割合からみると、アメリカが戦後、西ヨーロッパのいかなる国家に供与したものよりも大きい[78]」。このように言われるアメリカの援助の多くが、国民党の権威を中国大陸のできるだけ広い範囲に確立させるという目的のもと、対日戦勝日から一九四六年にかけての時期に支給された。

ハーレーによる国共調停

国民党支援を行う一方でトルーマン政権は、内戦を回避させる努力として、戦時中から行われていたハーレーによる国共調停工作を戦後も継続させた。しかしそのことは、ハーレーがトルーマン政権内で広がっていたソ連に対する不信を共有していたことを意味しない。ハーレーは、一九四五年十一月に駐華大使を辞任するまで、戦中期の三度のモスクワ訪問でスターリンとモロトフから直接得た蔣介石支持の約束を強く信用し続けた。もしハーレーが自身の楽観的なソ連観を蔣介石に吹き込むようなことがあれば、中国共産党との政治的合意を急ぐ動機が失われかねない。トルーマン政権内にはそうした可能性を危惧する声もあるにはあった。「ソ連がその最上の利益に従い政策を再検討し、これを修正する」可能性について警告した先述のステッティニアスのハーレー宛電報（一九四五年四月）は、まさにそうした危惧から出されたものである。ただ、ハーレーとの間には、蔣介石を中心に中国の統一を実現すべきという点で意見の一致があった。そのためトルーマンはハーレーに国共調停の任を託したのだった[79]。

なお、そうした蔣介石中心路線に批判的で、戦時中ハーレーと激しく対立したのがサービス（John S. Service）やデイヴィス（John P. Davies, Jr.）、アッチソン（George Atcheson）といった中国を専門とする重慶駐在の外交官だった。彼らのうちサービスとデイヴィスは、一九四四年七月に組織された延安視察団、いわゆる「ディキシー使節団（Dixie Mission）」の一員として、延安を訪れた経験ももっていた[80]。その経験から、彼らは中国統一の主たる担い手となりうるのは国民党ではなく、共産党だと考えるようになる。延安滞在中の一九四四年十月、サービスはいくつかの覚書で、国民党は軍事的に弱体で腐敗しており、人民の支持を失いつつある、逆に共産党は人民の支持を集めており、もし国民党が改革に取り組まないならば「共産主義者が数年のうちに中国において支配的な勢力となる」という見方を示した[81]。サービスは国民党の改革能力に悲観的だった。デイヴィスも同様の見方から、一九四四年十一月に延安で作成した覚書に、「中国の運命は蔣介石ではなく、共産主義者の手の内にある」と記している[82]。彼らによれば、アメリカが中国共産党との協力の道を探らなければ、共産党はソ連に援助や介入を求める可能性があった。そうした危惧を共有していたアッチソンは、ハーレーが帰国中で重慶を留守にしていた一九四五年二月、国務長官宛てに電報を送付し、蔣介石一辺倒の政策を改めるよう訴えた[83]。

ハーレーは、ソ連が延安からの援助や介入の要請に応えることはないとみていただけでなく、サービスやデイヴィスの中国共産党に対する高い評価も受け入れようとしなかった。中国情勢に関してまとめた一九四五年七月の報告書では、「中国共産党の軍隊の力は誇大に言われてきた。中国共産党に支配されている地域の広さは誇張されてきた。中国共産党を支持している中国国民の数も誇張されてきた」と指摘している[84]。こうした中国共産党に対する低い評価からハーレーは、ソ連からも、またアメリカからも支援を受けることができなければ、延安は蔣介石のリーダーシップを受け入れざるをえないと考えたのである。

中国共産党とソ連が結び付く可能性をみる点で、サービスとデイヴィス、アッチソンの見方はローズヴェルトの見方と同じだった。だが、国民党より共産党との関係を重視する点で、彼らの見解はローズヴェルトの見解とかけ離れていた。そのためアッチソンの覚書はホワイトハウスにも送られたようだが[85]、大統領の支持を受けることはなく、ハーレーの蔣介石中心路線が継続されたのである。

しかも、その覚書はハーレーの激しい怒りを買う。三月六日、ハーレーはバランタイン極東局長に対して覚書の送付は自身に対する「背信行為」だとののしり、そのような行為を行った者とは断固戦わなければならないと語った[86]。その言葉通り、ハーレーはすぐさま中国専門家に対する攻撃を開始し、彼らを次々に重慶の大使館から追い出していくことになる。

国共関係の悪化

ハーレーの蔣介石中心路線は、終戦からしばらくの間うまく機能した。まず終戦直後ハーレーは、ソ華友好同盟条約の締結を背景に、毛沢東を延安から重慶に連れ出すことに成功する。その後ハーレーを仲介に始まった交渉の結果、国府と中国共産党は十月十日、双十協定と呼ばれる取り決め（正式名称は「政府と中共代表の会談紀要」）を結んだ。その協定において両勢力は、「蔣主席の指導のもとに、長期にわたって合作し、内戦を堅く避け」るという決意を表明する。また「国是を協議し、平和建国方案および国民大会召集等の問題を討論」するため、「各党派代表および学識経験者を集めて」政治協商会議を開くことに合意した[87]。

だが双十協定締結後、国共の関係は急速に悪化していくことになる。とくに、十月半ばからアメリカ軍による国府軍の輸送が本格化した華北の情勢は深刻で、十一月四日付の駐華アメリカ大使館電報によると、山東省で激しい戦闘が起きており、河北省や山西省でも緊張が高まっていた[88]。しかも十一月初めには、国府軍が華北から満州へと進軍を開始したために、山海関を占領下に置いていた中国共産党軍との間で満州の支配をめぐる紛争が勃発する。

実は、国府の当初の計画では、山海関での戦いは回避できるはずだった。満州には華北経由の陸路ではなく、海路で直接入ることになっていたからである。実際、十月後半には満州からの撤兵を始めるというソ連からの通知を受け、国府軍を乗せたアメリカ船の第一陣が大連に向けて出発している。

だが、ソ連は重慶における国府との交渉で、大連が中ソ間の取り決め（「大連港に関する協定」）によって商港とされていることを理由に、アメリカ船の入港を認めようとはしなかった[89]。満州の港の中でソ連が国府に対して上陸を認めたのは葫蘆島と営口だった。どちらも大連には劣るものの、かなりの水深があり、鉄道で満州の内陸部とつながっているという点で悪くはない港だった。そこで、国府軍を乗せたアメリカ船の第一陣が葫蘆島に、第二陣が営口に向かう。だが、アメリカ船が港近くに着いたころにはどちらもすでにソ連軍の管理下にはなく、中国共産党の支配下にあった。第七艦隊水陸両用部隊の司令官として国府軍輸送の任に当たっていたバーベイ（Daniel E. Barbey）中将は、十一月五日付のウェデマイヤー宛の電報でそうした状況を報告するとともに、「国府軍による満州の再占領を援助する意図はロシア人にはない。明らかに、彼らは撤退する際、共産主義者や非正規の軍隊に占領地域を引き継がせようとしている」という見方を示した[90]。このバーベイの報告は、数日後、海軍省を通して国務省にも送付され、ワシントンで広く共有されることになる[91]。

双十協定締結後の中国における展開は、ソ連を信じ、中国共産党を低く評価していたハーレーを大きく動揺させたようである。九月後半からアメリカに帰国していたハーレーは中国に戻ることなく、十一月に駐華大使を辞任してしまう。その際ハーレーは、サービスやデイヴィスなど国務省の中国専門家を容共主義者と批判し、彼らの国務省からの排除を求める見解を記者向けの演説や議会証言で繰り返した[92]。こうしてハーレーにより、一九五〇年に芽を出すマッカーシズムの種が蒔かれたというのはよく知られる通りである。

ハーレーが突然の辞任を発表したころ中国では、葫蘆島と営口にも入ることができず、華北の秦皇島（山海関に近く、アメリカ海兵隊の占領下にあった港湾市）での上陸を余儀なくされた国府軍が、山海関を突破し、ようやく満州南部の主要都市・錦州の占領に成功していた。秦皇島に向かう前、国府は武力でもって葫蘆島と営口の共産主義者を排除し、上陸することを望んだ。それが難しい場合には、港近くの共産党支配下にない海岸に上陸することを考え、アメリカ側の同意を求めた。だが、たとえ後者を選択したとしても、中国共産党の強い反発を引き起こし、アメリカは内戦に対する積極的な参加者とみなされることになってしまうのではないか。ウェデマイヤー宛の電報でそのような懸念を示したバーベイは国府の要請を聞き入れず、その軍隊を華北の秦皇島へと運んだのだった。[93]

マーシャルの中国派遣

しかし、「内戦において中国の中央政府を支援しない」ことを「基本的原則」として掲げ、バーベイのように慎重に行動したとしても、アメリカの国府支援が国共対立において国府側を利することにかわりはなかった。実は、中国共産党は終戦直後、朱徳総司令の名で国府支援を打ち切るようアメリカに対して求めていた。[94] だがそれが受け入れられず、国府との内戦も拡大する中、中国共産党はアメリカの国府支援に不満を募らせていったようである。十月二十九日、アメリカ大使館を訪れた重慶の共産党代表・王平南から、「アメリカの介入」に対する「共産主義者の憤り」が伝えられた。[95] また、華北ではアメリカ海兵隊が中国共産党軍の攻撃を受けることもあった。[96]

こうした状況に危機感を募らせていったウェデマイヤーは、華北の重要地点のほぼすべてに国府軍が配置された十一月初旬以降、華北へのさらなる軍隊の輸送を蔣介石から求められてもそれを受け入れようとせず、海兵隊の撤退も考えるようになっていく。だが、海兵隊を撤退させれば華北における国共間の紛争がさらに深刻なものになるのは目にみえていた。[97] 加えて、華北にはまだ本国に送還すべき日本軍が多く残っていた。[98] そうした中、ウェデマイヤーはワシントンに対して、華北への国府軍輸送と華北駐留の海兵隊の問題について判断を求めた。[99]

ウェデマイヤーにとっては、それら華北情勢にかかわる問題に加え、満州に対する国府軍輸送の問題も頭の痛い問題だった。十一月六日に蔣介石がアメリカ側との会議で語ったところによれば、ソ連はアメリカの航空機が長春の空港に着陸することを認めた。したがって、満州の中心部に直接、空路で軍隊を入れることができるようになったというのである。[100]

たしかに、ソ連の国府に対する姿勢には変化がみられた。長春の空港使用を認めただけでなく、十一月十七日には国府の求めに応じ、満州からの撤退完了期限（戦争末期の中ソ交渉により、ソ連は日本降伏後三カ月以内に撤退を完了することになっていた）を一カ月遅らせ一九四六年一月とすること、そしてその間、国府軍の満州占領を支援することを国府に対して約束したのである。十二月には撤退完了期限をもう一カ月遅らせ、一九四六年二月一日とすることで国府と合意した。[101]

だが、ウェデマイヤーはこうしたソ連の変化を知りつつも、国府軍の満州輸送に否定的な姿勢をとった。華北の人民から早くも統治の劣悪さで反発を買うようになっていた国府に、満州統治の能力があるとは考えられなかったからである。また中国共産党によって絶えず華北の交通線が脅かされている状況で、満州に戦線を拡大してもそれを維持することはできないとみられたためでもあった。[102]

ウェデマイヤーは、国府に対して満州の占領より華北支配の改善と強化に努めるよう勧めた。その一方で、ワシントンに対しては八月十日の統合参謀本部指令にあった国府軍輸送をすべき「中国の重要な地域」に満州は含まれないという解釈を示し、承認を求めた。[103] 加えて、満州をアメリカとイギリス、ソ連、そして中国による共同の信託統治地域にするという提言を行った。ウェデマイヤーの考えではそうすることで、国府軍を満州に入れなくても、その地域が中国共産党の支配地域と化すことは防げるはずだった。[104]

ウェデマイヤーからの一連の要請と提言を受け、ワシントンでは八月十日の統合参謀本部指令に関する再検討作業が開始された。また、その作業と並行してハーレーの後任探しも行われ、その結果、マーシャルを中国に派遣することが決定される。

ただし、陸軍参謀総長としての重責から解放され、ちょうど引退生活に入ろうとしていたマーシャルに、さらなる重責を担わせることにためらいを感じたトルーマンは、マーシャルを駐華大使としてではなく、一時的な大統領の特使として中国に派遣することにした[105]。駐華大使にはマーシャルの推薦により、長い中国滞在の経験をもち、燕京大学の学長を務めていたスチュアート（John L. Stuart）が一九四六年七月に就くことになる[106]。

ハーレーが辞任を表明してからおよそ半月後の十二月十五日、マーシャルは中国に向け、アメリカを発った。同日、トルーマンから対中政策に関する声明が発表される。その声明でトルーマンは、アメリカの対中政策の目標を「強力で統一された民主的中国」の実現と規定し、それが「国際連合の成功と世界の平和のために最も重要」だとする「堅い信念」を表明した[107]。

こうしてローズヴェルト以来の中国重視の立場があらためて明確にされるとともに、「現在の中華民国国民政府」を「中国における唯一の合法的政府」と認める方針が再確認された。あわせて、国民党以外の党派に「公平で有効な代表権」を与えることにより、「現在の中華民国国民政府が一党のみで構成される政府（one-party government）」となっている状態を改める必要性も説かれたのである[108]。

ただ、アメリカ自身の姿勢が中国の各党派に対して公平であったかというと決してそうではない。たしかに、マーシャルの訪中に合わせ、ウェデマイヤーに出された新たな統合参謀本部指令では、華北への国府軍輸送はいったん停止されることになった。マーシャルの調停工作を難しくしかねないという判断からである。だが、華北において国府軍とともに要衝の警護に当たっていた海兵隊は引き続き駐留することになったし、満州には主権の回復が不十分という理由から国府軍の輸送が実施されることになった[109]。つまりトルーマン政権は、ウェデマイヤーの満州信託統治案を受け入れず、あくまでも満州を含む中国全土で蔣介石の権威を打ち立てることをめざしたのである。そのような中で国府が一党のみで構成されている状態を改めたところで、国民党がはるかに優位な立場を享受することになるのは目にみえていた。

しかも新たな統合参謀本部指令は、「内戦において中国の中央政府を支援しない」という基本的立場を維持しつつも、アメリカの国府援助が「中国の反対派」、すなわち中国共産党に対して「二次的効果」をもたらすことを認めた[110]。

またマーシャルがアメリカを発つ前日（十二月十四日）には、トルーマンとマーシャル、そしてアチソンによって、たとえ蔣介石側の責任で国共調停がうまくいかなかったとしても、蔣介石を支持し続けるという方針が確認されている[111]。加えて、一九四六年一月には満州への国府軍輸送のため、その年の三月に打ち切られるはずであった武器貸与法の中国適用が同年六月末日まで延長された[112]。

マーシャルによる国共調停

国府はアメリカの支持をつなぎとめるため、共産党はアメリカの国府支持を弱めるため、双方とも当初はマーシャルに対して協力的な姿勢をとった。一九四六年一月十日、マーシャルの草案を下敷きに作成された停戦協定に国共双方の代表が調印する。同日、その協定を基礎に、前年より延期となっていた政治協商会議が開催された。また二月二十五日には、中国共産党軍の国軍への統合を規定した整軍協定が成立する。ワシントンでマーシャルの電報を大統領に取り次ぐ役割を担っていたアチソンは回顧録で、この時期を「希望の数カ月」と表現した[113]。

一月十日成立の停戦協定には、「中国領内のすべての兵力の移動を一律に停止する」ことが定められた。ただし、「中国の主権を回復するために」国府軍を満州に移動させることは例外的に認められていた[114]。この例外規定のもと、アメリカは満州への国府軍輸送を行う。輸送された兵士は、対日戦終了時から内戦の再燃によって輸送が中止される一九四六年五月までにおよそ二二万人に上った[115]。

ただ、マーシャルは二月中旬ごろには、輸送作戦の指揮に当たっていた中国戦区アメリカ軍司令部を数カ月以内に廃止するようワシントンに提言するようになっていた。加えて、海兵隊の早期の撤退も考慮するようワシントンに要請していたのである[116]。

その背景にはもちろん、中国情勢が改善し、統一も成し遂げられそうだという見込みがあった。二月十八日、マーシャルは重慶の共産党代表・周恩来に対して、八月か九月には調停の務めを果たすことができるだろうと述べ、その数日後には中国で臨時代理大使を務めていたロバートソン（Walter S. Robertson）に、「私は八月以降ここにいるつもりはない」と話している[117]。

中国からアメリカ軍を引くべきだとするマーシャルの提言は、ソ連軍の満州からの撤退を促したいという考えに基づくものでもあった。ちょうどマーシャルが中国に着いたころ（一九四五年十二月下旬）、モスクワで開かれていた米英ソ外相会談でモロトフ外相が、翌年一月中旬を期して、米ソ両軍が中国から同時に撤退するという案を提示していた。モロトフが示した一月中旬という期日はおそらく、二月一日までに満州からの撤退を完了するという国府との合意を踏まえたものだったであろう。そのモロトフの提案をバーンズは、日本軍の武装解除と本国送還にどれだけの時間がかかるかわからないという理由で、受け入れようとしなかった。するとモロトフは、華北におけるアメリカ軍の展開は、一九四五年八月の中ソ交渉で満州からの撤兵に関して議論したときには考慮されなかった事態だと述べ、アメリカ軍が撤退しない限り、ソ連軍を満州にとどめる可能性を示唆した[118]。実際、アメリカが兵を引かない中、ソ連は国府と取り決めた二月一日という期日を守らず、兵を満州にとどめた。

ソ連軍の満州駐留が長引くと、ソ連軍の略奪による被害が大きくなるおそれがあった。略奪に関する情報は、国府を通じて一九四五年秋ごろからワシントンに入るようになっていた。もっとも、ソ連は国府に満州での調査を認めようとしなかったため、略奪に関する詳細な情報をアメリカがもっていたわけではない。だが、かなり大規模な略奪が行われているというのが国府、そしてアメリカの認識だった。一九四五年十二月二十四日、マーシャルは宋子文に対して、ベルリンを占領下に置いたソ連は、「すべてを戦利品として指定」し、持ち去り、「ドイツの経済を完全に破壊した」、「明らかに彼らは満州において同じことをしている」と述べている[119]。

またソ連は国府に対して、持ち運びが困難な日本資産については共同経営のもとに置くという提案をしていた。しかも、それに対する国府の同意を撤退の条件とする姿勢をちらつかせていたのである[120]。

加えて、アメリカにとって問題だったのは、ソ連軍の駐留が長引く中、中国共産党が満州において勢力を拡大させているかもしれないことだった。アメリカの認識では、戦中期、満州で作戦を展開していた中国共産党軍は存在しなかった。この点に関しては、宋子文も一九四五年末のマーシャルとの会談で同じ認識を示している。だが、その会談で宋子文がマーシャルに伝えた国府側の情報では、日本敗北後に中国共産党軍が満州になだれ込み、すでにその数は一〇万を数えるまでになっていた[121]。さらに、一九四六年二月十四日の中国共産党中央スポークスマンの発表によると、満州では中国共産党の指導のもとに三〇万人の現地軍が組織されていたのである[122]。ロバートソンは国務長官宛の電報に、その発表が信頼できるものであるならば、「それは日本崩壊以来、満州において実に驚くべき共産勢力の拡大が起こったことを示す」ものだと記している[123]。

はたしてソ連は満州の経済的支配をねらっているのか、それとも中国共産党を通した政治的支配をもねらっているのか、アメリカに判断はつきかねた。だがいずれにせよ、ソ連軍を満州からできるだけ早く撤退させることで、その略奪を止め、共産党の勢力拡大を防ぐこと、そして日本資産の共同経営の問題に関する交渉で国府の立場を強めることが必要だった。

ただ、アメリカにはそうした焦りがある一方で、ソ連の立場は日に日に悪化しているという見方もあった。一九四六年二月、マーシャルは国府の外交部長、王世杰に対して、「時間はソ連に不利に作用している。なぜなら、満州に長く兵をとどめればとどめるほど、ソ連が故意に［国府との］取り決めを破っているということが世界の目に明白なものになるからだ。この心理的武器はアメリカや連合国の記者を満州に入れることでより鋭いものにすることができるだろう」と述べている[124]。

だが、ソ連と同じくアメリカが軍を中国にとどめていては、その「心理的武器」が十分な効果をもちえないおそれがあった。そのためまずアメリカが中国から軍を撤退させるべきだというマーシャルの考えをウェデマイヤーも支持した。一九四六年三月にアイゼンハワー（Dwight D. Eisenhower）陸軍参謀総長に宛てた覚書でウェデマイヤーは、アメリカ軍の「中国戦区での活動を早期に止めることで、軍を撤退させるよう求める蔣介石のソ連に対する圧力を強めることができる」という考えを示している[125]。

こうした提言を受けワシントンでは、最大六万五〇〇〇人の陸軍兵力を擁した中国戦区アメリカ軍司令部を一九四六年五月に廃止することが決定される。また、華北駐留の五万人の海兵隊も順次減らしていくことが決められた。その一方で、「近代的軍隊の発展について中国政府を援助し、かつ同政府に助言を与える」ことを目的に、軍事顧問団が一九四六年二月に組織される。しかし、顧問団の人数は一〇〇〇人を超えてはならないとされたために[126]、アメリカの中国における軍事プレゼンスは大きく縮小することになるのである。

軍を撤退させるのと並行してトルーマン政権は、日本資産の持ち去りに抗議し、早期撤退を求めるなど、満州問題でモスクワに対する批判的姿勢を強めていった[127]。そうした中、ソ連は三月半ばに突如満州からの撤兵を開始する。

スターリンは二月にマルクス・レーニン主義の観点から資本主義世界の欠陥を強調する演説（長らくスターリンが控えてきたイデオロギー色の強い演説）を行い、西側を驚かせていたものの、対米関係の破綻を望まず、チャーチルによる「鉄のカーテン」演説（一九四六年三月）を背景に米英同盟の結成をおそれていたと言われる[128]。ソ連は満州から兵を引くだけでなく、大戦中から占領下に置いていたイラン北部からの撤退も開始する。その結果、一九四六年五月には両地域からの撤兵をほぼ終えることになるのである。

ただし、イランから撤退する際にソ連は合弁の石油会社を作るという協定をイラン政府との間で交わしている。つまり、ソ連はイランにおける石油利権を獲得したうえで軍を撤退させたのである[129]。

一方、満州では撤退のスケジュールをあらかじめ伝えることで国府軍より先に撤退地域に入ることができるようにするなど、中国共産党に対してさまざまな便宜を図った[130]。それにより、中国共産党軍は満州、とくにその北部において支配地域を著しく拡大させることになる。国府軍はそうした状況を挽回しようと北進し、中国共産党軍との対決を試みた。こうしてマーシャルにとっては皮肉なことに、ソ連軍の撤退が国共内戦を再燃させることになるのである。

しかも内戦が激しくなる中、中国共産党が公然とアメリカ批判を行うようになる。その嚆矢となったのが六月二十二日の毛沢東声明だった。それは、アメリカの国府に対する軍事援助こそ「中国に大規模な内戦が勃発し、拡大を続けていることの根本原因である」とし、アメリカに対してただちに「中国内政への武装干渉」をやめるよう訴える内容になっていた[131]。

マーシャルが七月にワシントンに対してスチュアートを駐華大使に推薦したのは、こうした困難な事態に直面していたためだった。もともとマーシャルは、長年の部下として強い信頼を置いていたウェデマイヤーを駐華大使に据えたいと考えていた。しかし、ウェデマイヤーは中国戦区アメリカ軍司令官として、国府に対する軍事援助を指揮した人物である。そのような人物をアメリカが駐華大使として中国に送り込めば、中国共産党をさらに刺激することになるのは目にみえていた。その点、燕京大学の学長として共産主義者の尊敬も集めていたスチュアートに問題はなく、しかもスチュアートからは長い中国滞在の経験に基づく有益な助言を期待することもできると考えられた[132]。

マーシャルはスチュアートを駐華大使に据える一方で、国府に対する軍事援助をとりやめていった。中国共産党のアメリカ批判を封じるとともに、蔣介石に対して武力で中国統一を図ろうとする路線の放棄を迫るためである。具体的には、まず中国戦区アメリカ軍司令部の廃止に合わせ、五月に国府軍の満州への輸送をとりやめた[133]。また七月には、武器貸与法にかわるものとして議会に上程されていた対中軍事援助法案の審議を急がせてはならないと国務長官に勧告し、同意を得る[134]。結局、その法案は政権の後押しがなかったために廃案となり、国府はアメリカの太平洋基地に保管されていた大量の軍事余剰装備（金額に換算して約六〇〇〇万ドル[135]）をアメリカの財政的支援のもとで受けることができなくなった。さらに七月にはマーシャルの提案に基づき武器禁輸措置が発動される[136]。それにより、国府は自らの資金でアメリカ市場から武器を購入することもできなくなった。

また九月には、華北駐留の海兵隊（順次減らされ、一万二〇〇〇人の規模になっていた）を北平といくつかの港に集中させる措置がとられた。その目的の一つは海兵隊が内戦に巻き込まれるのを防ぐことにあったが、もう一つの目的は国府の華北防衛の負担を増大させることで、満州戦線へと投入される軍隊を減らすことにあった[137]。海軍省は海兵隊が華北の秩序維持に大きく貢献しているとして、それを移動させることに強く反対した。しかし、マーシャルを支持するトルーマンによってその反対は抑え込まれることになる[138]。

こうしてトルーマン政権の対中政策は、マーシャル主導のもと、ヴィンセントが主張していた路線へと近づいていった。実は、マーシャルは七月初め、ヴィンセントに対して中国情勢に関する意見を求めていた[139]。それに対する回答としてヴィンセントは、内戦が収まらない場合、国府に対するすべての物資的援助を停止すべきと勧告する文書をまとめマーシャルに送付した[140]。かつてのマーシャルであれば、中国の分断とソ連の影響力の拡大をもたらすとしてそれを一蹴していたであろう。しかし、一九四六年後半のマーシャルは違った。むしろアメリカの援助が成功の見込みのない国府の武力統一路線を助長し、中国の分断とソ連の影響力の拡大をもたらしてしまうというのがそのときのマーシャルの考えだった。

マーシャルは一九四六年十一月に国府が満州の主要地域の大部分を占領することに成功したときですら蔣介石に対して、中国共産党は全滅させるにはあまりに規模が大きく、もしそれをめざそうものなら、国府の財政が破綻し、中国経済が崩壊すると警告している[141]。しかし、蔣介石を説得することはついにできなかった。マーシャルの観察では、国府の上層部は民主的改革を拒み、武力で共産党打倒を図ろうとする一派（マーシャルはそれを「反動派」と呼んだ）で占められていた[142]。蔣介石はその一派に属するものとしてみられていたわけでは必ずしもないが、「蔣介石を反動派から引き離すことはきわめて困難」というのが十二月十三日の会合でスチュアートに対して示したマーシャルの見方だった[143]。

トルーマンの回顧録によると、マーシャルは十二月末、次の交渉への努力が不成功に終わったならば、ワシントンに召還してほしいと大統領に願い出た。トルーマンのみるところ、その努力が成功する見込みはなかった。そのためトルーマンは交渉の成り行きを待たず、マーシャルの召還を命じる[144]。その命令を受け、マーシャルは一九四七年一月初め、中国を発ち、帰国後、かねてより辞意を示していたバーンズの後任として国務長官に就任した。

マーシャル調停に関する最新の研究である、カーツ=フェラン（Daniel Kurtz-Phelan）の研究によると、マーシャルは国共調停の経験を通して、アメリカの力の限界を強く認識し、その限界に見合った政策をとることの大切さを学んだ[145]。そのマーシャルにとって、冷戦との関係で最重要かつ成功の見込める地域は西ヨーロッパだった。また、アジア方面で重視すべきは日本となる。

とはいえ、マーシャルは中国関与を全く否定しようとはしなかった。帰国後に行った対中政策の再検討の結果、中国援助計画を作成し、限定的ながら蔣介石に対して援助を支給する方針をとったのである。一九四八年対外援助法（一九四八年四月に授権法、同年六月に歳出法[146]）の一部として成立したその計画の背後には、ローズヴェルト以来の大国化という方針のもと追求された中国統一とは異なる戦略的なねらいがあった。

三　対中政策の再検討

再検討作業の開始

マーシャルによる国共調停の努力は挫折に終わったものの、その結果を受け、ただちに中国統一という目標を取り下げるべきだとする見解がトルーマン政権内で多数を占めたわけではない。当初、対中政策の再検討作業でもっぱら議論となったのは、中国統一を実現するための手段の問題だった。軍部は、武器禁輸措置を解除し、直接の軍事援助も支給することで、国府による中国統一を強力に支援すべきと主張した。それに対して国務省は、マーシャルやヴィンセントを中心に、あくまでも内戦の平和的解決をめざす姿勢を崩すべきではないという立場をとった。

国共調停がすでに失敗に終わっているにもかかわらず、そうした立場をとる理由についてマーシャルは、パターソン（Robert P. Patterson）陸軍長官に宛てた三月四日付の文書で次のように説明している。

たとえアメリカが中国政府に大量の武器弾薬や大規模な支援を提供したとしても、中国共産主義者の軍隊と政党を妥当な期間内につぶすことはできないでしょう。また限定的な規模の軍事援助を支給すれば、なかなか勝敗のつかない戦争を国府の軍事指導者に続けさせることになり、経済的理由による国府の崩壊をもたらすことになるでしょう。もしわれわれが中国への武器輸送に関する制約を下げると、アメリカからの［武器の］流入だけでなく、他国からの流入をコントロールするのも大変難しくなります。加えて、自らの行動や腐敗に関係なくアメリカの支援を頼りにしてきた中国政府内の反動派が、自分たちは正しいという結論を下すことにもなりましょう。そのため中国への軍事援助について早まった行動をとれば、結局のところ、共産主義者の挑戦に対抗する唯一実際的な方法である国府の徹底的な改革の機会を奪うことになってしまうかもしれません。[147]

実は、マーシャルは中国を発つ前日（一九四七年一月七日）に発表した声明の中でも国府の改革の必要性を訴えていた。それによれば、マーシャルの調停の努力を妨げたのは、国共両勢力の「過激分子」だった。国府側の過激分子は、「中国共産党が統治に協力することなどありえず、唯一、力の政策こそが問題を解決する」と信じていた。一方、中国共産党側の過激分子は「根っからの共産主義者」で、目的のためには「極端な方法をとることも躊躇しない」。例えば、彼らは「人民の苦しみなど歯牙にもかけず」、鉄道の路線網を破壊することで中国経済を破綻させ、政府の転覆や崩壊を早めようとしているのである。こうした過激分子の影響力を弱めるためには、国府が「蔣介石のリーダーシップのもと」民主的改革を行うことで、国民党や共産党、あるいはその他勢力のリベラル派を政府内に取り込んでいく必要があるとマーシャルは訴えた。[148]

だが、マーシャルが蔣介石のもとでの民主的改革の可能性について楽観的だったわけではもちろんない。二月十二日の陸海軍省代表との会合では、「中国は大胆な政治的・軍事的改革によってのみ救われると蔣介石を説得するのは不可能でないにしてもかなり難しい」ことを認めている。[149]

そのマーシャルにとって、前年十一月の国民大会（共産党は欠席）で制定された中華民国憲法が、総統権力を厳しく制限するなど、民主的性格を備えた内容になっていたことは中国の将来を考えるうえで数少ない明るい兆候だった。マーシャルのみるところ、それはまさに蔣介石がリーダーシップを発揮した結果だった。十二月末にトルーマンに宛てた電報においてマーシャルは、「反動派をおさえ、かなり健全な憲法の国民大会での採択を可能にしたそのリーダーシップにより、蔣介石は大きな道徳的勝利を得た」と評価した[150]。

マーシャルがパターソンに宛てた三月四日付の文書では、中国内戦の平和的解決にこだわる理由として中国世論の問題も指摘されている。中国では前年から全土において、アメリカの軍事関与に反対する大規模な運動が起きていた。その運動の直接のきっかけとなったのは、一九四六年十二月二十四日に、北京大学の女子学生をアメリカ海兵隊員が強姦したとされる事件である。事件発生から六日後、女子学生が通う北京大学や近傍の精華大学の学生を中心に、謝罪や中国からの撤退をアメリカに求めるデモが行われた。それを皮切りに反米運動が全国へと広がったのである。その運動について、一月八日付のスチュアートの電報は、「共産主義者の影響が作用している」という見方を示している[151]。だが、一九四七年春までに参加者が五〇万にも及んだとされる大規模な反米運動を、すべて共産主義者の影響によるものとみることは困難だった。パターソンに宛てた三月四日付のマーシャルの文書は、「部分的には共産主義者によるプロパガンダのため、だが大部分は強い信念から、かなりの中国世論が国府に対するアメリカの軍事援助に非常に批判的」だと指摘している[152]。

これらの理由から、武器禁輸措置の解除や軍事援助の支給に反対したマーシャルだったが、パターソンに宛てた文書において、共産党が支配する中国はアメリカにとって望ましくなく、共産党の攻撃に国府が耐えられないとみられる場合にも武器弾薬を提供しないことは「明らかに非現実的」だと認めた[153]。実は、このときマーシャルには国府がイギリスやフランスなどから弾薬を入手しようとしているという情報が入っていた[154]。その情報から、国府軍の弾薬がすでに不足しつつあることは明らかだった。二月二十七日、トルーマンから「国府に弾薬を提供すべきときがきたのかどうか」と問われたマーシャルは、「早晩われわれは行動を起こさなければならなくなるでしょう」と答えている[155]。

結局イギリスもフランスも、アメリカに合わせ、国府に弾薬を売ろうとはしなかった。そのため国府は、アメリカに直接、弾薬の売却を繰り返し要請するようになる。三月末には、マーシャルの側近として国共調停工作に深く関与したギレン（Alvan C. Gillem）陸軍中将を蔣介石が夕食に呼び、彼自ら弾薬の問題を「最も深刻な問題」だと訴え、善処を求めた。[156]

国府の弾薬不足という問題に加え、三月にいわゆる「トルーマン・ドクトリン」が発表され、ソ連への対決姿勢が鮮明にされたことが、中国内戦に対する軍事関与を拒む国務省の立場を難しくした。四月、マーシャルは塘沽で武器集積所の守りについていた海兵隊員五人が共産主義者によって殺害された事件を直接のきっかけに、その地域から海兵隊を撤退させ、武器を国府に対して「放棄」するよう海軍省に勧告した。[157] 以降、九月まで同様の形で約六五〇〇トンの武器弾薬が国府に対して無償譲渡される。[158] また五月には、マーシャルの決断により、中国に対する武器禁輸措置が解除された。[159]

対中軍事援助の問題

しかし、国務省はトルーマン・ドクトリンのもと、ギリシャ・トルコに支給したような直接の軍事援助を国府に対して提供することには反対し続けた。その問題については、世界的な視野から援助問題を考慮すべきという、ギリシャ・トルコ援助問題の検討過程において高まった認識を背景に、国務・陸軍・海軍三省調整委員会によって設置された特別委員会で詳細に議論された。同委員会で国務省と陸海軍省は、国民党において支配的なのは民主的改革に否定的な「反動派で、その多くが腐敗もしている」こと、一方、共産党は「ソ連の支配的な影響力のもとにある冷酷で、強力な政党」であるということで意見が一致した。[160]

だが、中国に対してとるべき行動については意見が割れた。国務省が国府の改革を優先すべきという立場からポスト・アンラ援助（アンラ援助終了後の世界的な食糧危機に対処するためにアメリカが行った二国間援助）など小規模な経済援助の支給にのみ前向きな姿勢をみせたのに対して、陸海軍省は共産党打倒を優先すべきという考えから「明確な積極策」を求めたのである。四月三日には陸軍省が、三億三六〇〇万ドルの軍事援助により、「中国共産主義者を満州と中国東部から排除する」のに十分な武器装備を支給するという具体的な提案もしている[161]。結局、国務省と陸海軍省は四月後半に中間報告書（SWNCC三六〇）をまとめるまでに対中援助問題に関して意見を一致させることができず、その問題はさらなる検討に付されることになった。

SWNCC三六〇の作成過程で三省が合意できなかったのは対中援助の問題だけだった。その他の国家・地域に対する援助の問題では合意が成立し、SWNCC三六〇には軍事・経済援助を支給すべき国家・地域が優先順で次のように記された。

ギリシャ、トルコ、イラン、イタリア、朝鮮、フランス、オーストリア、ハンガリー（ただし、イランとイタリアは同順位[162]）

SWNCC三六〇は三省調整委員会に提出されたのち、専門的な軍事的視点からの検討に付すため統合参謀本部に送られた。統合参謀本部では、国務省と陸海軍省との間で意見が割れた対中援助の問題についても検討が行われた。またSWNCC三六〇では、ソ連の影響下にあった東欧諸国が順位づけの対象とされ、旧敵国であるドイツと日本が外されていたのに対して、統合参謀本部の研究では前者が外され、後者が含められた。さらに、援助の必要性とアメリカの安全にとっての重要性という二つの指標が導入され、援助対象国・地域のより精緻な順位づけが試みられた[163]。

その結果として、統合参謀本部が五月十日にまとめた報告書（SWNCC三六〇／一）では、援助の必要性の観点から、一五の国・地域が次のように順位づけされた。

ギリシャ、イタリア、イラン、朝鮮、フランス、オーストリア、中国、トルコ、イギリス、ベルギー・ルクセンブルク、

オランダ、フィリピン、ポルトガル、ラテンアメリカ諸国、カナダ[164]

東アジアの国・地域の中では、第一位が朝鮮で、以下、中国、フィリピンとなっている。

それに対して、アメリカの安全にとっての重要性という視点から付けられた順位は次のようになっていた。

イギリス、フランス、ドイツ、ベルギー、オランダ、オーストリア、イタリア、カナダ、トルコ、ギリシャ、ラテンアメリカ諸国、スペイン、日本、中国、朝鮮、フィリピン[165]

東アジアの国・地域の中では第一位が日本であり、以下、中国、朝鮮、フィリピンと続く。日本は、援助の必要性とアメリカの安全にとっての重要性という二つの指標を合わせて付けられた順位でも、次のように東アジアの国・地域の中では第一位とされた。

イギリス、フランス、ドイツ、イタリア、ギリシャ、トルコ、オーストリア、日本、ベルギー、オランダ、ラテンアメリカ諸国、スペイン、朝鮮、中国、フィリピン、カナダ[166]

ただし、日本も全体では第八位と、上位にあるわけでは決してない。統合参謀本部の報告書で東アジアの国・地域が全体的に下位のほうに置かれたのは、地域別の優先順位で極東が最下位とされたためである。統合参謀本部によると、安全保障上の見地からアメリカが最も重視すべき地域は西ヨーロッパだった。その次は中東で、以下、北西アフリカ、ラテンアメリカ、極東と続く。統合参謀本部がとくに西ヨーロッパを重視した理由は、アメリカ本土からソ連を直接攻撃するのに一番短いルートがその地域を通るからだった。またソ連との戦争の際に、アメリカ側につくと期待することのできる潜在的に強力な国家の多くが西ヨーロッパにあるためでもあった[167]。

これら理由に基づき、西ヨーロッパをとくに重視した統合参謀本部は、すでに一九四六年半ばからイギリスとの間で大型爆撃機、B―二九の配備について協議を開始していた[168]。また、一九四八年末にはイギリスのみならず、ヨーロッパ大陸にも軍事基地を置く計画の作成に着手する[169]。こうしてソ連との協調関係が破綻し、戦争の可能性まで考慮される中、ヨーロッパをイギリスとソ連の管理地域とみなし、アメリカの恒常的な軍事関与を否定したローズヴェルトの戦後構想は放棄されていくことになるのである。

統合参謀本部作成のSWNCC三六〇／一は、中国の大国化と日本の無力化というローズヴェルトの戦後構想もまた、一九四七年半ばにはすでに否定され始めていたことを示している。その文書において統合参謀本部が、東アジアの国・地域の中で日本を最も重視する考えを示したのは次のような日本評価からだった。

日本は敗戦国であり、日本に援助を支給するという考えはおそらく多くのアメリカ国民に不快な思いをさせることになろう。しかし日本は自力で、太平洋方面においてアメリカのパワーに挑戦しうるほど強力になった国家である。日本は依然として潜在的に強力な国家であり、軍事的に無力な状態を永続させることはできない国家である。またアメリカとその同盟国がヨーロッパ方面において大規模な攻撃を行っている間、極東方面においてイデオロギー上の敵［ソ連］の大軍隊を抑止することのできる唯一の国家なのである[170]。

一方、統合参謀本部は中国については次のような評価を下している。

中国の保有する最も大きな軍事的資産は人的資源である。しかし、中国はこの人的資源を武装させるのに必要な産業をもっていない。また、この人的資源を戦闘状態に置き続けるのに十分な食糧を生産することもできない。ゆえに、われわれのイデオロギー上の敵との戦争となった場合、われわれがこの国［アメリカ］で作った食糧と装備を大量に提供してはじめて中国は価値ある同盟国となるだろう。最終的に、われわれの戦争努力にとって大きな助けとなるかどうかはきわめて疑わしい[171]。

だが、このようにSWNCC三六〇／一で示された統合参謀本部の日中両国に対する評価は、まだそれほど確かなものではなかったようである。その文書を三省調整委員会に提出してわずか一カ月ののち、統合参謀本部は別の研究報告書（SWNCC八三／二二）で、日本ではなく中国の重要性を強調した[172]。その論拠は、「日本が武装解除され、占領されている現在、アジアにおけるソ連の拡大に抵抗の姿勢だけでも示すことができる唯一のアジアの政府は国府である」ということにあった。また、中国が国連安保理において拒否権をもつ国家の一つであるということも中国を重視する理由として挙げられた。中国はアメリカの「支援とこだわり」によって「大国の一つとみなされ、米英ソ仏とともに国際社会の平和と安全の維持に主要な責任を負っている」。しかし、「中国における現在の状態、とくに国府に対する共産主義者の武力抵抗が続けば、［中国は］混乱状態へと陥り、国府は国連に対するいかなる軍事的な義務も責任も果たすことができなくなるだろう」。また、国府が共産党軍によって倒されるという事態が生じたときには、「アメリカに友好的な中国政府が安全保障理事会からいなくなり、ソ連の支配下にある政府にとってかわられることになる」。

もっとも、中国が広大で、運輸・通信も発達していないことから、ソ連の第一の目的はこれまで中国共産党を通した満州の支配に向けられてきたと統合参謀本部は指摘している。当面、満州以外の中国の地域においては、ソ連は混乱が続くだけで満足するだろうというのが統合参謀本部の見方だった。

統合参謀本部によれば、ソ連にとって満州以外の地域における混乱には少なくとも二つの利点があった。満州支配というソ連の目的の達成を国府が阻むことを難しくするという利点と、満州支配を確立した後ソ連が華北や新疆へと進出するのを容易にするという利点の二つである。

SWNCC八三／二二で統合参謀本部は中国のみならず、東アジア地域全体の重要性を強調した。すなわち、「アジアと西ヨーロッパのいずれか、あるいは両方の地域におけるソ連の支配的な立場は、アメリカの安全にとって大きな脅威になる」と指摘したのである。統合参謀本部によれば、もしソ連が満州の支配に成功し、全中国の支配にも成功すれば、その野心が朝鮮半島やインドシナ、マレーシア、インドに向けられることになるのは必至だった。ソ連による中国支配が完成した段階で、モスクワの野心に抵抗するのは難しく、その段階にまで至れば、「アジアにおけるソ連の覇権を受け入れる準備をしなければならなくなる」。そうした事態を防ぐためにもアメリカは、中国の共産化を阻止しなければならないというのがＳＷＮＣＣ八三／二二で示された統合参謀本部の見解だった。

統合参謀本部は、アメリカが中国内戦の帰趨に及ぼすことのできる影響力について楽観的だった。アメリカが国府を断固支持する姿勢を明確にするだけで、国府の士気は上がり、中国共産党の士気は下がる。ひょっとすると、国府による停戦の呼びかけに中国共産党が応じることにもなるかもしれない。もしそうならなかったとしても、弾薬やアメリカ製装備の交換部品からなる「比較的少量の軍事援助を支給するだけで、国府は現在共産主義者の支配下にある地域に対する支配を確立することができるだろう」と統合参謀本部はＳＷＮＣＣ八三／二二で主張した。

ウェデマイヤー使節団

だが、たとえ大規模な軍事援助を国府に支給しても、「中国共産主義者の軍隊と政党を妥当な期間内につぶすことはできない」と考える国務省は、統合参謀本部の主張を受け入れようとしなかった。ヴィンセントもマーシャルもそれについて「現実的ではない」という評価を下している[173]。

だが、国務省が求めていた国共対立の平和的解決ももはや現実的なものではなくなっていた。リベラル勢力の結集は一向に進まず、国共間の内戦は激しくなるばかりだったからである。七月四日には国府がついに国家総動員令を公布する。それによれば、国府は「中国共産党が兵を擁して割拠し、地方を騒がし、武力をもって国に叛く行動をとっているのに対しては常に政治解決の方針をとり、不満を抑え、隠忍自重し、もってその実現を求めてきた」。しかし、「共匪が武力をもって必ず国家を顚覆しようと欲している」のは明らかであり、「政府の平和建国の国策もすでに政治方式をもって解決を求めることはできなくなった」。国府はこのように宣言することで、それまで表向き支持してきた政治的解決の道を明確に否定し、共産党の反乱平定に努力するよう全国に命じたのである[174]。このころマーシャルは経済界指導者との会合で、中国内戦にどう対処すべきか「頭をしぼっているが、答えがみつからない」と困難な状況にあることを率直に明かしている[175]。

そうした状況を打開するためマーシャルがとったのが、ウェデマイヤーの中国派遣という措置だった。ウェデマイヤーに現地調査をさせ、今後アメリカがとるべき方策について提言を出させることにしたのである。

それから二カ月後の九月半ば、ウェデマイヤーから大統領に調査報告書が提出される。その報告書によれば[176]、「マーシャル将軍が中国を離れてから、国府の軍事的状態は全体的に悪化してきた」。とりわけ満州の情勢は深刻で、いまや国府軍は満州の「ごく一部を占領しているに過ぎない」。「情勢がひきつづき悪化すれば、まもなく満州にはソ連の衛星政府が樹立され、最終的には共産主義者の支配する中国にまで発展するだろう」。もしソ連支配下の中国が誕生すれば、戦時において爆撃攻撃のための発進基地として重要な空港を使用できなくなり、中国大陸沿岸の港も使うことができなくなる。逆に、ソ連はそれら空港や港を使用して、日本や琉球、フィリピンにおけるわれわれの基地を脅かすことができよう。もちろん、中国の莫大な人的資源を利用することもできる。

そうした事態を防ぐには満州の共産化を食い止める必要があった。だが、国府に満州の共産化を防ぐ能力はもはやない。そうした見方から、ウェデマイヤーは満州の国際管理という持論を再び調査報告書において展開した。具体的には、まず国連安保理常任理事国の五カ国による保護管理という方式を模索し、それがうまくいかなければ満州を信託統治のもとに置くよう国連総会に要請すべきと勧告したのである。

一方、満州以南の地域においては、アメリカの経済・軍事援助を効果的に使用することにより、国府は共産主義勢力の拡大を食い止め、情勢を安定化させることができるというのがウェデマイヤーの考えだった。援助の効果的な使用のためウェデマイヤーは報告書において、アメリカ人が顧問として国府の中に入り、援助の使用について助言を与えたり、監督を行ったりするよう求めている。

経済援助についても軍事援助についても、援助額に関する具体的な数字は報告書に記されなかった。だが、経済援助については交通や電力、石炭など経済復興にとって鍵となる分野の再建とインフレの緩和のため、「最低五年間」

の援助を支給する必要があると指摘されている。一方、軍事援助については、弾薬を中心とする軍需品と技術的援助を支給する必要性が説かれた。

技術的援助の一環として、ウェデマイヤーは軍事顧問団の役割の拡大を訴えた。一九四六年二月の大統領決定に基づき中国に派遣されていた軍事顧問団は、一〇〇〇人を超えてはならないとされたうえに、その役割が厳しく制限され、国府の参謀本部の組織や機能について助言ないし援助を与えることしか許されていなかった。ウェデマイヤーはそうした状態を改め、軍事顧問団が直接国府の戦闘部隊の訓練に携わることや、兵站部門に助言を与えることも認めるよう訴えた。

もっとも、「アメリカが国府に対する軍事援助を拡大したならば、おそらくソ連は、中国共産主義者に対して同様の軍事援助を、公然とまたは秘密に——秘密の場合のほうが多いように思われるが——拡大するかもしれない」ことをウェデマイヤーは認めた。また、中国におけるソ連との緊張関係は「第三次世界大戦に急速度で突入するかもしれない」リスクをはらむものであるとも指摘している。だが、中国の共産化を防ぐためそうした危険は甘受しなければならないというのがウェデマイヤーの考えだった。

四　中国分断策の採用

国府支援を決定

ウェデマイヤーの提言のうち、満州の国際管理という案は現実的ではないとしてマーシャルは受け入れなかった[177]。それればかりか、同案を報告書から削除するようウェデマイヤーに求めた。それが、公のものとなれば「中国の主権を侵害するものとして中国人の感情をひどく損ねる」ことになると懸念されたためである。また、「中国政府を自己の領土を統治できないものと評価する」に等しいその案は、国府の権威を著しく傷つけることになるとも憂慮された[178]。

だが、満州国際管理案に対するウェデマイヤーのこだわりは強く、マーシャルの削除要求を呑もうとしなかった。そのため報告書に対する世論や議会の関心は高かったものの、報告書全体が非公表とされたのである[179]。満州の国際管理というウェデマイヤーの提案を拒否したマーシャルだったが、軍事・経済援助に関する提言については完全ではないにしろ受け入れた。軍事顧問団の役割を拡大すべきという提言に従い、マーシャルは台湾や南京、広東にあった国府の訓練センターでの活動に顧問団が参加することを許可した。また、補給システムの改善のために助言を行うこと、さらには戦略や戦術に関するアドバイスを非公式ながら蔣介石に対して与えることも認めたのである[180]。

加えて、軍需品を支給する必要があるというウェデマイヤーの指摘を受け、アメリカ本土やマリアナ諸島、ハワイに保管されていた弾薬など計六万トンに上る軍事余剰物資を、調達価格の一〇〇分の一といった破格の値段で国府に売り渡していった[181]。さらには、国府に対する新規の経済援助を可能にするための法案（中国援助計画）の作成にとりかかることも決定する[182]。

チャイナ・ロビーと親蔣介石派議員

このようにマーシャルがウェデマイヤーの提言を受け、限定的ながら国府支援の方針を固めていった理由として、先行研究ではチャイナ・ロビーと親蔣介石派議員の圧力がよく指摘される[183]。チャイナ・ロビーとはビジネスや宣教活動を通して中国と密接な関係をもち、反共でクリスチャンの蔣介石を熱烈に支持していた人々のことである。彼らはまとまったグループを形成していたわけではないが、チャイナ・ロビーと言われる人物の中には、『タイム』誌や『ライフ』誌の創刊者であるルース（Henry R. Luce）など、アメリカ世論に対して巨大な影響力をもつ人物がいた[184]。

一方、親蔣介石派議員と言えばジャッド（Walter H. Judd，ミネソタ州、共和党）下院議員を代表的人物として挙げることができる。歴史家タッカー（Nancy Bernkopf Tucker）も、「忠実な蔣介石の擁護者の中で最も影響力のあった」人物と指摘するジャッドは、[185]一九二〇年代から三〇年代にかけて一〇年ほど宣教師として中国で活動した経験をもっていた。日中戦争勃発の翌年に帰国したのちは、チャイナ・ロビーの団体の一つである「日本の侵略への加担を拒否するアメリカ委員会（The American Committee for Non-Participation in Japanese Aggression）」に参加し、対日経済制裁の発動を訴える演説活動を行った。議会公聴会に招かれるほど、その活動を通して中国問題専門家として知られるようになったジャッドは、一九四二年の選挙で下院議員に初当選する。以来、連続して二〇年間下院議員を務めた。下院議員時代の一九五三年には、「共産中国の国連加盟に反対する一〇〇万人委員会（The Committee of One Million against the Admission of Communist China to the United Nations）」という、チャイナ・ロビーの団体の中では最大規模と言われる団体の創設メンバーにもなっている。[186]

アメリカ議会で通常、対外政策に重要な影響力をもつのは、条約同意権を有する上院である。ジャッドが下院議員でありながら親蔣派議員の代表格となりえたのは、トルーマン政権が対ソ封じ込め政策の一環として対外援助を積極的に活用しようとしたためだった。対外援助を行うには財政支出が必要となるため下院の支持は欠かせない。下院の中でもとくに、授権法案を扱う外交委員会と歳出法案の審議を行う歳出委員会の支持は重要である。そうした中で、ジャッドはまさに外交委員会の委員として一定の影響力をもつことができたのである。[187]

もっとも、ジャッドのように蔣介石を熱心に支持する議員が連邦議会に多くいたわけではない。歴史家コーエン（Ross Y. Koen）のチャイナ・ロビーに関する先駆的研究において、一九四〇年代から五〇年代にかけての議会で蔣介石支援にとくに熱心だった議員として名前が挙げられているのは一五人に過ぎない。そのうち一〇人が上院議員、五人が下院議員である。また民主党議員は二人のみで、残りはすべて共和党所属の議員となっている。[188]

したがって、もし共和党が議会で少数派であったならば、親蔣派議員の影響力はかなり限られたものになっていただろう。親蔣派議員にとっては幸いなことに、一九四六年の中間選挙の結果、共和党は上下両院で多数派となる。一五年ぶりに生じたそうした状況の中で、親蔣派議員は他の共和党議員の協力も得つつ、影響力を行使することができたのである。

トルーマン政権が彼らの存在に関心を高める一つのきっかけとなったのは、一九四七年三月に行われたギリシャ・トルコ援助法案をめぐる議会審議だった。その審議において、共産主義の脅威を強調し、ギリシャ・トルコに対する援助を求めながら、同じく共産主義の脅威にさらされている中国に対する援助には消極的だとして政権の姿勢が親蒋派議員からきびしく批判されたのである。(189)

その後、トルーマン政権が対中援助の問題で煮え切らない態度を続ける中、政権に対する親蒋派議員の批判的態度はさらに強まり、一九四七年十一月に議会に提出された国務省作成の緊急経済援助法案は内容が一部変えられてしまう。その法案はもともと、ヨーロッパ経済援助計画（マーシャル・プラン）が実施されるまでのつなぎの援助として、五億九七〇〇万ドルをフランス、イタリア、オーストリアに支給するという内容になっていた。だが、親蒋派議員によってそれら三カ国の他に中国が援助対象国として加えられたのである。

親蒋派議員の先頭に立って中国を加えるよう求めたのはやはりジャッドだった。ジャッドによれば、中国は「極東において鍵となる国家」だった。地理的に東アジアの中心を占めるばかりか、巨大な市場と豊富な原材料をもっているからである。もしその「中国を失えば、アジアを救うことは不可能となろう」。もちろん、それは日本も例外ではない。ジャッドはその日本の問題について次のように述べている。

もし日本を捨てたくないのであれば、またもし日本におけるわれわれの約束や努力を無にしたくないのであれば、共産主義の進出を食い止めることができるよう、ギリシャと同じように中国を助けるか、あるいは際限なく日本にアメリカのドルと兵士を提供し続けなければならない。(190)

しかもジャッドによれば、中国の共産化のインパクトはアジアだけにとどまらない。復興のため、戦前のアジアとの貿易パターンを復活させなければならないヨーロッパにもそのインパクトは及ぶ。もし中国の共産化を許すことでアジアを失えば、「われわれはヨーロッパにおいても敗北を余儀なくされるであろう」[191]。このように述べ、ジャッドは中国向けの緊急経済援助として六〇〇〇万ドルを盛り込むよう求めた。

それに対してトルーマン政権は、中国援助については別途考慮中であることを説明して、中国を援助対象国に含めないよう議会に要請した。だが、下院はジャッドの訴えを認め、六〇〇〇万ドルの中国向け援助を含む緊急経済援助法案（授権法案）を可決してしまう[192]。

その後、超党派外交を重視するヴァンデンバーグ（Arthur H. Vandenberg, ミシガン州、共和党）上院外交委員会委員長の調整が入ったり、緊縮財政派のテーバー（John Taber, ニューヨーク州、共和党）下院歳出委員会委員長の巻き返しがあったりして、最終的に歳出法（公法三九三号）で中国向け援助として認められたのは一八〇〇万ドルにとどまった。しかもヨーロッパ向けの援助予算を圧迫しないよう、一八〇〇万ドルはポスト・アンラ予算から捻出することになる[193]。

この結果に明らかなように、共和党が上下両院で多数であったとはいえ、親蔣派議員の主張がそのまま議会の決定に反映されるという状況にはなかった。緊急経済援助法案をめぐる議会審議は親蔣派議員の影響力をみせつけた審議であったというより、その限界を露呈した審議であったとみることもできる。だが、原案にはなかった中国向けの経済援助が親蔣派議員の主張によって認められたことが政権側に一定の衝撃を与えたことは確かである。

その衝撃の中、トルーマン政権がおそれたのは翌年に予定されていたマーシャル・プランに関する議会審議が、緊急経済援助法案をめぐる審議と同様、親蔣派議員の中国援助を求める主張によってこじれることだった。そのような展開を防ぐには、蔣介石支援の姿勢を明確にしなければならなかった。とくに、ヨーロッパ援助法案とともに中国援助の法案を議会側に提示する必要があったというのは先行研究で指摘されてきたとおりである。

国府の崩壊を阻止

とはいえ、チャイナ・ロビーや親蔣派議員の圧力を重視するあまり、蔣介石に限定的援助を支給するという、マーシャルの決断の背後にあった戦略的ねらいを見落としてはならない。そのねらいとは、国府の完全な崩壊を防ぎ、中国全土の共産化を阻止するというものだった。

先述のように、共産党の攻撃に国府が耐えられないとみられる場合にも武器弾薬を提供しないことは「明らかに非現実的」だという認識がマーシャルにはあった。つまり、何も手を施さずに国府の崩壊を受け入れる考えはマーシャルにはなかったのである。一九四七年十一月の軍部との会議でもマーシャルは、「ソ連による中国支配を防ぎたいという点では誰しも異論がない」と述べ、そのためには国府を支えなければならないという見解を示している[194]。マーシャルが、ウェデマイヤー報告書の公表によって国府の権威が傷つくことをおそれたのも、国府の崩壊を防ぎたいという考えがあったからにほかならない[195]。

内戦の平和的解決が絶望的となる中、国府の完全な崩壊を防ぐことは、中国が国共二大勢力に分裂した状態を維持することを意味する。一九四七年から四八年にかけて、朝鮮半島における信託統治をあきらめ、ドイツの統一も断念したアメリカが両地域の分裂状態を受け入れる方針を固めていったことはよく知られる。それと同様の方針を国務省は中国においてもとろうとしていた。ちょうど国務省が中国援助計画の作成に着手した一九四七年十月、「中国の事実上の分裂」を容認すべきだとする見解がワシントンで出始めているという「うわさ」がある新聞紙上で報じられているが[196]、それは単なるうわさではなかったのである。

国務省が中国の分裂状態を受け入れる方針を固めていった背景には、蔣介石を中心に中国の統一を実現するにはもはや『中国白書』の言う二つ目の選択肢、すなわちアメリカによる大規模な軍事干渉しかないという認識があった。『中国白書』も指摘するように、そうした方針をとれば莫大なコストがかかることは明らかだった。マーシャルに請われ、政策企画室長に就任する二カ月前の一九四七年三月、ケナンはナショナル・ウォー・カレッジにおける講義でそのコストの問題について次のように述べている。中国は巨大であるため、世界のどの一国の資源でもってしても、またおそらく全世界の資源を合わせても、中国人に食糧や衣類を十分に提供することはできないだろうし、彼らの社会問題を解決することもできない[197]。

また中国内戦に対する大規模干渉には、ヴィンセントが六月二十日付のマーシャル宛の覚書で指摘しているように、「中国共産主義者側に立ったソ連の同様の介入を引き起こす」リスクや「中国国民の巨大な反発を招く」リスクがあった[198]。前者のリスクについては、ケナンも対中政策に関する考えをまとめた十一月三日付の文書（翌日にマーシャルに送付）において、「満州全土で国府支配を確立させようとするアメリカの努力は、ソ連との全面的対決へと発展しかねない」と警告している。ケナンによれば、満州は「ソ連にとって軍事的、政治的に重大な関心地域」であった。地理的に北に大きく突き出ており、「ソ連の極東地区を側面から包囲」する形となっているからである。当時、国共内戦の主戦場となっていたのはまさにその満州だった。したがって、アメリカが中国内戦に深入りすれば、ソ連の関心を呼ばずにはいられず、その重大な決意を引き起こすことにもなりかねないのである[199]。

大規模な軍事干渉を否定し、中国内戦に対する深入りを拒否するには、直接の軍事援助を支給することで国共内戦の展開に責任を負わなければならない立場に立たされることを回避する必要があると考えられた[200]。国務省が軍事顧問団による蔣介石に対する助言を非公式なものにとどめたのはそうした考えからである。また、同様の理由から国務省はギリシャ派遣の軍事顧問団に認めていた戦闘地域での活動を、中国派遣の軍事顧問団に対しては決して認めようとしなかった。さらに、経済援助計画の作成にはとりかかっても、軍事援助計画の策定には動かず、軍需品はあくまでも自らの資金で購入するよう国府に求めることを方針としたのである。こうした軍事援助に関する方針はまた、国府に対して無謀な軍事統一路線を放棄させ、その自己改革を促し、既存の支配地域を固めさせるのにも有効だと考えられた[201]。

もっとも、中国に高い戦略的価値があるのであれば、巨大なコストをいとわず、「第三次世界大戦に急速度で突入するかもしれない」リスクも甘受することで、国府による中国統一を強力に支援すべきだったかもしれない。だが、よく知られるようにケナンは、日本を「極東における唯一の、潜在的な軍事・産業の大基地」として高く評価する一方で、中国については強大な工業国ではなく、そうなる見通しもないなどとして、その価値を低く評価していた[202]。またヴィンセントも右に紹介したマーシャル宛の覚書において、それまでの中国重視論を捨て、たとえ中国がソ連に支配されたとしても、ただちにアメリカの脅威にはならないという見方を示した。そのように考える理由としてヴィンセントは、中国人の行政上の非能率、中国支配に伴う負担の大きさ、外部勢力の干渉に対する中国人の反感、工業化と資源開発の遅れ、そしてソ連の援助能力の限界という五点を挙げている[203]。

そのころ国務省・情報調査局では、中国の戦略的価値を詳細に研究する作業が行われていた。九月半ばに終了したその作業の報告書によれば[204]、もし中国全土が効果的な非共産政府の統治のもとにあり、その巨大な軍事・経済資源を十分に活用できる状態にあるのであれば、中国は間違いなくアメリカにとって貴重な同盟国となる。だが、現在の中国はそのような状態にはない。そうした中で、中国が同盟国となれば、中国はアメリカにとってむしろ負債となろう。というのも、アメリカはまず中国国内の安定のために大規模な軍事・経済援助を少なくとも数年間は支給しなければならないだろうからである。また、そのあとも中国の軍隊や経済の近代化のために援助を続けなければならない。

一方で、情報調査局はソ連にとっても中国は無条件の戦略的資産とはなりえないと指摘した。なぜなら、ソ連も中国の軍事・経済資源を活用できるようにするためには、多くの援助を支給しなければならないからである。しかも米ソ間の経済格差を考えれば、中国援助の実質的負担はソ連にとってのほうが重くなる。つまり、ソ連が中国を強力な同盟国にすることは、アメリカが中国を強力な同盟国とすること以上に難しいというのが情報調査局の見方だった。

加えて、情報調査局はソ連が中国から東南アジアへと軍事的影響力を拡大させることはいっそう困難だと指摘した。というのも、そのためには相当の海軍力が必要であり、現在のソ連はそれを保有していないからである。むしろ、ソ連はたとえ中国支配に成功したとしても、軍事力の過剰展開となりかねない東南アジアへの進出は避けようとするのではないかというのが情報調査局の見立てだった。

情報調査局がソ連の軍事的影響力の限界を指摘したのに対して、ケナンは右に紹介した十一月三日付の文書でソ連の政治的影響力の限界を指摘した。すなわち、「中国共産主義者が国際問題においてソ連の指導や支配に従順であり続ける」という見方を否定したのである。[205] ケナンは、六月二十三日付のロベット（Robert A. Lovett）国務長官特別顧問宛の覚書の中でも、「共産主義者が中国の大部分を支配することに成功したとしても、彼らが彼らの運動のイデオロギー的性格、あるいはモスクワに対する現在の依存度をそのまま維持するとは思えない」と述べている。[206]

こうしたケナンの見方は、東アジア専門家として政策企画室の一員となっていたデイヴィスの助言に基づくものだったと思われる。先述したように、デイヴィスは戦時中、サービスやアッチソンとともに、ソ連と中国共産党が結び付く可能性をワシントンに警告していた。ただしデイヴィスによれば、中国共産党がソ連と結び付くのは、蔣介石との権力闘争に打ち勝つためであって、イデオロギー的理由からではない。たしかに、「中国共産党は世界革命をめざすモスクワの政策の道具として始まった」団体ではある。だが、その後モスクワが一時的ながら、その政策を放棄したことで独自の道を歩むことになる。つまり中国共産党は社会主義を半ば棚上げし、中国人民の中で多数を占める保守的で個人主義的な農民の支持を得るため、農民民主主義（agrarian democracy）の実現を当面の目標として定めたのである。デイヴィスは、そうした国際主義的思考よりナショナリスト的思考を重んじる中国共産党の傾向は、対日戦と延安に事実上の政権を築いてきた経験を通していっそう強化されたとみていた。「毛沢東は、共産主義者だからといって、チトー（Josip B. Tito）［強固なスターリン主義者として知られたユーゴスラヴィア共産党の指導者］であるとは限らない」。すでに一九四五年四月十五日付のある覚書にそう記していたデイヴィスにとって、中国共産党をモスクワの単なる手先としてみる見方（軍部やチャイナ・ロビー、親蔣派議員の中でとくに強かった見方）は受け入れることのできないものだった。[207]

ケナンは、中国共産党とソ連の関係についてデイヴィスと意見を一致させながらも、共産党の全国支配の可能性に関しては意見を違えた。デイヴィスがすでに戦時中から中国共産党による全国支配の可能性を指摘していたのに対して、ケナンはそれを低くみたのである。先述した六月二十三日付のロベット宛の覚書にケナンは、「共産主義者が中国全土を支配する能力をもっていると信じさせるものは何もない」と記している。[208] そうした見方をケナンは一九四八年になっても変えようとせず、九月のナショナル・ウォー・カレッジでの講義では、中国はあまりに巨大なため、中国のすべてが共産主義者の手に落ちるという考えは「空想」に近いと述べていた。[209]

のちにケナンは回顧録の中で、「当時、中国共産党が中国全土に支配を確立し、長期間それを維持する能力があるとは愚かにも信じていなかった」と反省の弁を述べることになる。[210] だが当時、中国共産党の全国支配の能力を低く評価していたのはケナンだけに限られない。例えば、駐華アメリカ大使館は中国視察中のウェデマイヤーのため一九四七年七月に準備した文書において、国府はたとえ全国政府としての地位を失っても、揚子江下流域において生き長らえ、中国がかつてのような軍閥割拠の状態に戻る可能性を指摘している。[211] たしかにその場合でも、最終的には中国共産党による全国支配が打ち立てられることになるかもしれないが、中国共産党は統治に必要な行政官も技術者も十分備えていないことから、支配領域を広げれば広げるほど深刻な政治経済上の問題に直面することになるとみられた。

北平駐在領事のクラブ（O. Edmund Clubb）はそうした見方から、一九四七年八月の覚書の中で、中国共産党が国府との「長期の停戦」を望む可能性を指摘している。[212] マーシャルに宛てた一九四八年一月の覚書でもクラブは、共産党が満州で勝利を収めたとしても、その地域における経済再建や政治的支配の強化といった問題に取り組まざるをえないであろうから、満州以南に対する進軍のスピードは落ちるという見方を示した。その覚書によれば、満州支配の重荷から共産党が李済深、蔡廷鍇といった反蔣介石派の軍人やムスリム系の勢力との妥協に向かう可能性があった。[213]

もっとも、ソ連が中国共産党の統一事業を強力に支援していたならば、このように中国共産党の全国支配の能力を低く評価することはできなかったであろう。その点、アメリカにとっては幸いなことに、満州から撤退した後ソ連が中国共産党に軍事援助を支給しているという証拠はなかった。しかも、ヨーロッパ方面にも対応しなければならないといった事情から、アメリカが国共内戦に対する深入りを控える限り、ソ連もまた大規模な介入を避けるとみられた[214]。一九四八年になると、ワシントンにはモスクワが共産党優位という条件付きながら、国共連合政府の樹立を望んでいるという情報まで入ってくるようになる。そうしたモスクワの意向の背景には、中国共産党が満州と華北において支配を固めるのには時間がかかり、近い将来、国府を打倒し、統一を成し遂げるのは困難という、クラブと同様の見通しがあると考えられた[215]。

ちなみに、国務省において、中国共産党による中国大陸全土の支配が短期的可能性として真剣に考えられるようになるのは、中国共産党が満州全域を支配下に収め、その他の地域においても勢力を著しく拡大させていた一九四八年秋ごろからである。そのことは、一九四八年十一月になってようやく国務省が台湾の戦略的価値に関する研究を統合参謀本部に依頼したことによく表れている[216]。それまでは中国共産党の大陸支配の能力は実はそれほど高く評価されておらず、その脅威が近いうちに台湾にまで及ぶ事態はほとんど考慮されなかった。たしかに、マーシャルは一九四八年二月の中国援助計画に関する議会公聴会において、「われわれは、現在の中国政府が共産党軍や今後中国で出現するかもしれない反対勢力に対して自らを維持するのに成功しないかもしれないという可能性に直面することに備えなければならない」と証言している[217]。だが、実際のところその可能性に対する「備え」は一九四八年秋までほとんど開始されなかったのである。

アメリカ国務省と同様に、毛沢東が大陸支配の可能性を真剣に考慮するようになるのもやはり一九四八年秋ごろからだったと言われる。それまでは毛沢東ですら、大陸支配を短期的な目標としてとらえることは難しかった[218]。まさにそうした中で、国務省はマーシャルを中心に、中国情勢に対する危機感を募らせながらも、限定的援助でもまだ中国共産党の勢力拡大を防ぎ、国府の存続を図ることは可能だと考えたのである。

国府の崩壊阻止で一致

だが、なぜ国務省は中国に対する「関与を一切やめる」という『中国白書』の一つ目の選択肢をとろうとしなかったのだろうか。中国の戦略的価値を低く評価し、中国共産党の大陸支配の能力にも、またソ連の中国に対する影響力にも限界があるとみるのであれば、一つ目の選択肢をとってもよかったのではないだろうか。

しかし当時、国務省にその選択を主張する見解はほとんど存在しなかった。というのも、内戦が全面化し、かつ国府側が劣勢とみられる中で、中国に対する関与をやめれば、世界におけるアメリカの威信と信頼性に傷がつくと懸念されたからである。その点に関連して、三省（国務省・陸軍省・海軍省）による援助政策の検討の結果、作成された先述のSWNCC三六〇には、「アメリカの安全は、ある一つの自由国家に対する脅威と関係しているだけでなく、その脅威がその他の国に及ぼす効果とも関係している」とある。つまり、「もしアメリカが、独立が脅かされている自由を愛する国民を支持するならば、その他の国は自由を守る決意を固めることになる。逆に、もしアメリカがそうした自由な国民を支持しないならば、その他の国は大きく動揺し、アメリカのリーダーシップに対する信頼を失うことになる」というわけである[219]。とくに中国の場合、統合参謀本部の文書（SWNCC八三／二二）にあったように、アメリカの「支援とこだわり」によって「大国の一つ」とまでみなされるようになった国家であっただけに、そこからの完全な撤退は「アメリカのリーダーシップ」に対する世界の「信頼」を大きく傷つけることになると憂慮せざるをえなかったはずである。

だが、トルーマン政権が蔣介石援助を続けた理由としてチャイナ・ロビーや親蔣派議員の圧力を重視する研究では、マーシャル調停の失敗を受けて国務省は、国府を見放し、中国情勢に対する関与をやめることを考えていたとされる。国務省が全国政権としての国府に見切りをつけていたことは確かである。また、中国関与をやめることができるのであればやめたいというのが国務省の本音だった。極東局中国課の課長補佐スプラウス（Philip D. Sprouse）は一九四七年八月のウェデマイヤー宛の覚書に、「共産主義［というイデオロギー］」の問題と、中国共産主義者のソ連とのつながりという問題」さえなければ、「アメリカがとるべき道は中国から完全に撤退し、中国人に彼ら自身の問題を解決させること」だと記している。[220] だがそうした条件にない以上、アメリカは国府を完全に見放すことはできず、限定的ながら中国問題に関与せざるをえないのである。

注目すべきことに、対中援助の検討のため、一九四八年三月に作成された国家安全保障会議文書（NSC六）は、国府による中国統一ではなく、国府の崩壊阻止を目標とすべきという国務省の考えが政権内で広く共有されていたことを示している。その文書によれば、中国に対するアメリカの長期目標は、「アメリカに友好的で、ソ連の極東方面での侵略に対する効果的な障壁となりうる独立した統一中国」を実現し、「安定した代議政治を促進すること」だった。だが、「中国における混乱を考えると、短期的に追求可能で最も重要な目標は、共産主義者による中国の完全支配を防ぐこと」とせざるをえない。こうした見解が国務省と陸海空軍省の一致した見解として記されているのである。[221]

しかしNSC六は、その短期的目標を実現するための対中援助の形態の問題で、国務省と陸海空軍省の間に意見の不一致があったことも明らかにしている。NSC六によれば、アメリカがとりうる対中援助の選択肢には次の四つがあった。

（一）軍事援助も経済援助も支給しない。
（二）中国共産党を打倒するための大規模な軍事・経済援助を与える。
（三）限定的な軍事・経済援助を与える。
（四）限定的な経済援助のみを支給する。

国務省も陸海空軍省も、一つ目と二つ目の選択肢を否定した。だが三つ目をとるべきか、四つ目をとるべきかで、両者の意見が割れたのである。陸海空軍省は、「万里の長城以南における国府の支配を強固にする」ことができるという考えから、限定的な軍事・経済援助を与えるという三つ目の選択肢を支持した。それに対して国務省は、「せいぜい二次的な戦略的重要性」しかない中国に対する軍事関与を強めることは得策ではないとして、限定的な経済援助のみを支給するという四つ目の選択肢をとるべきと主張した[222]。ＮＳＣ六の作成過程で両者はこうした意見の相違を解消することができなかった。そのため結局、援助の形態をめぐる問題は国務省によって準備された中国援助計画をめぐる議会審議を通して決着が付くことになる。

議会審議

一九四八年二月十八日、トルーマンは議会に教書を送付し、中国援助計画に関する審議を求めた。国務省の金融開発政策局を中心に作成されたその計画は、総額五億七〇〇〇万ドルを、一九四八年四月一日から翌年六月三十日までの一五カ月間の経済援助として中国に支給するというものだった。五億七〇〇〇万ドルのうち六〇〇〇万ドルは、中国の生産力と輸出能力の向上をめざす再建プロジェクト（具体的には内戦の戦火が及んでいない地域における鉄道輸送の復旧や発電能力の拡大、炭鉱の開発など）のために使われ、残りの五億一〇〇〇万ドルは食糧や綿、石油といった必需品の輸入に充てられることになっていた[223]。

実は、当初国務省は三億ドルほどの規模の経済援助を考えていた[224]。しかし、援助期間がマーシャル・プランに合わせて一二カ月から一五カ月に変更され、かつ中国の国際収支に関する見積もりが何度か改められた結果、五億七〇〇〇万ドルとなったのである。

国務省の最終的な試算では、援助期間とされた一九四八年四月一日からの一五カ月間で、必需品やその他民生用物資の輸入のために五億六五〇〇万ドルが必要だった。そのうち必需品の輸入をアメリカの経済援助で賄い、かつ中国の輸出等が好調であれば、中国の国際収支は五〇〇〇万ドルの黒字になると見込まれた。その場合、国府はその黒字分を大幅に減額されたアメリカの軍事余剰物資の購入に充てることができる[225]。

またもし輸出が不調であっても、アメリカの経済援助があれば中国の国際収支が赤字になることはないとみられた。赤字にならなければ、国府は所有する約二億四〇〇〇万ドルの金や外貨を赤字補塡に回す必要がなくなるため、その

分を軍需品の購入に使うことができる。(226)

とはいえ、国府は自らの資産をできるだけ節約したいと望むはずだった。節約のためには、六〇〇〇万ドルの再建プロジェクトが目的としていた生産力と輸出能力の向上に努めなければならない。中国援助計画の作成過程で国務省は、国府に対して政治・経済改革を求め、四八年一月には張群行政院長の声明という形で改革の決意を国府から引き出していたものの、(227)援助の規模を調整することでその努力をさらに促そうとしたのである。

加えて国務省は、ウェデマイヤーによって提言された五年といった長期の援助計画を否定することで、国府から改革に向けた努力を引き出そうともした。つまり『中国白書』にあるように、中国援助計画が「より大きく、より建設的な諸努力の第一段階となるか、それとも中国政府に対する大規模なアメリカの援助の最後」となるかは、国府の努力次第とされたのである。(228)

なお、中国援助計画はマーシャル・プランと同じく経済協力局（Economic Cooperation Administration）によって管轄され、その指揮、監督のもと物資の調達や輸送が行われることになっていた。ただし、国府の中にアメリカ人顧問を送り込むべきだというウェデマイヤーの提言については、「中国政府自身の行為また失敗についても、責任を負わなければならなくなる」という懸念から採用されなかった。(229)

中国援助計画は、国共内戦に対する深入りは避けつつ、国府の維持を図るという国務省の方針をよく反映した内容になっていたと言えよう。当然ながら、国務省はそれを一つの独立した法案として議会に提案している。(230)まずはヨーロッパ経済援助計画を成立させ、その後、中国援助計画の議会通過を図るというのが国務省の考えだった。

だが、下院には親蔣派議員を中心に、ヨーロッパ経済援助計画の審議を優先させることに対する強い不満があった。彼らにとって、中国向けの援助計画もまたヨーロッパ向けのそれと同じくらい重視されるべきものだったからである。そうした親蔣派議員の意向を受け、下院外交委員会は三月十一日、同時期に議会に提案されていた援助計画を一つの法案にまとめるという決定をくだす。しかも、その決定によって一括法案の一部とされたギリシャ・トルコ軍事援助計画に一億五〇〇〇万ドルの中国向け軍事援助を盛り込んだ。そのことは、ギリシャ・トルコ向けのものと同じ条件で、中国に対して軍事援助が支給されることを意味した。つまり、アメリカが戦略や戦術、作戦の立案に公に関与することで、軍事物資の供給はもちろん、その使用にも一定の責任をもつということである。その場合、戦闘地域で活動してはならないとする軍事顧問団に対する制約は必然的に外されることになる。[231]

中国向け軍事援助が加えられたことで、経済援助は五億七〇〇〇万ドルから四億二〇〇〇万ドルに減額された。下院外交委員会の考えでは、その金額でも中国の当面の経済的必要性は満たすことができるはずだった。というのも、一億五〇〇〇万ドルの軍事援助で中国国内の秩序をある程度安定させることは十分可能であり、国内秩序が安定すれば経済活動を活発化させることができるだろうからである。下院外交委員会のレポートによれば、中国内戦の戦闘形態は西洋世界のそれと比べ後進的で、小銃用の弾薬が戦闘力のきわめて重要な一要素となっている。「それゆえ驚くほど少量の援助が驚くほどの効果をもちうる」のである。[232]

中国向け軍事援助の支給方法や規模など具体的なアイディアを下院外交委員会に提供したのは、チャイナ・ロビーの一人、ブリット（William C. Bullitt）だった。ブリットは、一九三三年から三年間、初代駐ソ大使としてモスクワに駐在した経験をもっていた。その経験から、ソ連の体制に嫌悪感を抱き、強固な反ソ主義者となったブリットは、一九四七年、ヘンリー・ルースの支援で中国を視察し、帰国後に『ライフ』誌上などで蔣介石援助を熱心に説くようになる。一九四八年三月には、下院外交委員会に招かれ、中国援助計画に関する公聴会にも出席した。その公聴会におけるブリットの証言によれば、共産主義の脅威を中国から完全に排除することはまだ可能だった。だが、それには三年間にわたって軍事援助と総額一三億五〇〇〇万ドルの経済援助を支給する必要がある。国務省が議会に提出していた中国援助計画は、はじめの一五カ月間の経済援助としては十分な規模のものになっていた。だが軍事援助を支給し、国内秩序の安定化を図らなければ、経済援助の効果は出ない。そのような考えから、ブリットはギリシャ・トルコ軍事援助法案に中国を加え、一年目の軍事援助として一億ドルを蔣介石に支給するよう訴えた。[233]

このブリットの証言を一つの基礎に、下院外交委員会によって採択された一括法案は、第一編にヨーロッパ経済援助計画、第二編に困窮児童福祉計画、第三編にギリシャ・トルコ・中国軍事援助計画、第四編に中国経済援助計画を規定していた。下院本会議では、民主党議員から一括法案にしたこと、そして中国向け軍事援助を加えたことについて多くの疑問や批判が出された。マンスフィールド（Michael J. Mansfield, モンタナ州、民主党）議員とリチャーズ（James P. Richards, サウスカロライナ州、民主党）議員からはそれぞれ第三編と第四編を切り離す修正案も提出されている。しかし、それら修正案が共和党優位の下院において多数の支持を得ることはなかった。(234)

一方、上院では共和党議員からも下院案に対して多くの批判の声が上がった。とくに、中国に対する軍事援助が盛り込まれたことに対しては批判が強く、政権側が公聴会を通して得た印象では外交委員会の委員全員が一致して反対だったという。(235) とはいえ、下院と対立し、ヨーロッパ経済援助計画の議会通過を遅らせるわけにはいかないという認識もまた上院では強かった。ヨーロッパ経済が危機的な状態にあり、西ヨーロッパの中でもフランスと並び共産勢力が強力であったイタリアで総選挙が間近に迫っていたからである。(236)

そこで外交委員会委員長のヴァンデンバーグは国務省との緊密なやりとりのもと、一括法案化を認めるという決断をくだす。また、第三編の軍事援助計画から中国を外し、そのかわりに第四編に一億ドルの贈与を盛り込んだ。上院外交委員会レポートによると、その贈与は経済協力局の管轄外とされ、「中国政府自身の選択と責任において」軍事物資の購入に充てられることが想定されていた。(237)

このヴァンデンバーグの贈与案は、直接の軍事援助は避けるという国務省の基本方針に沿いつつ、軍事援助の支給を求める下院側にも配慮した巧妙なものだった。それを下院は増額を求めただけで受け入れた。その結果、四月二日（イタリア総選挙の二週間前）に対外援助授権法案が上下両院を通過し、翌日、大統領署名を得て正式に成立する（公法四七二号）。四編から成る法律の構成は下院案と同じだったが、第三編から対中軍事援助に関する規定がなくなり、第四編に中国向け贈与として一億二五〇〇万ドルが加えられた。中国に対する経済援助は、贈与分が加えられたことと、援助期間が一五カ月から一二カ月に短縮されたことによって三億三八〇〇万ドルに減額された。

五月に始まった歳出法案の審議では、対中援助の規模を大幅に（およそ三割）縮小するかわりに、援助の使途にギリシャ・トルコ向けの援助と同じくアメリカが責任をもつという趣旨の規定を盛り込もうとする動きが下院の緊縮財政派を中心にみられた。[238] しかし、政権側の必死の説得とそれに対する上院側の理解により、最終的には援助額がおよそ一割削減されるだけに終わった（一億二五〇〇万ドルの贈与と二億七五〇〇万ドルの経済援助。公法七九三号）。

このことは、議会多数派が直接の軍事援助に否定的な国務省の立場を支持したことを意味した。トルーマン政権はその結果を受け入れる形でNSC六に関する審議を中止する。こうして国務省の立場に沿った国府維持の方針が固まることになるのである。

もっとも、援助額が減らされたうえに、議会審議の間に戦況（とくに満州における戦況）が国府側にとってさらに悪化していたことから、中国援助計画がその策定段階で期待されたほどの国府維持効果をもちえないことは明らかだった。とはいえ、同計画が軍事顧問団の活動と国府側の政治・経済改革、そして優れた軍事指導と合わされば、中国共産党による全国支配を阻止することがたとえできなくても、その実現の時期をかなり遅らせることはできるはずだった。それだけでも、西ヨーロッパや日本の再建にとりかかったばかりであったこのころのアメリカにとっては意味のあることだった。

中国援助計画が成立した一九四八年半ば、軍事指導という点でトルーマン政権が大きな期待をかけるようになっていたのが傅作義だった。一九四七年十二月以来、華北掃共総司令として枢要な五つの地域（綏遠、チャハル、河北、熱河、北平と遼寧を結ぶ鉄道周辺地域）の防衛に当たっていた傅作義は共産党軍の進撃をよく阻んでいたからである。だが、傅作義の勢力拡大に対する警戒心から蔣介石は華北に軍事物資をほとんど支給していないとみられた。そのため一九四八年八月、トルーマン政権は蔣介石に、中国援助計画の贈与分で購入した物資を華北に優先的に回すという約束をさせたのである。[239]

こうした行動にも明らかなように、マーシャル調停失敗後、蔣介石による統一中国の実現を断念したアメリカは、中国の分裂状況が続くことに利益を見出すようになっていた。中国援助計画はその利益の実現のため作成されたものだった。一九四八年対外援助法の一部としてそれが成立したことにより、アメリカの対中政策は大国化という方針のもと統一をめざすものから、分断の固定化を図るものへと変化することになったのである。

◆注

（1）Harry S. Truman, *Year of Decisions*, Vol. 1 of *Memoirs of Harry S. Truman* (Da Capo Press, 1955), p. 9.

（2）Strunk, *Public Opinion*, p. 887.

（3）この点、例えばA・J・ベイム（A. J. Baime）は、「かれ［トルーマン］はほとんどすべての問題で、［ローズヴェルト］大統領を支持するニューディール派民主党員と自らを位置づけていた」と指摘する（A・J・ベイム／河内隆弥訳『まさかの大統領——ハリー・S・トルーマンと世界を変えた四カ月』国書刊行会、二〇一八年、一二二頁）。

（4）Truman, *Memoirs*, Vol. 1, p. 9.

（5）ニューヨーク・ヘラルド・トリビューン・フォーラムにおける演説。演説内容については、*New York Times*, November 1, 1945, p. 4 を参照。

（6）*Ibid.*

（7）こうしたトルーマン政権の東欧政策については、Eduard Mark, "American Policy toward Eastern Europe and the Origins of the Cold War, 1941-1946: An Alternative Interpretation," *The Journal of American History*, Vol. 68, No. 2 (September 1981) や Trachtenberg, *A Constructed Peace*, chap. 1 を参照。

（8）Memorandum of Conversation, April 20, 1945, *FRUS: 1945*, Vol. 5 (GPO, 1967), p. 232.

（9）この点については、Wilson D. Miscamble, *From Roosevelt to Truman: Potsdam, Hiroshima, and the Cold War* (Cambridge University Press, 2007) を参照。

（10）この点については、Lloyd C. Gardner, *Approaching Vietnam: From World War II through Dienbienphu, 1941-1954* (W. W. Norton, 1988), chap. 2 や Tønnesson, *The Vietnamese Revolution of 1945*, chap. 7 を参照。

（11）"Policy Manual," April 16, 1945, Folder: Policy Manual, Box: 139, President's Secretary's Files, Harry S. Truman Papers, Harry S.

Truman Library, Independence, MO.

(12) ドゴール／村上光彦・山崎庸一郎訳『ドゴール大戦回顧録』第二巻「救済一九四四―一九四六」（みすず書房、一九六一年）二三五頁。

(13) Report of the Combined Chiefs of Staff to Truman and Churchill, July 24, 1945, *FRUS: The Conference of Berlin* (*The Potsdam Conference*), *1945*, Vol. 2 (GPO, 1960), p. 1465.

(14) Tønnesson, *The Vietnamese Revolution of 1945*, p. 326.

(15) Report of the Combined Chiefs of Staff, July 24, 1945, *FRUS: The Conference of Berlin, 1945*, Vol. 2, p. 1465.

(16) Tønnesson, *The Vietnamese Revolution of 1945*, p. 370.

(17) フランスは上海や天津など中国における租界と広州湾の租借地を返還した（ジャン・ラクチュール／吉田康彦・伴野文夫訳『ベトナムの星――ホー・チ・ミン伝』サイマル出版会、一九七五年、一〇五頁）。一九四六年二月の中仏協定については、楊維真／天野裕子訳「ベトナム問題をめぐる中仏交渉　一九四五～一九四六年」西村成雄・石島紀之・田嶋信雄編『国際関係のなかの日中戦争』（慶應義塾大学出版会、二〇一一年）第五章も参照。

(18) Attlee to Truman, August 18, 1945, *FRUS: 1945*, Vol. 7, p. 504.

(19) Memorandum by Admiral Leahy, August 18, 1945, *ibid.*, p. 505; Telegram from Byrnes to Hurley, August 21, 1945, *ibid.*, p. 509.

(20) Telegram from Hurley to Byrnes, August 21, 1945, *ibid.*, pp. 507–508; Telegram from Hurley to Byrnes, August 23, 1945, *ibid.*, p. 511.

(21) Telegram from Hurley to Byrnes, August 27, 1945, *ibid.*, p. 512.

(22) Chan Lau Kit-ching, *China, Britain and Hong Kong, 1895–1945* (The Chinese University Press, 1990), p. 322;『朝日新聞』一九四五年九月十八日、大阪版、第一面。

(23) 「現実の所有は九分の強み（Possession is nine points of the law.）」ということわざをもつイギリスはこのことをよくわかっていたであろう。対独戦の末期、チャーチルはそのことわざを引いて、トルーマンにユーゴスラヴィア軍より先にトリエステを占領する必要性を訴えた（Truman, *Memoirs*, Vol. 1, p. 244）。

(24) 具体的には、ラングーンとサイゴンにトランジットのための基地が設置されることになっていた。また、同様の基地がインドのカラチ（現パキスタン）、アーグラ、カラグプルにも置かれることになっていた。JCS570/40 "Over-all Examination of U. S. Requirements for Military Bases and Base Rights," October 25, 1945, Folder: CCS360 (12-9-42), Sec. 9, Box: 272, Central Decimal File, Records of the U. S. Joint Chiefs of Staff, RG218, NA; SWNCC38/30, February 11, 1946, *FRUS: 1946*, Vol. 1 (GPO, 1972), p. 1142–1145. ＪＣＳ五七〇／四〇については、川名『基地の政治学』九五―九九頁や Converse, *Circling the Earth*, chap. 3 を参照。

（25）Appendix to Enclosure A of JCS570/40, NA.

（26）From Harriman to Truman and Byrnes, August 10, 1945, *FRUS: 1945*, Vol. 7, p. 967. 中ソ交渉については、Liu, *A Partnership for Disorder*, chap. 11 を参照。

（27）From Pauley to Truman and Byrnes, August 10, 1945, *FRUS: 1945*, Vol. 7, p. 149; 山極晃「敗戦をめぐる国際政治――アメリカの政策を中心にして」『世界』第三七一号（一九七六年十月号）、二五三頁。

（28）Telegram from Harriman to Byrnes, August 8, 1945, *FRUS: 1945*, Vol. 7, pp. 958-959.

（29）山極「敗戦をめぐる国際政治」二五三頁、長谷川『暗闘』四五七頁。

（30）Telegram from Harriman to Truman and Byrnes, August 11, 1945, *FRUS: 1945*, Vol. 7, pp. 967-969; Telegram from Harriman to Truman and Byrnes, August 14, 1945, *ibid.*, p. 972; 日本国際問題研究所・中国部会編『新中国資料集成　一九四五～一九四七年』第一巻（日本国際問題研究所、一九六三年）一〇八頁。大連がソ連軍の統制を受けるのは「日本国との戦争の場合」に限られたとはいえ、米ソ冷戦の煽りを受け、日ソ間の戦争状態の法的解消が遅れたために、ソ連軍は一九四五年八月末に大連を占領下に置いたのち、一九五〇年代半ばまでそこに居座ることになった。

（31）この大連占領の問題については、Marc Gallicchio, *The Scramble for Asia: U. S. Military Power in the Aftermath of the Pacific War* (Rowman and Littlefield, 2008), chap. 2と長谷川『暗闘』第七章を参照。

（32）一九四五年八月二十四日に統合参謀本部がマッカーサー宛に送った電報の中の表現（ブルース・カミングス／鄭敬謨・林哲訳『朝鮮戦争の起源――解放と南北分断体制の出現　一九四五年～一九四七年』第一巻、影書房、一九八九年、一八六頁）。

（33）神谷不二編『朝鮮問題戦後資料』第一巻（日本国際問題研究所、一九七六年）二五〇頁。

（34）Minutes of a Meeting of the Pacific War Council, January 12, 1944, *FRUS: The Conferences at Cairo and Tehran*, p. 869; Bohlen Minutes of a Roosevelt-Stalin Meeting, February 8, 1945, *FRUS: The Conferences at Malta and Yalta*, p. 770.

（35）Telegram from Harriman to Byrnes, November 12, 1945, *FRUS: 1945*, Vol. 6 (GPO, 1969), pp. 1121-1122. ローズヴェルト自身は、朝鮮半島の信託統治施政国にイギリスを加えることに否定的だった（Bohlen Minutes of a Roosevelt-Stalin Meeting, February 8, 1945, *FRUS: The Conferences at Malta and Yalta*, p. 770）。

（36）Telegram from Harriman to Byrnes, November 12, 1945, *FRUS: 1945*, Vol. 6, p. 1122.

（37）Pauley to Truman, June 22, 1946, *FRUS: 1946*, Vol. 8 (GPO, 1971), p. 708.

（38）Memorandum by the Assistant Secretary of State for Occupied Areas (Hilldring) to the Operations Division, War Department, June 6, 1946, *ibid.*, p. 697.

（39）ジョン・アントワープ・マクマリー原著、アーサー・ウォルドロン編著／北岡伸一監訳、衣川宏訳『平和はいかに失われたか

——大戦前の米中日関係もう一つの選択肢』（原書房、一九九七年）一八九頁。

（40）Millis ed. *Forrestal Diaries*, p. 56.

（41）五百旗頭『米国の日本占領政策』下巻、二五八頁。

（42）東郷茂徳『東郷茂徳手記　時代の一面〔普及版〕』（原書房、一九八九年）三五三頁。

（43）同右。

（44）この点については、五百旗頭『米国の日本占領政策』下巻を参照。

（45）このような見方を示す代表的研究として、Gar Alperovitz, *Atomic Diplomacy: Hiroshima and Potsdam; The Use of the Atomic Bomb and the American Confrontation with Soviet Power* (Simon and Schuster, 1965) やガー・アルペロビッツ／鈴木俊彦・岩本正恵・米山裕子訳『原爆投下決断の内幕——悲劇のヒロシマナガサキ』（ほるぷ出版、一九九五年）、長谷川『暗闘』がある。これに対して批判的立場をとる最近の研究としては、山田康博『原爆投下をめぐるアメリカ政治——開発から使用までの内政・外交分析』（法律文化社、二〇一七年）を挙げることができる。

（46）五百旗頭『米国の日本占領政策』下巻、一六六頁、一九五頁。

（47）Memorandum by Acheson to Truman, September 5, 1945, *FRUS: 1945*, Vol. 6, p. 711.

（48）セオドア・コーエン／大前正臣訳『日本占領革命——GHQからの証言』上巻（TBSブリタニカ、一九八三年）八〇—八一頁、五百旗頭真『戦争・占領・講和　一九四一〜一九五五』（中央公論新社、二〇〇一年）二三八—二四一頁。

（49）外務省特別資料部編『日本占領重要文書』第一巻「基本篇」（日本図書センター、一九八九年）一一〇頁。

（50）Dean Acheson, *Present at the Creation: My Years in the State Department* (W. W. Norton, 1969), pp. 112-113（ディーン・アチソン／吉沢清次郎訳『アチソン回顧録』第一巻、恒文社、一九七九年、一四八頁）.

（51）Memorandum of Conversation, May 14, 1945, *FRUS: 1945*, Vol. 7, p. 103.

（52）中華民國重要史料初編編輯委員會編『中華民國重要史料初編——對日抗戰時期』第七編「戦後中國（一）」（中國國民黨中央委員會黨史委員會、一九八一年）二五頁。

（53）このような懸念を背景に、一九四五年八月十日に統合参謀本部からウェデマイヤーに出された指令には次のような規定が置かれていた。「中国駐留の日本軍が本国政府の降伏後も抵抗を続ける場合には、蔣介石大元帥と貴官の指揮下にある中国戦区アメリカ軍に対する貴官の現在の任務［対日戦を戦うためウェデマイヤーに課されていた任務］を継続させる」（Telegram from the Joint Chiefs of Staff to Wedemeyer, *FRUS: 1945*, Vol. 7, p. 528）。

（54）『中国白書』一二八頁。歴史家ウェスタッドによれば、八月十八日、トルーマンは宋子文との会談において、ソ連はまだ中国共産主義者の扱いに関して真の意図を明らかにしていないと述べ、ソ連の国府支持の姿勢を信用し過ぎないよう暗に諭した

（Westad, *Cold War and Revolution,* pp. 53–54）。

(55) *China White Paper,* p. x（『中国白書』九頁）.

(56) *China White Paper,* p. x（『中国白書』九頁）.

(57) *China White Paper,* p. x, pp. xv-xvi（『中国白書』九頁、一六頁）.

(58) Gary May, *China Scapegoat: The Diplomatic Ordeal of John Carter Vincent* (New Republic Books, 1979), p. 81.

(59) こうしたヴィンセントの考え方については、May, *China Scapegoat,* chap. 5を参照。

(60) Notes on a Meeting of General Marshall with Truman, Byrnes, and Leahy, December 11, 1945, *FRUS: 1945,* Vol. 7, p. 768.

(61) From the President to Congress, 22nd Report on Lend-Lease Operations: For the Period Ended December 31, 1945 (GPO, n. d.), pp. 15–16.

(62) Telegram from Acheson to Certain Diplomatic Officers, September 13, 1945, *FRUS: 1945,* Vol. 7, pp. 558–559.

(63) *China White Paper,* pp. 1043–1044; Patterson to Byrnes, February 18, 1946, *FRUS: 1946,* Vol. 10 (GPO, 1972), p. 728; From the President to Congress, 23rd Report on Lend-Lease Operations: For the Period Ended September 30, 1946 (GPO, n. d.), p. 17.

(64) *China White Paper,* p. 342, p. 970.

(65) Forrestal to Marshall, May 26, 1947, *FRUS: 1947,* Vol. 7 (GPO, 1972), p. 967.

(66) この点については、石井明『中ソ関係史の研究　一九四五～一九五〇』（東京大学出版会、一九九〇年）第一章や丸山鋼二「戦後満州における中共軍の武器調達――ソ連軍の『暗黙の協力』をめぐって」江夏由樹・中見立夫・西村成雄・山本有造編『近代中国東北地域史研究の新視角』（山川出版社、二〇〇五年）を参照。

(67) Telegram from the Joint Chiefs of Staff to Wedemeyer, August 10, 1945, *FRUS, 1945,* Vol. 7, pp. 527–528

(68) U. S. Army Center of Military History, "History of the China Theater," microfilm reel no. 14 (Scholarly Resources, n. d.), chap. 15, p. 8, p. 19.

(69) 『新中国資料集成』第一巻、八〇―八一頁。

(70) Telegram from Hurley to Byrnes, August 12, 1945, *FRUS: 1945,* Vol. 7, p. 515.

(71) Marc Gallicchio, *The Cold War Begins in Asia: American East Asian Policy and the Fall of the Japanese Empire* (Columbia University Press, 1988), p. 82.

(72) *Ibid.,* pp. 95–100; トルーマン『トルーマン回顧録』第二巻、五六頁。

(73) Edward J. Marolda, "The U. S. Navy and the 'Loss of China,' 1945–1950," in Larry I. Bland, ed., *George C. Marshall's Mediation Mission to China, December 1945–January 1947* (George C. Marshall Foundation, 1998), p. 410.

（74） Edward J. Marolda, *Ready Seapower: A History of the U. S. Seventh Fleet* (Naval History and Heritage Command, 2012), p. 21. アメリカ海軍には戦時中より、中国北部に基地を獲得するという計画（Basic Post War Plan No. 1）が存在した。だが、ＪＣＳ五七〇／四〇では中国大陸に一つも基地を設置しないことになっている。その理由は不明である。

（75） "History of the China Theater," chap. 15, p. 20; Telegram from Wedemeyer to Marshall, November 5, 1945, *FRUS: 1945*, Vol. 7, p. 605.

（76） Marilla Bliss Guptil, "The United States and Foreign Relief: UNRRA in China, 1942-1947" (Ph. D diss., University of Virginia, 1995), p. ii.

（77） 西川博史『戦中戦後の中国とアメリカ・日本――「東アジア統合構想」の歴史的検証』（ＨＩＮＡＳ、二〇一四年）一八六―一九二頁、William I. Hitchcock, *The Bitter Road to Freedom: A New History of the Liberation of Europe* (Free Press, 2008), p. 220.

（78） *China White Paper*, p. xv（『中国白書』一五―一六頁）。なお、一九三七年から戦後初期にかけての対中援助に関する詳しい資料が、*China White Paper* の巻末に資料一八五として収録されている（*China White Paper*, pp. 1042-1053）。

（79） ハーレーのソ連観や国共調停工作については、Russell D. Buhite, *Patrick J. Hurley and American Foreign Policy* (Cornell University Press, 1973) を参照。

（80） ディキシーとは、アメリカの南部諸州、とくに南北戦争時、南部連合に属した諸州の俗称である。ディキシー使節団に参加したデイヴィスは、「延安が反政府勢力の支配地域であったため、それをディキシーと呼んだ」と説明している（John Paton Davies, Jr., *China Hand: An Autobiography*, University of Pennsylvania Press, 2012, p. 216）。ディキシー使節団については、Carolle J. Carter, *Mission to Yenan: American Liaison with the Chinese Communists, 1944-1947* (The University Press of Kentucky, 1997) が詳しい。

（81） *China White Paper*, pp. 572-573; Report by Service, October 10, 1944, *FRUS: 1944*, Vol. 6, pp. 707-711.

（82） Memorandum by Davies, November 7, 1944, *ibid.*, pp. 670-671.

（83） Atcheson to Stettinius, February 28, 1945, *FRUS: 1945*, Vol. 7, pp. 242-246.

（84） *China White Paper*, pp. 99-100（『中国白書』一三〇頁）。

（85） May, *China Scapegoat*, p. 125.

（86） Memorandum by Ballantine, March 6, 1945, *FRUS: 1945*, Vol. 7, p. 261.

（87） 『新中国資料集成』第１巻、一三〇―一三三頁。

（88） Telegram from the Chargé in China (Robertson) to Byrnes, November 4, 1945, *FRUS: 1945*, Vol. 7, p. 601-602.

（89） この問題については、"History of the China Theater," chap. 16 や松村史紀『「大国中国」の崩壊――マーシャル・ミッションからアジア冷戦へ』（勁草書房、二〇一一年）九八―一〇三頁を参照。

（90）"History of the China Theater," chap. 16, p. 22.

（91）The Navy Department to the Department of State, November 8, 1945, *FRUS: 1945*, Vol. 7, pp. 1037–1039.

（92）十一月二十七日の声明（*New York Times*, November 28, 1945, p. 3）や十二月五日の上院外交委員会での証言（Senate Committee on Foreign Relations, *Investigation of Far Eastern Policy: Hearings*, 79th Cong., 1st sess., 1945, GPO, 1971, pp. 59–106）。

（93）"History of the China Theater," chap. 16, pp. 22–23; The Navy Department to the Department of State, November 8, 1945, *FRUS: 1945*, Vol. 7, pp. 1037–1039.

（94）『新中国資料集成』第一巻、一一七頁。

（95）Telegram from Robertson to Byrnes, October 29, 1945, *FRUS: 1945*, Vol. 7, p. 481.

（96）Westad, *Cold War and Revolution*, p. 110.

（97）Telegram from Wedemeyer to Marshall, November 16, 1945, *FRUS: 1945*, Vol. 7, p. 637; Telegram from Wedemeyer to Eisenhower, November 23, 1945, *ibid.*, p. 664.

（98）歴史家ガリッキオによれば、一九四五年末までに中国から本国に送還された日本軍人はわずか三万人だった（Gallicchio, *The Scramble for Asia*, p. 172）。

（99）Telegram from Wedemeyer to Marshall, November 5, 1945, *FRUS: 1945*, Vol. 7, pp. 603–605; Telegram from Wedemeyer to Eisenhower, November 20, 1945, *ibid.*, pp. 650–660; Telegram from Wedemeyer to Eisenhower, November 23, 1945, *ibid.*, pp. 662–665; Telegram from Wedemeyer to Eisenhower, November 26, 1945, *ibid.*, pp. 679–684.

（100）"History of the China Theater," chap. 16, pp. 24–25.

（101）Westad, *Cold War and Revolution*, p. 123, p. 141; Richard Yuping Wang, "The Joint Chiefs of Staff and United States Policy on China, 1945–1949"（Ph. D. diss., Mississippi State University, 1987）, p. 70; 石井『中ソ関係史の研究』四二―四三頁、五四―五五頁。

（102）Telegram from Wedemeyer to Marshall, November 14, 1945, *FRUS: 1945*, Vol. 7, pp. 627–628; Telegram from Wedemeyer to Eisenhower, November 20, 1945, *ibid.*, pp. 652–653.

（103）Telegram from Wedemeyer to Marshall, November 9, 1945, *ibid.*, pp. 611–613.

（104）Telegram from Wedemeyer to Eisenhower, November 20, 1945, *ibid.*, pp. 659–660; Telegram from Wedemeyer to Eisenhower, November 26, 1945, *ibid.*, pp. 683–684.

（105）*Diaries of James V. Forrestal*（Adam Matthew, 2002）, November 27, 1945, microfilm reel no. 1.

（106）John Leighton Stuart, *Fifty Years in China: The Memoirs of John Leighton Stuart, Missionary and Ambassador*（Random House,

1954), pp. 165–166.

(107) *China White Paper*, p. 607.

(108) *Ibid.*, p. 608.

(109) Telegram from the Joint Chiefs of Staff to Wedemeyer, December 14, 1945, *FRUS: 1945*, Vol. 7, pp. 698–699.

(110) *Ibid.*, p. 699.

(111) Notes on Meeting with Truman and Acheson, December 14, 1945, *ibid.*, p. 770.

(112) The Acting Secretary of War (Royall) and Forrestal to Truman, January 14, 1946, *FRUS: 1946*, Vol. 10, pp. 724–728.

(113) アチソン『アチソン回顧録』第一巻、一八二頁。

(114) 『新中国資料集成』第一巻、一八二―一八三頁。

(115) Memorandum from J. Hart Caughey to H. H. Fischer, September 4, 1946, Folder: OSE Letters Vol. II, Box: 47, Records of Marshall Mission, Records of the Department of State, RG59, NA. このフィッシャーのメモによると、対日戦終了時から一九四六年五月までに、華北に輸送された国府軍兵士の数は約七万人だった。

(116) Telegram from Marshall to Truman, February 9, 1946, *FRUS: 1946*, Vol. 9 (GPO, 1972), p. 429; Telegram from Marshall to Byrnes, February 27, 1946, *FRUS: 1946*, Vol. 10, p. 849.

(117) Minutes of Meeting between Marshall and Chou En-lai, February 18, 1946, *FRUS: 1946*, Vol. 9, p. 259; 松村『「大国中国」の崩壊』一七二頁の注七一。

(118) Memorandum of Conversation between the Three Foreign Ministers, December 23, 1945, *FRUS: 1945*, Vol. 7, pp. 845–848.

(119) Notes on Conference between Marshall and T. V. Soong, December 24, 1945, *ibid.*, p. 807.

(120) Telegram from Marshall to Truman, February 9, 1946, *FRUS: 1946*, Vol. 9, p. 427.

(121) Notes on Conference between Marshall and T. V. Soong, December 24, 1945, *FRUS: 1945*, Vol. 7, p. 808.

(122) Robertson to Byrnes, February 28, 1946, *FRUS: 1946*, Vol. 9, p. 451.

(123) *Ibid*, p. 448.

(124) Telegram from Marshall to Truman, February 9, 1946, *ibid.*, p. 428.

(125) Telegram from Wedemeyer to Eisenhower, March 8, 1946, *FRUS: 1946*, Vol. 10, p. 853.

(126) Memorandum by Byrnes to Truman, February 21, 1946, *ibid.*, p. 823.

(127) Telegram from Byrnes to Kennan, February 9, 1946, *ibid.*, pp. 1104–1105; Telegram from Byrnes to Kennan, March 5, 1946, *ibid.*, pp. 1113–1114; Telegram from Byrnes to Kennan, March 7, 1946, *ibid.*, pp. 1115–1116; Telegram from Kennan to Byrnes,

March 12, 1946, *ibid.*, pp. 1119–1120.

(128) Steven I. Levine, *Anvil of Victory: The Communist Revolution in Manchuria, 1945–1948* (Columbia University Press, 1987), pp. 78–79; Westad, *Cold War and Revolution*, pp. 161–162.

(129) Gary R. Hess, “The Iranian Crisis of 1945–46 and the Cold War,” *Political Science Quarterly*, Vol. 89, No. 1 (March, 1974), p. 140; Telegram from the Ambassador in Iran (Murray) to Byrnes, April 4, 1946, *FRUS: 1946*, Vol. 7 (GPO, 1969), p. 406.

(130) Niu Jun, “The Origins of the Sino-Soviet Alliance,” in Odd Arne Westad, ed., *Brothers in Arms: The Rise and Fall of the Sino-Soviet Alliance, 1945–1963* (Woodrow Wilson Center Press, with Stanford University Press, 1998), p. 60.

(131) 『新中国資料集成』第1巻、二六三—二六四頁。

(132) Telegram from Marshall to Acheson, July 5, 1946, *FRUS: 1946*, Vol. 9, pp. 1297–1299. マーシャルとウェデマイヤーの関係については、Keith E. Eiler, “Devotion and Dissent: Albert Wedemeyer, George Marshall, and China,” in *George C. Marshall's Mediation Mission to China* を参照。

(133) Chester J. Pach, Jr., *Arming the Free World: The Origins of the United States Military Assistance Program, 1945–1950* (The University of North Carolina Press, 1991), p. 85.

(134) Telegram from Marshall to Carter, July 22, 1946, *FRUS: 1946*, Vol. 10, p. 753; Telegram from Carter to Marshall, July 23, 1946, *ibid.*, p. 754; Telegram from Marshall to Carter, July 24, 1946, *ibid.*, p. 755.

(135) House Committee on International Relations, *United States Policy in the Far East*, Part 1, Historical Series, Vol. 7 (GPO, 1976), p. 145.

(136) Pach, *Arming the Free World*, p. 85; *China White Paper*, p. 356.

(137) Telegram from Marshall to Acheson, August 28, 1946, *FRUS: 1946*, Vol. 10, p. 872; Telegram from Marshall to Forrestal, August 31, 1946, *ibid.*, pp. 873–874.

(138) Marolda, “The U. S. Navy and the ‘Loss of China,’” p. 412.

(139) Telegram from Marshall to Acheson, July 2, 1946, *FRUS: 1946*, Vol. 9, pp. 1277–1278.

(140) Telegram from Acheson to Marshall, July 4, 1946, *ibid.*, pp. 1295–1297.

(141) Notes on Meeting between Marshall and Chiang Kai-shek, December 1, 1946, *FRUS: 1946*, Vol. 10, pp. 575–578.

(142) Telegram from Marshall to Truman, November 23, 1946, *ibid.*, pp. 558–559.

(143) Minutes of Meeting between Marshall and Stuart, December 13, 1946, *ibid.*, p. 622.

(144) トルーマン『トルーマン回顧録』第二巻、七六頁。

(145) Daniel Kurtz-Phelan, *The China Mission: George Marshall's Unfinished War, 1945–1947* (W. W. Norton, 2018), postscript.

(146) 通常アメリカでは対外援助など裁量的支出を必要とする政府活動を実施する場合、授権法（authorization law）と歳出法（appropriations law）が制定される。授権法とは事業や計画の目的、内容、期間、実施機関などを定めるもので、歳出法とはそれに予算をつけるものである。ただし、授権法に上限という形で事業や計画に必要な予算額が記される場合もある。歳出法は、アメリカ憲法の「国庫から金銭を支出することは、法律による歳出の結果によらなければできない」という規定に基づき制定されるものであるが、授権法は議会の独自の規則に基づく。したがって、授権法は議会側の判断で制定されないこともある。また、授権法の管轄委員会はその内容によって異なる。対外援助の場合は通常、外交委員会である。一方、歳出法の管轄委員会は歳出委員会となる。以上、授権法と歳出法については、Bill Heniff Jr., "Overview of the Authorization-Appropriations Process," CRS Report for Congress, RS20371（November 26, 2012）と James V. Saturno and Brian T. Yeh, "Authorization of Appropriations: Procedural and Legal Issues," CRS Report for Congress, R42098（November 30, 2016）を参照。

(147) Marshall to Patterson, March 4, 1947, *FRUS: 1947*, Vol. 7, pp. 805–808.

(148) *China White Paper*, pp. 686–689

(149) Minutes of Meeting of the Secretaries of State, War, and Navy, February 12, 1947, *FRUS: 1947*, Vol. 7, p. 796.

(150) Telegram from Marshall to Truman, December 28, 1946, *FRUS: 1946*, Vol. 10, p. 662.

(151) Telegram from Stuart to Byrnes, January 8, 1947, *FRUS: 1947*, Vol. 7, p. 14.

(152) Marshall to Patterson, March 4, 1947, *ibid.*, p. 806. 一九四六年十二月の強姦事件をきっかけにした中国における反米運動については、Thomas D. Lutze, *China's Inevitable Revolution: Rethinking America's Loss to the Communists*（Palgrave Macmillan, 2007）, pp. 64–67 を参照。

(153) Marshall to Patterson, March 4, 1947, *FRUS: 1947*, Vol. 7, p. 806.

(154) Telegram from the Chargé in the United Kingdom（Gallman）to Marshall, February 7, 1947, *ibid.*, p. 794; Telegram from Marshall to the Ambassador in Belgium（Kirk）, February 24, 1947, *ibid.*, p. 798.

(155) Memorandum by Marshall to Vincent, February 27, 1947, *ibid.*, p. 804.

(156) Telegram from Stuart to Marshall, March 31, 1947, *ibid.*, p. 812.

(157) Acheson to Forrestal, April 9, 1947, *ibid.*, p. 957; Forrestal to Acheson, April 16, 1947, *ibid.*, p. 959.

(158) *China White Paper*, pp. 970–971.

(159) Memorandum by Vincent, May 26, 1947, *FRUS: 1947*, Vol. 7, pp. 833–834.

(160) SWNCC360 "Policies, Procedures and Costs of Assistance by the United States to Foreign Countries," April 24, 1947, Records of

the State-War-Navy Coordinating Committee, microfilm reel no. 30, Records of Interdepartmental and Intradepartmental Committees, RG353, NA.

(161) Ibid.; Memorandum by Butterworth to Lovett, January 3, 1948, *FRUS: 1948*, Vol. 8 (GPO, 1973), p. 446.

(162) SWNCC360, April 21, 1947, *FRUS: 1947*, Vol. 3 (GPO, 1972), p. 206.

(163) SWNCC360/1, May 12, 1947, *FRUS: 1947*, Vol. 1 (GPO, 1973), pp. 735-736.

(164) *Ibid.*, p. 737.

(165) *Ibid.*, p. 738.

(166) *Ibid.*

(167) *Ibid.*, p. 739.

(168) 川名『基地の政治学』一六九頁、Simon Duke, *United States Military Forces and Installations in Europe* (Oxford University Press, 1989), pp. 292-294.

(169) この作業は一九四九年三月、JCS五七〇／一二〇として結実する。その文書については、川名『基地の政治学』第五章第四節を参照。

(170) SWNCC360/1, *FRUS: 1947*, Vol. 1, p. 745.

(171) *Ibid.*

(172) Memorandum by the JCS to the SWNCC (SWNCC83/22), June 9, 1947, *FRUS: 1947*, Vol. 7, pp. 838-848.

(173) Memorandum by Marshall to Lovett, July 2, 1947, *ibid.*, p. 635; Memorandum by Vincent to Marshall, June 20, 1947, *ibid.*, p. 849.

(174) 『新中国資料集成』第一巻、四五九―四六一頁。

(175) David E. Lilienthal, *The Atomic Energy Years, 1945-1950*, Vol. 2 of *the Journals of David E. Lilienthal* (Harper and Row, 1964), p. 201.

(176) ウェデマイヤー報告書については、*China White Paper*, pp. 764-814 とアルバート・C・ウェデマイヤー／妹尾作太男訳『第二次大戦に勝者なし――ウェデマイヤー回想録』下巻（講談社、一九九七年）、『新中国資料集成』第一巻に収録されているものを利用した。

(177) 満州の国際管理という案は特別政治問題局（国連や非自治地域の問題を担当していた部署。当時の局長はディーン・ラスク）において、その実現可能性や予想されるコストについて詳しい研究がなされた。その報告書によると、「もし現在の状況が続けば、満州は完全にかつ永遠に共産主義者の、つまりはロシアの支配のもとに入る」ことが確実視される中で、満州の国際管理という提案をソ連が受け入れる可能性はなかった。そのためウェデマイヤーが提言した二つの方式のうち、国連安保理常任理事国五カ国による保護管理という方式は現実的ではない。一方、国連総会の承認に基づく信託統治という方式も実施に移すのは簡単ではない。というのも、中国共産党や現地の人々の抵抗により、かなりの軍隊と資源の投入が必要となるだろうからである。しかも、信託統治の施政者がソ連を除く国連安保理常任理事国の四カ国となるにせよ、国連となるにせよ、結局のところアメリカがそれらを提供しなければならないというのが特別政治問題局の研究結果だった（Memorandum by Rusk to Butterworth, *FRUS: 1947*, Vol. 7, pp. 320-324）。

（178） *China White Paper*, p. 260（『中国白書』三一四—三一五頁）.

（179） ウェデマイヤー報告書の公表問題については、William Stueck, *The Wedemeyer Mission: American Politics and Foreign Policy during the Cold War* (The University of Georgia Press, 1984), chap. 5を参照。

（180） Memorandum by Butterworth to Marshall, October 15, 1947, *FRUS: 1947*, Vol. 7, pp. 895-896; Telegram from Lovett to Stuart, October 24, 1947, *ibid.*, p. 901; Telegram from Lovett to Stuart, November 28, 1947, *ibid.*, p. 923; "Index to Statement on Extent to Which Recommendations of the Wedemeyer Report Have Been Carried Out," Central Decimal Files, 893. 50 Recovery/4-248, Records of the Department of State, RG59, NA.

（181） Ibid; Minutes of the Meeting of the Committee of Two, November 3, 1947, *FRUS: 1947*, Vol. 7, pp. 908-911; *China White Paper*, pp. 974-975.

（182） *Ibid.*, pp. 371-372.

（183） チャイナ・ロビーと親蔣派議員の圧力を重視する見方は、H. Bradford Westerfield, *Foreign Policy and Party Politics: Pearl Harbor to Korea* (Yale University Press, 1955) や、Ross Y. Koen, *The China Lobby in American Politics* (Macmillan, 1960)、Tang Tsou, *America's Failure in China, 1941-1950* (University of Chicago Press, 1963) によって確立されたと言える。それは、Thomas J. Christensen, *Useful Adversaries: Grand Strategy, Domestic Mobilization, and Sino-American Conflict, 1947-1958* (Princeton University Press, 1996) や Arnold A. Offner, *Another Such Victory: President Truman and the Cold War, 1945-1953* (Stanford University Press, 2002) に引き継がれるなど、今なお有力な見方となっている。

（184） チャイナ・ロビーについては、Koen, *The China Lobby in American Politics* や Stanley D. Bachrack, *The Committee of One Million: "China Lobby" Politics, 1953-1971* (Columbia University Press, 1976) を参照。

（185） Nancy Bernkopf Tucker, *Patterns in the Dust: Chinese-American Relations and the Recognition Controversy, 1949-1950* (Columbia University Press, 1983), p. 12.

（186） ジャッドの経歴については、拙稿「アメリカの対中政策とチャイナ・ロビーの誕生（一）（二）——ウォルター・ジャッドを中心に」『阪大法学』第五三巻第二号（二〇〇三年）、第五三巻第五号（二〇〇四年）を参照。

(187) アメリカ対外政策に対する下院の影響力については、Holbert N. Carroll, *The House of Representatives and Foreign Affairs,* revised edition (Little, Brown and Company, 1966) を参照。

(188) Koen, *The China Lobby in American Politics,* p. 62.

(189) この点については、J. R. Skretting, "Republican Attitudes toward the Administration's China Policy, 1945–1949" (Ph. D diss., State University of Iowa, 1952), chap. 3 や Virginia Kemp, "Congress and China, 1945–1959" (Ph. D diss., University of Pittsburgh, 1966), chap. 3 を参照。

(190) House Committee on Foreign Affairs, *Emergency Foreign Aid: Hearings,* 80th Cong., 1st sess., 1947 (GPO, 1947), p. 27, p. 69, p. 240.

(191) *Ibid.,* p. 239.

(192) House Committee on Foreign Affairs, *Emergency Foreign Aid,* 80th Cong., 1st sess., 1947, H. Rept. 1152 (CIS, n. d.); *New York Times,* December 12, 1947, p. 1, p. 6.

(193) この緊急経済援助法案をめぐる議会審議については、Skretting, "Republican Attitudes toward the Administration's China Policy, 1945–1949," chap. 3 や Kemp, "Congress and China, 1945–1959," chap. 4、Susan M. Hartmann, *Truman and the 80th Congress* (University of Missouri Press, 1971), chap. 5 を参照。

(194) Minuets of the Meeting of the Committee of Two, November 3, 1947, *FRUS: 1947,* Vol. 7, p. 911.

(195) 菅英輝『米ソ冷戦とアメリカのアジア政策』第二章「アメリカの中国政策一九四四―四八年」（ミネルヴァ書房、一九九二年）は、マーシャル調停失敗後の対中政策の変化を明らかにすることを主題とするものでは必ずしもないが、一九四七年秋に国務省が蔣介石に対する「限定的援助＝現状維持政策の方針を固めた」という重要な指摘をしている。

(196) *Washington Daily News,* October 10, 1947, p. 10.

(197) G. F. Kennan, "Orientation on Strategy, Policy and Planning Course," National War College, March 14, 1947, Folder 30, Box 298, George F. Kennan Papers, Public Policy Papers, Department of Rare Books and Special Collections, Princeton University Library, NJ.

(198) Memorandum by Vincent to Marshall, June 20, 1947, *FRUS: 1947,* Vol. 7, p. 849.

(199) G. F. Kennan, "The Situation in China and U. S. Policy," November 3, 1947, Folder: China, 1947–1948, Box: 13, Records of the Policy Planning of Staff, Records of the Department of State, RG59, NA.

(200) House Committee on International Relations, *United States Policy in the Far East,* Part 1, p. 161; *China White Paper,* pp. 380–382.

(201) Memorandum by Sprouse to Wedemeyer, *FRUS: 1947,* Vol. 7, pp. 753–757; Memorandum by Sprouse to Vincent, *ibid.,* pp. 786–

789.

(202) ジョージ・F・ケナン『ジョージ・F・ケナン回顧録――対ソ外交に生きて』（読売新聞社、一九七三年）上巻（清水俊雄訳）第一六章、下巻（奥畑稔訳）第三章を参照。

(203) Memorandum by Vincent to Marshall, June 20, 1947, *FRUS: 1947*, Vol. 7, p. 849.

(204) Division of Research for Far East, Office of Intelligence Research, "The Strategic Importance of China Proper and Manchuria to the Security of the U. S.," September 18, 1947, Central Decimal Files, 893. 00/10-347, Records of the Department of State, RG59, NA. この報告書のサマリー部分が *FRUS: 1947*, Vol. 7, pp. 286-287 に収録されている。

(205) Kennan, "The Situation in China and U. S. Policy," NA.

(206) From Kennan to Lovett, June 23, 1947, Folder: China, 1947-48, Box: 13, Records of the Policy Planning Staff, Records of the Department of State, RG59, NA.

(207) Memorandums by Davies, *FRUS: 1944*: Vol. 6, pp. 667-670; Memorandum by Davies, April 15, 1945, *FRUS: 1945*, Vol. 7, pp. 334-338. 中国共産党とソ連の関係に関するデイヴィスの見方については、Davies, *China Hand* の第一七、一八、一九章を参照。

(208) From Kennan to Lovett, June 23, 1947, NA.

(209) G. F. Kennan, "Contemporary Problems of Foreign Policy," National War College, September 17, 1948, Folder: 12, Box 299, Kennan Papers, Princeton University Library.

(210) George F. Kennan, *Memoirs (1925-1950)*（Bantam Books, 1969）, p. 394（ケナン『ジョージ・F・ケナン回顧録』上巻、三五二頁）. 中国共産党の全国支配の能力に対するケナンの低い評価については、Paul J. Heer, *Mr. X and the Pacific: George F. Kennan and American Policy in East Asia*（Cornell University Press, 2018）, chap. 2 も参照。

(211) Memorandum by the First Secretary of Embassy in China（Ludden）to Wedemeyer, July 23, 1947, *FRUS: 1947*, Vol. 7, p. 660.

(212) Memorandums by Clubb, August 3, 1947, *ibid.*, pp. 700-706.

(213) From Clubb to Marshall, January 8, 1948, *FRUS: 1948*, Vol. 7（GPO, 1972）, pp. 18-21.

(214) From Clubb to Stuart, October 25, 1947, *FRUS: 1947*, Vol. 7, p. 338.

(215) From Clubb to Marshall, February 11, 1948, *FRUS: 1948*, Vol. 7, pp. 88-89. 実際、スターリンが一九四九年に入ってから、中国共産党に対して国府との和平協議を勧めたり、揚子江を境に中国を南北に分割することを提案したりしていたことが明らかとなっている。そうしたスターリンの行動については、Donggil Kim, "Stalin and the Chinese Civil War," *Cold War History*, Vol. 10, No. 2（2010）を参照。

(216) NSC37 "The Strategic Importance of Formosa," December 1, 1948, *FRUS: 1949*, Vol. 9（GPO, 1974）, p. 261.

（217）Larry I. Bland, Mark A. Stoler, Sharon Ritenour Stevens, and Daniel D. Holt, eds., *The Papers of George Catlett Marshall*, Vol. 6 (Johns Hopkins University Press, 2013), pp. 376-377.

（218）川島真・毛里和子『グローバル中国への道程——外交一五〇年』（岩波書店、二〇〇九年）九一頁、宇野重昭『毛沢東』（清水書院、一九七〇年）一六八頁、西村成雄『二〇世紀中国の政治空間——「中華民族的国民国家」の凝集力』（青木書店、二〇〇四年）一八六頁。歴史家ウェスタッドは国共内戦に関する本の中で、「中国共産党軍が一九四八年末の淮海戦役における決戦で勝利を収めるまで、内戦の最終的な結果は決して明らかではなかった」と指摘している（Odd Arne Westad, *Decisive Encounters: The Chinese Civil War, 1946-1950*, Stanford University Press, 2003, p. 10）。

（219）SWNCC360, April 21, 1947, *FRUS: 1947*, Vol. 3, p. 209. なお、中国援助計画をアメリカの威信と信頼性という観点から分析する研究として、John H. Feaver, "The China Aid Bill of 1948: Limited Assistance as a Cold War Strategy," *Diplomatic History*, Vol. 5, Issue 2（April 1981）がある。本章は、このフィーバーの研究を参考に、中国援助計画を中国大国化構想との関係からとらえなおしたものということになる。

（220）Memorandum by Sprouse to Wedemeyer, *FRUS: 1947*, Vol. 7, pp. 748-749.

（221）NSC6 "The Position of the United States Regarding Short-Term Assistance to China," March 26, 1948, *FRUS: 1948*, Vol. 8, p. 45.

（222）*Ibid.*, pp. 46-50.

（223）トルーマンの教書は、*China White Paper*, pp. 981-983 に掲載されている。中国援助計画の具体的内容については、Memorandum Prepared in the Department of State, February 20, 1948, *FRUS: 1948*, Vol. 8, pp. 479-485 を参照。なお、中国援助計画の作成に携わったのは、金融開発政策局の中でもとくに投資経済開発課（Division of Investment and Economic Development）だった。

（224）*China White Paper*, p. 372.

（225）Memorandum Prepared in the Department of State, February 20, 1948, *FRUS: 1948*, Vol. 8, pp. 479-485.

（226）*Ibid.*; Minutes of the National Advisory Council on International Monetary and Financial Problems, February 4, 1948, Folder: NAC Minutes, Box: 1, Records of the National Advisory Council on International Monetary and Financial Problems, Records of the Department of the Treasury, RG56, NA.

（227）*China White Paper*, pp. 378-379.

（228）*Ibid.*（『中国白書』四六二頁）この点については、"Index to Statement on Extent to Which Recommendations of the Wedemeyer Report Have Been Carried Out," p. 4 も参照。

（229）*China White Paper*, p. 397, p. 269（『中国白書』四七二—四七三頁、三三五頁）; Stueck, *The Wedemeyer Mission*, p. 90. 援助の形

態は「贈与かローン、あるいは両方」とされ、最終的にどの形態をとるかは中国経済の状況をみて大統領が決定するものとされた。

(230) 国務省が議会に送付した中国援助計画法案は、Senate Committee on Foreign Relations, *Foreign Relief Assistance Act of 1948: Hearings*, 80th Cong., 2nd sess., 1948 (Garland Publishing, 1979), pp. 680-694 に収録されている。

(231) *China White Paper*, pp. 387-388; House Committee on International Relations, *Foreign Economic Assistance Programs*, Part 1, Historical Series, Vol. 3 (GPO, 1976), pp. 172-173.

(232) House Committee on Foreign Affairs, *Foreign Assistance Act of 1948*, 80th Cong., 2nd sess., 1948, Rept. 1585 (CIS, n. d.), p. 58.

(233) House Committee on Foreign Affairs, *U. S. Foreign Policy for a Post-War Recovery Program: Hearings*, 80th Cong., 2nd sess., 1948 (GPO, 1948), pp. 1897-1927.

(234) 山極晃『米中関係の歴史的展開 一九四一～一九七九年』(研文出版、一九九七年) 二二四―二二五頁。

(235) "Legislative History of the China Aid Program," April 20, 1948, Central Decimal Files, 893. 50 Recovery/4-2048, Records of the Department of State, RG59, NA.

(236) 浅井良夫「ドッジ・ラインと経済復興――マーシャル・プランとの比較検討」油井大三郎・中村政則・豊下楢彦編『占領改革の国際比較――日本・アジア・ヨーロッパ』(三省堂、一九九四年) 一六九頁。

(237) Senate Committee on Foreign Relations, *Aid to China*, 80th Cong., 2nd sess., 1948, Rept. 1026 (CIS, n. d.), p. 9.

(238) House Committee on Appropriations, *Foreign Aid Appropriation Bill, 1949*, 80th Cong., 2nd sess., Rept. 2173 (CIS, n. d.), p. 7.

(239) The Commander of U. S. Naval Forces in the Western Pacific (Badger) to the Chief of Naval Operations (Denfeld), August 24, 1948, *FRUS: 1948*, Vol. 8, p. 169; Badger to Denfeld, September 6, 1948, *ibid.*, p. 144.

第3章　日本無力化構想の挫折

⬆ マッカーサー連合国最高司令官の出迎えを受けたドレーパー陸軍次官（1948年3月20日，東京・羽田。朝日新聞社提供）。

ローズヴェルトから中国の大国化と日本の無力化という方針を引き継いだトルーマン政権は、戦後もしばらくの間、中国の統一・強化と日本の非軍事化をめざした。しかし国共内戦が激しくなり、蔣介石を中心とする統一中国の実現が絶望的になる中、中国に対する関与は限定的なものにとどめ、日本の経済復興をめざす方針へと舵を切る。そのことは、アメリカ外交における日本無力化構想の挫折と日本を基軸とする東アジア政策の始まりを意味した。

国務省政策企画室の室長ケナンを中心に作成され、一九四八年十月に大統領承認を受けた国家安全保障会議文書NSC一三／二は、非軍事化から経済復興へという対日政策目標の変化を決定づけた文書としてよく知られる。トルーマン政権は同文書により、「経済復興を今後のアメリカの日本における主要な目標」と定めたのだった。[1]

だが実は、アメリカの対日援助政策にはNSC一三／二が大統領承認を受ける前にすでに顕著な変化が生じていた。一九四八年対外援助法の一部として成立した日本経済復興計画のもと、一九四九会計年度が始まる一九四八年七月から占領地経済復興資金、いわゆるエロア（Economic Rehabilitation in Occupied Areas, EROA）援助の支給が開始されていたのである。[2]

それまでトルーマン政権は占領地行政救済資金、いわゆるガリオア（Government and Relief in Occupied Areas, GARIOA）援助を日本に対して支給していた。その目的は占領改革の遂行の上で障害となる飢餓や疾病の蔓延、社会不安の発生を防ぐこととされ、資金の多くは食糧調達のために充てられた。それに対して、占領地域の経済復興を目的としたエロア援助は、主に工業生産に必要な原材料の調達のために使われることになる。

イラク戦争後のイラク統治との関係で日独におけるかつての占領の経験が関心を呼ぶ中、二〇〇六年にアメリカ連邦議会に提出されたある資料によれば、日本に支給されたガリオア・エロア援助の総額は約二〇億ドルだった。それを二〇〇五年のドル価値に直した場合、一五〇億ドルほどになるという。その規模は同時期に西ドイツに支給された経済援助の二分の一ほどだが、小さいとは決して言えない額の援助が日本に支給されたのである。[3]

その効果については、日本の復興に大きく貢献したという見方が一般的なようである。[4] だが、たとえ援助の効果が一般に言われているほどではなかったとしても、「救済」に限られていた援助の目的が「復興」へと拡大された点に着目し、援助政策の観点から対日政策の変化について考えるならば、注目すべきはNSC一三／二というより一九四八年対外援助法となるだろう。

その法律に規定された日本経済復興計画のもと、トルーマン政権がめざしたのは日本の工業生産の拡大と経済の自立化（毎年の輸入にかかる資金を輸出から得た利益で賄える状態にすること）だった。その目標を達成するには中国の市場と原材料が欠かせないというのが、日本経済復興計画の立案にとりかかったころのトルーマン政権の認識だった。だが、中国では戦争の当然の結果として反日世論が渦巻いていた。アメリカの日本復興政策は、中国における反日世論を刺激し、日中貿易の発展を難しくするおそれがあった。だからといって、中国世論に気を配り過ぎれば、非軍事化政策からの転換が遅れる。

本章は、トルーマン政権がこの中国における反日世論の問題にどのように対応し、日本経済復興計画の作成に当たったかを明らかにするものである。答えは、あるいは単純なことかもしれない。だが、中国の反日世論の問題は非軍事化政策からの転換を左右する問題であっただけに、本章の取り組みは日本無力化構想の挫折と日本を基軸とする東アジア政策の始まりを理解するにあたって重要な取り組みと言うことができるように思われる。以下、まずは非軍事化政策の一環として遂行された占領初期の対日経済政策を概観し、そのあと国務省と陸軍省による日本経済復興計画の作成作業に注目する。

一　非軍事化政策と救済援助

日本の非軍事化

占領初期、アメリカが対日政策の第一目標として定めたのは日本の非軍事化だった。「降伏後ニ於ケルアメリカノ初期ノ対日方針」（一九四五年九月六日大統領承認）に定められた「究極ノ目的」の第一項には、「日本国ガ再ビアメリカノ脅威トナリ又ハ世界ノ平和及安全ノ脅威トナラザルコトヲ確実ニスルコト」とある。[5] 一般的には、非軍事化と並ぶアメリカの占領目的として日本の民主化が挙げられるが、民主化も広い意味では非軍事化政策の一環だった。五百旗頭氏が言うように、「民主化は、それ自体独立した価値を持つ目標でありながら、一面において日本の非軍事化を国内社会的に構造化するための措置でもあった」からである。[6]

そうした広義のアメリカの非軍事化政策が、日本軍の解体だけにとどまるはずはなく、その対象は政治や教育など広範囲に及んだ。当然のことながら、経済の領域も例外ではなかった。財閥解体や農地改革、労働改革などによって、日本の経済制度・構造の民主化がめざされた。また、より直接的に日本の戦争遂行能力を除去するために産業規制も行われる。一九四六年八月七日に三省調整委員会で承認された文書（ＳＷＮＣＣ三〇二）では、占領期間中、武器と民間航空機、五〇〇〇総トン以上の商船の製造能力をすべて破壊するか賠償として取り立て、その再建を禁止するとされた。また戦争支持産業（War Supporting Industries）と分類された鉄鋼や軽金属、工作機械など七つの産業は、賠償撤去後の残余能力以上に拡大することができないことになっていた。[7]

このＳＷＮＣＣ三〇二の内容に明らかなように、賠償についてアメリカは機械設備など資本財を日本から撤去する方針、すなわち資本賠償方式をとる方針だった。ワシントンでは、それ以外に金銭賠償や生産物賠償、役務賠償といった方式も検討されたものの、金銭賠償は第一次世界大戦後のドイツ経済を混乱させ、ナチスの台頭を招いたとして否定され、生産物賠償は日本経済のみを復興させてしまうという理由から排除された。また、役務賠償は中国など主たる求償国となるべき日本周辺国で労働力が豊富であることから不適当とされた[8]。

具体的な対日賠償計画の立案は、連合国賠償委員会のアメリカ代表を務めていたポーレーを筆頭に、二一人のスタッフで組織された使節団によって行われた。一九四五年十月三十一日、調査のための訪日を直前に控えたポーレーは大統領の認可を得たのち、対日賠償政策に関する声明を発表する。その声明でポーレーは、食糧輸入に必要な外貨獲得のため最低限の輸出を行えるだけの工業は日本に残すものの、それ以外、とくに日本周辺国の原材料を加工するうえで決定的な重要性をもつ工業設備は一切合切、日本から賠償として取り立て、他国に移転するという方針を示した[9]。

この方針の背景には、アジア諸国が日本に対する第一次産品の供給者としての地位に押し止められてきたことが、アジアにおける日本の支配的地位の確立につながったとする見方があった。アメリカは、日本の重要産業設備の多くを近隣のアジア諸国に移転することによって、日本を頂点とする垂直的な経済構造を打破することをめざした。そうすることが、アジアの経済的安定、ひいては政治的安定につながると考えたからである。十月三十一日のポーレー声明は、日本に再び「指導者や支配者としての立場」を許すべきではないとする強い決意の表明で締めくくられている[10]。

ポーレー使節団は、十一月から十二月にかけて日本と中国、朝鮮、フィリピンで調査を行ったのち、十二月十八日に中間報告書を大統領に提出した。その報告書でポーレーは、日本がいまだ平時に必要とされる生産能力を超える工業力を有しているという調査結果を伝え、日本のすべての在外資産の没収と、余剰能力の一部を最終的な賠償計画の決定を待たずに日本から撤去することを提言した[11]。終戦連絡中央事務局の総務課長として、来日中のポーレーに接触した朝海浩一郎によれば、ポーレーは「二つの産業を徹底的に抑える」ことをとくに重視していた。一つはボール・ベアリング産業である。それさえ抑えれば、「飛行機も飛べないし、自動車も動かない[12]」。ポーレーは中間報告書で、ボール・ベアリング産業の全撤去を提言した。

ポーレーが重視していたとされるもう一つの産業は鉄鋼業である。ポーレーの中間報告書によれば、終戦時日本の鉄鋼生産能力は年一一〇〇万トンを超えていた。それを大体一九三〇年のレベルである年産二五〇万トンにまで落とすことをポーレーは勧告した。

著名な経済学者で、一九四六年前半に国務省・経済安全保障政策局の局長として旧敵国に対する賠償政策に関与したガルブレイス（John K. Galbraith）は、「ポーレーは自主的判断能力を欠いていて、その配下の人々の強い懲罰的気分のいいなり」になっていたとのちに回顧している。[13] ガルブレイスは特定の人物の名前を挙げているわけではないが、彼の言うポーレー「配下の人びと」の中で、とりわけ強い影響力をもち、報告書を作成する際に重要な役割を担ったのがラティモアである。[14]

ラティモアは一九四一年七月より蔣介石の政治顧問を務めていたが、戦時情報局（Office of War Information）サンフランシスコ支部の主任となるため一九四二年末にアメリカに帰国した。一九四五年春にはサンフランシスコでの仕事も辞め、ポーレー使節団への参加を求められたときには古巣のジョンズ・ホプキンス大学で学究の徒となっていた。

ラティモアがポーレー報告書の作成に当たったときの基本的な考え方をよく示していると思われるのが、一九四五年二月出版の『アジアの解決（*Solution in Asia*）』という著書である。一九四四年にラティモアが行ったいくつかの講義をもとに書かれたその本によれば、戦後日本は満州、台湾、朝鮮といった原材料供給地を失い、本土の工業生産能力の多くも剝奪されることで「三流工業国」となる運命にあった。一方、日本とは対照的に、戦後大きな経済発展が見込まれるのは中国だった。中国はやがてその資源と日本からの賠償によって、日本以上の豊かで均斉のとれた工業国となるだろう。中国は極東の大国となり、アジアの嚮導者となるだろう。「中国の向かうところにアジアも向かう」。そのようにラティモアは『アジアの解決』の中で述べている。[15]

中国の将来性に対するラティモアの高い評価は、当時トルーマン政権がローズヴェルトから引き継ぎ、推進していた中国重視の方針とよく適合するものだった。ラティモアがポーレー使節団への参加を求められたのはそのためだったかもしれない。[16] ラティモアにとっても、トルーマン政権にとっても、対日賠償政策は日本の無力化と中国の大国化というローズヴェルト構想との関係から推進されるべきものだった。[17]

だが満州では、賠償として接収し、中国経済の発展につなげる予定であった日本の在外資産がソ連軍によって持ち去られていた。一九四五年秋、調査のため中国（青島、天津、北平、重慶）に滞在していたポーレーは現地で得た情報として、満州問題に関する覚書を国務長官に送っている。それによれば、ロシア人は「日本のものであろうとなかろうと、無差別に」満州から機械設備を取り去っていた。しかも、彼らは中国共産党に日本軍の武器や弾薬を引き渡し、満州の支配を引き継がせようとしている。それによって、もし満州の原材料や半製品が得られなくなれば、国府はたとえ日本本土の機械設備を賠償として多く獲得したとしても、「大きなハンディキャップ」を負うことになろう。なぜなら、その発展の経緯から日本の機械設備は満州の原材料や半製品に適合するようになっているためである。[18] こうした警告を発したポーレーは、ソ連軍の満州からの撤兵が完了した翌年五月、大統領の命によって再び中国に向かい、満州調査を行うことになる。

ポーレーの中間報告書は大統領に提出されたのち、詳細な検討に付すため三省調整委員会に回された。一九四六年五月九日、ポーレー報告書の内容を基本的に継承する文書（ＳＷＮＣＣ二三六／一〇）が三省調整委員会によって承認され、その文書に基づく中間賠償計画案が極東委員会に送付される。そのアメリカ案をもとに、五月から十一月にかけて産業別の中間賠償計画が極東委員会において採択されていった。その内容は全体としてポーレーの中間報告と大きくは変わらなかったが、日本の戦後需要や低い輸入能力が勘案された結果、鉄鋼業については大幅にその残置能力が増やされ、ボール・ベアリング産業でも若干の残置が日本に対して認められた。[19] この極東委員会決定の中間賠償計画を研究した日本の外務省は、八〇〇〇万の人口に対して一九三〇年の生活水準を与えるものだとして肯定的に評価している。[20]

だが、最終的な賠償計画の内容によっては日本経済が甚大なダメージを受ける可能性があった。一九四六年四月、ポーレーから大統領に最終報告書が提出される（十一月に公表）。その内容は、ボール・ベアリング産業をすべて撤去とし、鉄鋼業についても一九二七年の水準にまで落とすことを勧告するなど、全体として日本の産業水準を一九二六年から一九三〇年のレベルにするものになっていた[21]。それに対する日本政府の評価は、一九三〇年代以降の人口増が考慮されておらず、もしポーレー案を実施に移せば国民生活は根底から破壊されるという厳しいものだった[22]。

ポーレー使節団の「懲罰的気分」を強く反映していたと言える最終報告書に対しては、さすがに苛酷に過ぎるとアメリカ政府内でも異論が噴出した。それにより、最終的な賠償計画の作成は遅れることになる。

アメリカ政府内でポーレー案に異論を唱えた一人がガルブレイスだった。経済安全保障政策局長に就任する前、ガルブレイスは空襲の効果を調べるため組織された戦略爆撃調査団の一員として、戦争終了直後のドイツと日本を訪れていた。その経験から「一九四五年の末頃には、私ほどドイツと日本の疲弊消耗した経済のことを知っている人間は他にいなかったかもしれない」と回想録の中で振り返っている。同じくその回想録によれば、「ポーレーの報告書の草案は日本の工場の大規模な解体と移転を主張していたが、私は、自分の目でみた荒廃した都市を思うと、その上にさらにそんな措置を実施するのは、到底許せないと感じた」。しかも、中古の工場を日本から撤去したところで、それが「その行先でどれだけ役に立つやら、全くわかりはしなかった」のである。このような考えからカルブレイスは局長時代、頻繁にポーレーを訪れ、賠償計画の緩和を訴えたのだった[23]。

ガルブレイスと同様、連合国最高司令官総司令部もポーレー案に強い反対の姿勢をとった。占領行政に直接携わっていた総司令部にとって、日本経済のあまりの苦境は望ましいものではなかった。それは占領改革の円滑な遂行を阻む重大な要因となりかねなかったし、占領軍の安全すら脅かすおそれもあった。そのため総司令部は、日本経済の復興を著しく阻害するような賠償計画には反対せざるをえなかったのである。一九四六年十二月、陸軍省に送付した意見書において総司令部は、「日本がただちに取り立て可能な過剰能力をもっている」という判断は誤って」いるとポーレー案の根底にあった日本産業に対する認識を否定し、極東委員会決定の中間賠償計画を最終的な計画として確定させ、復興のための条件を整えるべきという勧告を行った[24]。

対日救済援助の開始

占領改革の円滑な遂行と占領軍の安全を重視する総司令部にとっては、日本における食糧不足も早急に解決すべき重要な問題だった。

敗戦後の日本は日々の食糧にも事欠く有様だった。戦争に負け、食糧の多くを依存していた朝鮮半島と台湾を失ったためである。また、生産資材の不足や戦時中の農地疲弊によって日本国内の食糧生産力が低下し、加えて海外から続々と日本人が戻ってきていたためでもあった。日本政府は食糧不足に対処するため、国内での生産量の増大に努めるとともに、食糧の供出促進に力を注いだ。しかし、天候不順もあって四五年産米は不作に見舞われる。しかも戦時中のように農家の協力を得ることは難しく、供出率もなかなか伸びなかった。そうした中、食糧危機を乗り切るには海外からの食糧調達が欠かせないと判断した日本政府は、日本の貿易活動を管理していた総司令部に対して食糧輸入の許可を求めた㉕。

日本政府の試算では、飢餓の発生を防ぐには一九四六年中に四六二万トンの食糧を輸入する必要があった。総司令部はそのおよそ半分の量の必要性を認め、アメリカ本国に対して日本への食糧輸出を要請した㉖。しかしワシントンはそれを聞き入れず、一九四六年二月に輸出不可能との回答を行う㉗。そうしたワシントンの対応は、「日本ノ苦境ハ日本国自ラノ行為ノ直接ノ結果ニシテ連合国ハ其ノ蒙リタル損害復旧ノ負担ヲ引受ケザルベシ」という㉘、「降伏後ニ於ケルアメリカノ初期ノ対日方針」の規定に反映された厳しい対日姿勢に基づくものだった。また、ポーレーが中間報告書に『日本人は飢えている』という日本のプロパガンダは何の根拠もない」と記すなど㉙、日本の食糧危機に対する懐疑的な見方もあった。さらには、一九四五年に生じた世界的な不作もワシントンの冷淡な態度につながった。連合国や解放地域においてすら飢餓の切迫が伝えられ、配分に当たっていた連合国食糧機構（Combined Food Board）は殺到する食糧援助の要請に忙殺されていた㉚。一〇〇〇万人の日本人餓死者が出るのではないかという風説が飛び交う中、一九四六年五月に内閣を発足させた吉田茂は、「敗戦国たるわが国は、食糧の国際割当においても、とかく後廻しにされることは必至」であったと回顧している[31]。

しかし吉田が首相の座に就く少し前、アメリカは日本に対する食糧輸出に踏み切っていた。三月三十日、アメリカからの食糧を積んだ第一船が横浜に入港する。運ばれてきたのは、二・四万トンの小麦と米であった[32]。これ以後続くアメリカの対日食糧輸出は、総司令部の強い要請といくつかの調査の結果に基づいて行われたものだった。ワシントンは、一九四六年二月に輸出不可能という回答を送付した後、あらためて総司令部から食糧輸出に関する強い要請を受けた。さすがに二度もそれを拒否することはできず、ワシントンは三月にハリソン（Raymond L. Harrison）大佐を団長とする食糧使節団を日本に派遣する。その調査結果は、四月から六月までに日本は六〇万トンの輸入食糧を必要としているというものだった[33]。また、五月にはフーバー（Herbert C. Hoover）元大統領を長とするアメリカ飢餓緊急対策委員会が日本を訪れる。帰国後に大統領に提出された報告書は、日本では五月から九月までに八七万トンの食糧が不足するという内容になっていた[34]。

これら調査結果に基づき、一九四六年中に約七〇万トンの食糧が日本に輸出される。四〇〇万トンを超える輸入食糧が必要という試算を出していた日本政府にとって、それは決して満足できる量ではなかった。しかし、結果的には七〇万トンの輸入で飢餓の発生は防がれる。そのことでマッカーサー連合国最高司令官（Supreme Commander for the Allied Powers, SCAP）から日本の数字の杜撰なことを責められた吉田は、「戦前にわが国の統計が完備していたならば、あんな無暴な戦争はやらなかったろうし、またやれば戦争に勝っていたかも知れない」と言い抜けたという[35]。

日本の輸入食糧の多くは、対日占領に直接的責任をもつ陸軍省の予算によって賄われた。一九四六会計年度の支出は一億ドル超で、戦中から陸軍が解放地域や占領地域で行っていた民生物資供給計画（Civilian Supply Program）から捻出された[36]。

ガリオア援助審議

占領地域に対する救済援助を本格的に行うため、一九四七会計年度からは陸軍省予算の中にガリオア援助の項目が設けられるようになる。アメリカでは対外援助を実施する場合、通常、授権法と歳出法が制定される。だが、ガリオア援助のための授権法が制定されることはなかった。その理由は「陸戦ノ法規慣例ニ関スル条約」、いわゆるハーグ陸戦条約の附属書（「陸戦ノ法規慣例ニ関スル規則」）によって、救済援助についてはすでに授権されているとみなされたからである。[37]その附属書には、「国ノ権力カ事実上占領者ノ手ニ移リタル上ハ、占領者ハ、……成ルヘク公共ノ秩序及生活ヲ回復確保スル為施シ得ヘキ一切ノ手段ヲ尽スヘシ」（第四三条）とある。

この規定のもと、トルーマン政権は一九四七年度ガリオア予算として五億ドルの資金を議会に要請した。五月八日、下院歳出委員会の公聴会に出席したパターソン陸軍長官は、占領政策の成功のためには最低限の食糧供給が不可欠と、ガリオア援助の必要性を訴えた。[38]五月三十一日にはエコルズ（Oliver P. Echols）陸軍省民政部長から援助の詳細が説明された。それによると、ガリオア予算の六〇パーセントを食糧供給のために使用し、残りを肥料の購入や輸送費に充てることになっていた。国別では日本に対する割り当てが最も多く、約二億七五〇〇万ドル分の援助を、次いでドイツのアメリカ占領地域に約一億七七〇〇万ドル分を支給する計画となっていた。その見積もりは、配給食糧からの一日当たり摂取カロリー量を、日本人の場合は一三五〇キロカロリー、ドイツ人の場合は一五五〇キロカロリーとしたうえで算出されたものだった。[39]

下院歳出委員会は、パターソンやエコルズから、旧敵国が近隣諸国より高い水準の食糧供給を得ることはなく、占領地域援助はのちに返済されるべきものであるという証言を得た。[40]そのうえで委員会はガリオア援助の必要性を認めたが、その予算を行政府提案より一億五〇〇〇万ドルも少ない、三億五〇〇〇万ドルとした。減額の理由を委員会レポートは、占領地域において作物が良好に育っているためと説明している。[41]下院本会議ではガリオア予算を五億ドルに増額する修正案が提出されたものの、反対多数で否決された。[42]

下院がガリオア予算を大幅に減額したことに強い危機感をもった陸軍省は上院に対する働きかけに力を注いだ。まずパターソンが、陸軍省予算を審議する予定になっていた上院歳出小委員会のトーマス（John W. E. Thomas, オクラホマ州、民主党）委員長に六月二十四日付で書簡を送付する。その書簡においてパターソンは、肥料の不足などによって占領地域における農作物の収穫量は前年より落ちる可能性が高いという見通しを示し、下院の予算案ではドイツと日本における一日一人当たりの食糧配給量を三〇〇キロカロリー分も減らさざるをえなくなるとその深刻さを説明した[43]。また、二十五日に上院歳出委員会の公聴会に出席したアイゼンハワー陸軍参謀総長は、「食糧を送れ、さもなければ兵士を頼む」という、マッカーサーから送られてきたという電報の一節を紹介しつつ、行政府の提案通り五億ドルのガリオア予算を認めるよう求めた[44]。

こうした陸軍省の努力を支援するため、翌日には占領地域問題を担当していたヒルドリング（John H. Hilldring）国務次官補が、国務省を代表して公聴会に出席した。ヒルドリングによれば、ドイツや日本では「多くの市民が、体力を温存するために勤務時間の一部を寝床の上で過ごさざるをえず」、重要な産業でも常習的な欠勤が生じていた。そのような状態は、占領地域の経済再建はもちろん、「占領地域からのモノやサービスを必要としている連合諸国の経済再建」をも遅らせることになろう。ヒルドリングはまた、食糧供給の失敗が占領地域の援助に対する依存状態を長引かせ、アメリカの負担を増加させることになるとも指摘し、十分な食糧を供給することにより、「ドイツと日本をできるだけ早く自立させること」がアメリカの国益に適うと主張した[45]。

六月末、陸軍省や国務省の訴えが功を奏し、上院は行政府の提案通り、五億ドルのガリオア予算を認めた[46]。その後、下院との調整が行われ、最終的には四億二五〇〇万ドルとなる。七月、大統領署名を得てガリオア予算が正式に成立した（公法五一五号）。

以上、アメリカの初期対日占領政策を経済面を中心に振り返ると、一方で日本の経済力を削ぎ、他方で日本経済を支えるための救済援助を行うという矛盾した役回りをアメリカが担っていたことがわかる。また、日本の賠償によって近隣諸国経済を強化しようとする一方で、ヒルドリングの証言にみられたように、日本経済の弱体化がそれら諸国の復興を害しかねないという懸念も生じていた。一九四六年末から翌年にかけて、これら矛盾の早期解消を迫る事態が次々と生じる。その結果、トルーマン政権は日本の非軍事化をめざす政策からの転換を余儀なくされることになるのである。

二　国務省の日本経済復興計画

緊縮財政派の台頭

対日経済政策の矛盾解消を促した一つの要因は、一九四六年の中間選挙における共和党の勝利により、テーバー下院議員を中心とする緊縮財政派が台頭したことだった。一九四六年十二月末の『ニューヨーク・タイムズ』の記事はテーバーを共和党指導者の一人に挙げ、次のように紹介している。

テーバーは下院議員としての任期を一二回連続して務めてきたベテラン議員で、ほとんどの期間、歳出委員会に所属してきたという経歴をもつ。政府による浪費と解されるものに対するテーバーの姿勢は厳しく、閣僚や各省高官から鬼のような存在としておそれられている。テーバーは一九四七年一月に始まる第八〇議会（一九四七年一月から一九四九年一月まで）において、歳出委員会の委員長に就任する予定である。たしかに、彼の影響力は予算以外の問題にまで及ぶものではない。だが、その分野において彼の影響力は絶大である。(47)

緊縮財政派の台頭に、対日占領の関係者は強い憂慮の念を抱くことになる。一九四七年四月、総司令部経済科学局の経済顧問を務めていたファイン（Sherwood M. Fine）は石橋湛山蔵相との会談で、「アメリカでは共和党が多数となって予算の削減が重視されている。……まず槍玉に上がるのは旧敵国に対する経費である」という見方を示した。(48)

実際、旧敵国に対する経費を大幅に削ろうとする動きは第八〇議会の開会直後からみられた。一月十日、トルーマンから予算教書が送付され、一九四八年度ガリオア予算として七億二五〇〇万ドルが議会に要求されると、共和党の緊縮財政派はそれを半分の規模にまで削るための策動を始めたのである。二月十一日には、ガリオア予算の半減を一つの前提に、一九四八年度予算案（総額三七五億ドル）を六〇億ドル圧縮するという決議案が、上下両院の歳出委員会委員などで構成された予算小委員会で可決された[49]。

だがその後、陸軍省の必死の訴えと上院側の協力という、一九四七年度ガリオア予算のときにみられたのと同様の展開により、最終的には要求額の約八割に相当する六億ドルのガリオア予算が認められる（公法二七一号）。また、その少し前に行われた一九四七年度補正予算に関する審議では行政府が要求した通り、三億ドルのガリオア予算が認められた（公法四六号）。しかしガリオア援助に対する議会、とくに下院の不満は強く、テーバーによってまとめられた一九四八年度ガリオア予算に関する下院歳出委員会レポートには次のように記された。

この国の資源には限りがあることを忘れてはならず、他国の政府はアメリカからの救済援助に限界はないと期待してはならない。他国の人々が自立できるような方法をみつけなければならない。彼らの活動がアメリカに対抗するのに使われる可能性のある産業や行動に結び付かない範囲にとどまる限り、自活を妨げるような制約を彼らに課してはならない[50]。

議会がこうした意向を示す中で、日本の経済力を削ぎつつ、救済援助を行うという矛盾をそのままにしておくことはできなかった。一九四七年以降作成された対日政策関連の行政府文書には、日本の復興を急ぐことで、「アメリカの納税者の負担」を解消しなければならないという記述が多くみられるようになる。その背景には歳出削減を求める議会、とくに下院の圧力があった。

米ソ冷戦

アメリカが納税者の負担を解消するには日本と講和を結ぶことによって占領そのものを終了させ、日本経済に対する責任から自らを解放するという道もあったかもしれない。実際、議会にはそうした考えから対日講和条約の早期締結を求める声があった[51]。また、三月十七日にはマッカーサーの有名な早期対日講和論が発表される。その日、記者会見に臨んだマッカーサーは、日本の占領は非軍事化の段階をすでに終了し、民主化のための諸改革も終わろうとしている、次の課題は経済復興であるが、それは占領軍の手に負えない問題であると述べたうえで、対日講和条約の早期締結により、封鎖された状態の日本経済を解き放ち、その自立化にとって欠かせない貿易活動の再開を認めるべきと訴えた[52]。

すでに前年から極東局を中心に講和条約の立案に当たっていた国務省は、マッカーサーの早期講和論の発表を受け、その作業を加速させる。また七月には、極東委員会諸国に対して、八月後半に講和予備会議を開くという提案を行った[53]。講和条約草案はその会議に合わせ、八月前半に完成する。

だが、講和予備会議は手続き問題で米ソがもめたために開催することができなくなる。また講和条約草案は、ソ連も含めた国際的な対日監視機構を定めていたことなどから、ソ連との関係が厳しさを増している状況を十分考慮に入れていないとアメリカ政府内で批判を浴びた[54]。

こうして対日講和の早期締結を難しくしたソ連との冷戦は、納税者の負担の問題と相まって、日本経済の復興の必要性を高めた。なぜなら、国務次官補特別補佐官としてトルーマン・ドクトリンの起草に当たったジョーンズ(Joseph M. Jones)がある書簡に記しているように、「経済の混乱」の中に「共産主義は生まれる」と考えられたからである。同じ書簡にジョーンズは、ドイツと日本の優れた生産能力を活用することによってヨーロッパとアジアの経済状態を改善し、共産主義が生まれる条件を両地域から取り除かなければならないとも記している[55]。

当時、世界経済は著しい貿易不均衡の問題に直面しており、まさに共産主義が生まれ、広がる条件が整いつつあるようにみえた。一九四七年前半にジョーンズを中心とする国務省のグループによって作成されたある研究レポートによると、一九四七年のアメリカの財とサービスにかかわる貿易額は、輸出が一六二億ドル、輸入が八七億ドルとなる見込みで、差額の七五億ドルの大半はアメリカ政府の援助によって手当てされる予定となっていた。だが、アメリカが今後も同規模の援助を続けていくことは難しく、諸外国の金やドル準備も減っていくだろうから、世界が一九四七年のレベルでアメリカから財とサービスを購入し続けることはできない。そのことと、アメリカが世界の再建、発展に必要な物資（とくに食糧と石炭）の主たる供給国となっていることを考え合わせると、近い将来、世界の復興と安定、そしてアメリカの雇用と経済が危殆に陥ることは必至である[56]。

そうした事態を回避するには、戦争のため停滞したままになっていた世界貿易や地域貿易を活性化し、世界のアメリカに対する依存度を下げる必要があると考えられた。世界貿易や地域貿易を活性化するには、経済的に重要な諸国家間における経済プログラムを調整し、統合する必要がある。とくに、「ドイツ、日本における経済政策と、ヨーロッパ、極東における一般的な経済目標との調整には特別な配慮が払われなければならない」と国務省の研究レポートは指摘した[57]。

この研究レポートを下敷きに、ジョーンズが起草したのがアチソン国務次官によって行われた有名なデルタ演説だった。一九四七年五月に行われたその演説でアチソンは、ドイツと日本を世界の「二つの大きな工場」と表現し、両国の復興をめざすべきこと、そしてそれが第二次世界大戦で疲弊したヨーロッパとアジアの経済復興に欠かせない条件であると訴えた[58]。

一九四六年のヒルドリングの議会証言に表れていたように、トルーマン政権は日本の賠償によって近隣諸国経済を強化する方針をとる一方で、日本経済の弱体化がそれら諸国の復興を害しかねないという懸念を抱えていた。アチソンの演説は、ヨーロッパ問題に重点が置かれた演説だったとはいえ、前者の方針を否定し、後者の懸念に応えるものであったとみることができる。つまりアチソンは、アジアの発展を阻む略奪者としてとらえられがちであった日本をアジア復興の促進者と位置づけることにより、日本経済の弱体化ではなくむしろ強化が、アジア地域の復興に必要な条件であるという考えを明確にしたのである。

中国の混乱

日本をアジアの工場として機能させるための国務省による具体案の作成は、極東局との緊密な連携のもと、日本朝鮮経済課（経済安全保障政策局所属）で行われた。同課の課長としてその作業を主導したのは、経済の専門家で、一九六〇年代には経済問題担当の国務次官補を務めることにもなるマーチン（Edwin M. Martin）である。

マーチンはガルブレイスと同じく、ポーレーの賠償計画に疑問を抱いていた一人であった。ガルブレイスが経済安全保障政策局の局長を務めていたとき（一九四六年前半）には、ともに直接ポーレーに対して賠償計画の緩和を訴えたこともあったという。(59) ポーレーの賠償計画に対するマーチンの疑問は、一九四六年五月から七月にかけてソ連軍撤退後の満州で行われた日本資産に関する調査に参加したことでますます強められることになる。

その調査を率いたポーレーから十一月に大統領に提出された報告書によると、日本とソ連の間の戦闘がわずか一週間で終了し、戦闘地域も北満州にほぼ限られたため、戦争終了直後の時点では、南満州地域に集中していた日本資産のほとんどが無傷の状態にあった。そうした状態が保たれ、かつ中国国内が安定していれば、「満州の工業地帯は、中国の発展する経済と容易に統合され、中国全体の工業発展を大いに加速させたであろう」。だが、ソ連軍の略奪で「満州工業が受けた被害により、中国の工業発展は一世代分は遅れ」ることになってしまったのである。(60)

この報告書が大統領に提出されたのと同じ時期、マーチンはソープ（Willard L. Thorp）国務次官補（経済問題担当）に宛てた覚書において、「最近の展開、とくに中国における展開」により、日本に対するこれまでの経済政策に疑問を感じてきていると告白している。アメリカは対日戦終了後、日本から工業設備の多くを近隣諸国に移転することによって、日本の非軍事化と極東諸国の生活水準の向上を達成しようと努めてきた。そうすることにより、平和で友好的な極東地域を作り出すことができると考えたからである。アメリカは、中国をこうした「政治的・経済的目的に対する一番の支持者」だととらえ、中国が「安価な製品の輸出国としての日本の役割」を担うことになるだろうと期待した。しかし、経済的・政治的要因による現下の極東の経済状況などを勘案すると、アメリカの政策目標は達成可能であろうか。日本からの工業設備の移転は、極東の全体的な生産能力を減じるだけに終わってしまうのではないだろうか[61]。

こうした疑問を吐露するまでに終戦以来の対日経済政策の有効性を疑うようになっていたマーチンとは対照的に、満州調査を率いたポーレーは従来の方針にこだわり続けた。六月にはマッカーサーに宛てた書簡において、満州の工業が甚大なダメージを受けてしまっているため、日本からの賠償設備の移送を早急に行わなければならないと訴えている。とくに、その書簡では石炭産業のための発電設備を送る必要性が強調された[62]。

もっとも、その後十一月に大統領に提出した満州調査の報告書でポーレーは、満州において内戦が激しくなっているため、工業設備を移送するのが難しくなっていることを認めた。だが、満州に移送するための計画の準備を遅らせてはならず、満州以外の安定した地域には早急に日本からの賠償設備の移送を進めるべきというのが報告書に記されたポーレーの勧告だった[63]。

さらにその報告書を提出した翌月、ポーレーは賠償計画を緩和すべきだとする総司令部の見解に反対する書簡を国務長官に送付した。その書簡によると、総司令部は日本からの工業設備の撤去によって「経済的真空（economic vacuum）」が作り出されてしまうことを懸念していた。だが、アジアにおいて「経済的真空はすでに存在しているし、戦争が終わる以前からずっと存在してきた」。たしかに、われわれは日本の経済を回復させることでその真空を埋めることができよう。だが、アジアのすべての工業発展を促すことで真空を埋めることもできる。後者の道のほうが「困難だが、より永続的な安心」を得ることができるというのがポーレーの見解だった[64]。

だが、議会の歳出削減圧力や共産主義の脅威が強く感じられ、さらにはドル不足による世界経済の破綻も危惧される中で、従来の方針にこだわるポーレーの姿勢に支持が集まることはなかった。もちろん、その背景には政策企画室のデイヴィスが一九四七年八月のケナン宛覚書の中で述べているように、「日本がたとえ望んだとしても、近い将来、一級の軍事大国として復活することはできない」という見通しもあった[65]。また、マッカーサーが述べたように民主化改革がそれなりにうまく進んだことで、日本が「平和的な諸国と進んで共存することができる」国家、すなわち善隣外交を推進することのできる国家になったという見方もあったかもしれない[66]。

ワシントンでは、マーチンを中心に日本経済復興計画の作成が進められるのと並行して、賠償計画の見直しが行われた。一九四七年一月にはその見直し作業のため、ストライク（Clifford S. Strike）をはじめとする民間人の技術者によって構成された調査団が日本に派遣される。一カ月の調査ののち、ストライク調査団がまとめた報告書は、日本経済の自立化を阻害しない新たな賠償計画が必要という認識のもと、純軍事施設を除いた一般工業部門の撤去をポーレーの最終案と比べ大幅に緩和する賠償案を勧告した[67]。

三省調整委員会ではその報告書をもとに新たな賠償計画（SWNCC二三六／四三）が作成される。それは、賠償撤去の水準を極東委員会決定の中間賠償計画の水準に合わせるもので、同計画を最終的な計画として確定させるべきだとしていた総司令部の主張を強く反映する内容になっていた[68]。四月九日、アメリカはSWNCC二三六／四三を極東委員会に送付した（FEC二一八）。

続けてワシントンでは、占領期間中の産業規制について定めたSWNCC三〇二の改訂がめざされた。だが、同文書についてはすでにFEC〇八四として極東委員会に付議されていただけでなく、一九四七年春にはその採択をめざす機運が極東委員会内で高まっていた。そこで三省調整委員会では、SWNCC三〇二の実質的な改訂は行わず、その適用期間を「一九四九年一月一日あるいは占領の現局面の終了時点のいずれか早い日まで」に限定することが決められた[69]。

「占領の現局面（the present phase of the occupation）」という表現は、SWNCC三〇二にあった「占領期間中（during the period of the occupation）」という言葉の意味が曖昧で、講和後も何らかの監督が継続される限り、産業規制を続けなければならなくなるという危惧から挿入されたものだった[70]。ただ、極東委員会での審議では「一九四九年一月一日」という期限のほうが問題視され、強い反発を呼んだ。そのため、四九年を五〇年に変更するなどさまざまな案が検討されたが、結局、四九年一月一日を四九年十月一日とすることで妥協が成立する。八月十四日、極東委員会はFEC〇八四（SWNCC三〇二）を承認した[71]。

SWNCC三八一

一九四七年七月、マーチンを中心に国務省で行われていた日本経済復興計画の作成作業が完了する。同計画は、SWNCC三八一として三省調整委員会に提出された[72]。

それは、日本経済の復興の遅れがアメリカにいっそうの財政負担を強い、極東地域経済に悪影響を与え、アメリカに敵対的な「政治的過激主義」の台頭を招きかねないとして、日本経済の自立化の必要性を指摘し、その達成年を三年後の一九五〇年とするものだった。日本経済の自立化を達成するための具体的な方途としてSWNCC三八一は、疾病や社会不安を抑えることを限度に認めていた食糧や原材料の輸入をその限度以上に認め、工業生産力の増強と輸出の増大を可能にするよう勧告した。そのために必要な輸入資金は、外国政府や民間によって提供される輸入ローンの利用促進や日本の輸出振興、そして外貨に交換可能な在日資産（貴金属等）の活用を進めることで調達するとされた。加えて、アメリカから四億五〇〇〇万ドルの財政的支援を日本に供与することにもなっていた。

SWNCC三八一には賠償と産業規制に関する規定もある。前者については、SWNCC二三六／四三に従い中間賠償計画の規模にとどめるが、より多くの賠償を求める国があった場合には日本経済の自立化達成後に生産物賠償を行うことになっていた。後者については、SWNCC三〇二に基づく規制は遵守しつつも、その他の規制で日本経済の自立化を阻害すると考えられるものについてはその緩和を図るとされた。国務省の試算では、これら措置を「極東の他の利害関係国と協力しつつ」とることで、日本は一九五〇年にはおよそ二億ドルの貿易黒字を出せることになっていた。

SWNCC三八一は詳細な検討に付すため、三省調整委員会に提出されたのち、その下部組織である極東小委員会に送られた。九月半ば、同委員会は暫定的な結論を下す。それは、極東地域の政治的不安定などを勘案すると、四億五〇〇〇万ドルの援助で一九五〇年までに日本経済の自立化を達成するとした国務省案はあまりに楽観的過ぎるというものだった[73]。

極東小委員会ではその後も検討が進められたが、国務省は緊急を要するという理由で十月にそこでの検討を打ち切る。そして、国務省原案にいくつかの修正を加えた文書をSANACC三八一／一（一九四七年十月、三省調整委員会は空軍省代表を加え、四省調整委員会SANACCに改組された）として緊急回覧に付した。その修正文書では、いつまでに日本経済の自立化を達成するのか、そのためにはどれだけの援助が必要となるのかという点に関する具体的な数字が削除されている。前者については「可能な限り最も早い時期に」という表現にとどまり、後者については今後の課題とされた[74]。

また賠償に関する規定も改められ、SANACC三八一／一には生産物賠償に関する規定が置かれなかった。そのことは、日本の賠償責任が中間賠償計画の水準に基づく資本賠償だけにとどまることを意味した。

加えて、SANACC三八一／一には「この政策と既存の指令との関係」という項目が新たに設けられ、次のような規定が置かれた。

極東委員会の政策決定に従い、［アメリカ政府から］SCAPに対して出された指令は、その指令の基本的意図と矛盾しない限りにおいて、この文書［SANACC三八一／一］に述べられている政策の達成を妨げるよりむしろ促進する方法で実施されなければならない。

一九四五年十二月のモスクワ三国外相会談で取り決められた極東委員会に関する規程により、SCAPに対しては、極東委員会の決定に従い、アメリカ政府が指令を出すことになっていた。SANACC三八一／一は、その規程のもと、アメリカ政府から出されていた既存の指令を「この文書に述べられている政策の達成」を促進する方法、すなわち日本経済の自立化に資する方法で運用しなければならないと定めたのである。

この規定は、陸軍省の要請に基づき、SANACC三八一／一に加えられたものだった[75]。次節で詳述するように、陸軍省は日本の経済復興を推し進めるうえで既存の政策に縛られることを嫌い、極東委員会の賛同が得られない場合にはアメリカの単独行動も辞すべきでないという立場をとった。その立場からすると、SANACC三八一／一の内容はまだ十分ではなかった。既存の指令の運用について定めた右の規定の場合、「指令の基本的意図と矛盾しない限りにおいて」という文言は削除されるべきだった。また、日本経済の自立化がアメリカ政府の主要な目的であるということが明確に謳われる必要があった[76]。ところがSANACC三八一／一では、「他の主要な占領目的の実現と矛盾しない手段で」、日本経済の自立化を促進することがアメリカ政府の目的である、となっていたのである。

国務省では、陸軍省の不満に応え、十一月に更なる修正文書（SANACC三八一／二）が作成された[77]。しかし省内で異論が噴出したために、結局その文書が四省調整委員会に提出されることはなかった。有力な異論としては、既存の指令の扱いに関する異論があった。SANACC三八一／一が既存の指令をできるだけ忠実に解釈し、その枠内で日本経済の復興を推し進める内容になっていたのに対して、SANACC三八一／二は、平和経済の維持を許すといった既存の指令（FEC〇一四／一〇）を拡大解釈し、日本経済の自立化についてSCAPはすでに授権されているという論理のもと、その復興を強力に推進する内容になっていた。だがそうした内容は、例えば北東アジア課のフィアリー（Robert A. Fearey）の覚書にあるように、既存の指令の曲解により、極東委員会の同意を得る手続きを迂回しようとするものだとして厳しく批判されたのである[78]。

このように国務省では極東委員会との関係を重視する見解が強かった。そのため国務省は、陸軍省と日本経済の復興という目標を共有しながらも、その進め方について意見を一致させることができなかったのである。

そうした国務省と陸軍省の意見の不一致は、ソ連に対する見方の相違から生まれたと先行研究では説明されてきた。つまり、国務省、とくに日本経済復興計画の立案などに当たった対日政策の関係者はソ連を協調可能な相手とみなすローズヴェルト以来の見方を引きずり、ソ連を協調不可能な敵国とみる陸軍省と対立したというわけである。(79) トルーマン・ドクトリンがすでに発表され、冷戦が本格化していたにもかかわらず、国務省の対日政策関係者の中に対ソ協調論が存在したとすればそれはなぜなのか。先行研究で指摘されてきた官僚機構の惰性はたしかにその一つの理由かもしれない。(80) だが、おそらくより重要な理由は極東委員会がまだそれなりに機能していた点に求めることができるように思われる。

極東委員会の活動については、同委員会のアメリカ代表団の一員を務めたブレイクスリー（George H. Blakeslee）による先駆的研究がある。それによれば、極東委員会が最も活発だったのは、活動を開始した一九四六年二月から二年間の時期だった。次の二年間の政策決定の数が一五にとどまったのに対して、はじめの二年間の決定数は四六にも及んだのである。(81)

極東委員会でソ連は米英中とともに拒否権をもっていたため、政策決定を容易に阻むことができる立場にあった。だが、はじめの二年間その姿勢は実に協力的だった。極東委員会アメリカ代表団の団長を務めていたマッコイ（Frank R. McCoy）は、一九四七年九月の同代表団の会議で、ソ連が非妥協的で非協力的な態度をとっているというのは「世界の他の領域では本当のようだが、極東委員会においては真実ではない」と発言している。マッコイによれば、ソ連よりオーストラリアやニュージーランドのほうが扱いにくい存在だった。(82)

だが、極東委員会が機能していたとはいえ、国務省の対日政策関係者の中にソ連に対する警戒心が全く存在しなかったわけではない。そもそも日本経済復興計画の作成作業が冷戦を一つの背景に進められたというのは先にみた通りであるし、その計画には冷戦を強く意識して行われたアチソンのデルタ演説が注意すべき「最近の展開」として記載されてもいる。また、日本経済の復興の遅れがアメリカに敵対的な「政治的過激主義」の台頭を招きかねないというSWNCC三八一の中の記述は、当時の国際情勢を考えれば第一に共産主義の脅威を意識して書かれたものとみるのが自然だろう。

国務省の対日政策関係者の中にソ連に対する警戒心が存在したことは、例えばマーチンの補佐役を務めていたバーネット（Robert W. Barnett）が、一九四七年九月にマーチンに宛てた書簡に明らかである。すなわちその書簡でバーネットは、共産主義者にとって繁栄は扱いにくいものであり、繁栄を取り戻した日本はたとえアメリカの安全保障圏になかったとしても、ソ連圏の内側にもいないであろうとして、日本の復興が対ソ政策上、望ましいと述べているのである。[83]

だが、このバーネットですら極東委員会との関係を重視する姿勢をとった。その理由は、日本経済の復興を実現するには極東委員会の主要構成国の一つである中国の協力が欠かせないという考えにあった。

中国は戦前期、日本にとってアメリカに次ぐ重要な貿易相手国だった。製品の輸出先として、その巨大な市場を獲得することは戦後の日本にとっても必要不可欠とみられた。また、中国は原材料の調達先としても重視された。とくに、中国が国務省の日本経済復興計画において最重要原材料とされていた原料炭（主として製鉄用に使われる石炭のこと。日本には良質のものが少ない）の一大供給地だったことが、原材料の調達先としての中国の価値を高めていた。[84]

もちろん、極東小委員会に指摘されるまでもなく、中国における政情不安により、中国が日本の市場や原材料供給地として機能するのは難しいのではないかとも考えられた。とくに、石炭をはじめとする多くの原材料を産出し、中国の中でもとりわけ日本と緊密な経済的結び付きをもってきた満州と華北で国共内戦が激化していたことは、そうしたアメリカ側の懸念を大きなものにした。中国国内の混乱によって日中貿易が期待通りに発展しなかった場合、原料炭についてはアメリカから輸入することが計画されていたが、コストが二倍以上かかるうえに、ヨーロッパ向けが優先されることになっていた。そのため、十分な原料炭を調達できるかどうか不透明であっただけでなく、たとえ調達できても日本経済の自立化に要する費用がさらに増すことが予想されたのである[85]。

そうした事情を背景に、バーネットはボートン（Hugh Borton）北東アジア課長に宛てた九月三日付の覚書において、満州と華北を国際的な承認のもと中国共産党の自治領とすることで内戦を収束させ、共産地域と日本との貿易関係を発展させるという構想を示している。バーネットによれば、共産党は支配地域経済の運営のため日本と貿易せざるをえないであろうし、資本主義国家との貿易が共産党の急進的主張を和らげることになると期待することもできた[86]。

だがバーネット自身、覚書の中で認めているように、彼の構想は中国の正統政府としての国府の権威を大きく傷つけるものだった。そのためそれは国府の強い反発を買うことが予想された。しかしバーネットは、国府だけに国連機関での中国代表権と海空軍の保有権を認め、さらに共産党の陸軍兵力を厳しく制限することにすれば、国府を説得することができると覚書に記している[87]。

このバーネットの構想は、一九四七年秋ごろ対日政策の関係者の中にも、中国が国共二大勢力に分裂している状態を受け入れようとする考えが生まれていたことを示すものとして興味深い。ただし、満州と華北の中国共産党支配を公に認めるという点において、バーネットの構想は国務省上層部で実際にとられようとしていた中国分割論とは大きく異なっていた。それに対してボートンがどのように反応したかはわからない。ただ、北東アジア課のフィアリーはバーネット構想の実現可能性に疑問を呈する覚書をバーネットに送っている[88]。

結局、バーネットの構想は単なる個人的見解にとどまり、それが省内で広く議論されることはなかったようである。またバーネットの構想以外に、中国内戦に対する対処案が、立案中の日本経済復興計画との関係で示されることもなかった。中国分割論のもと、限定的な国府援助という方針がとられようとしている中で、日本経済復興計画の立案者としては、国府に対する援助が戦局の安定と内戦の沈静化につながることに期待をかけるほかなかったのかもしれない。

そのためか、日本経済復興計画の立案過程で問題となったのは中国内戦の問題よりも、中国における反日世論の問題だった。連合国の中でも最大の戦禍を受けていた中国では、日本からの大規模な賠償の取り立てを求めるなど、懲罰的な対日政策を望む意見が強かった。日本の復興に対する警戒心も強く、中国世論は占領政策の展開に敏感な反応を示しがちであった[89]。

そうした中国世論の中では、すでに一九四六年秋には賠償政策の決定の遅れなどから、アメリカの対日占領政策に対する不満が高まりつつあった。また、アメリカは日本を中国にかわる工業国、貿易国として復興させようとしているのではないかという見方や、ソ連に対する防波堤としての役割を中国より日本に期待しているのではないかという疑念も広がり始めていた。一九四六年十一月のニューヨーク・タイムズの記事によると、そのような中、中国では反米世論や親ソ世論まで醸成されつつあった[90]。

日本経済の復興に対する極東の「人々の支持がなければ、市場は日本の商品に対して開かれない[91]」と考える国務省の対日政策関係者たちにとって、中国世論の状況は憂慮すべきものだった。もっとも、バーネットが中国共産党について指摘したことを押し広げ、中国は経済運営のため日本と貿易せざるをえないとみるならば、中国の世論状況がどうあれそれをあまり深刻に受け止める必要はなかったと言うこともできよう。

だが、国務省の対日政策関係者はそのように中国世論の問題を割り切ってとらえようとはせず、日本経済復興計画に対する中国国民の支持を得ようとした。中国国民の支持を得るには、一九四七年三月のマーチンの覚書にあるように、「ソ連に対する緩衝国として、あるいは混乱した中国にかわる極東の友好国・顧客として日本を再建しているという批判を招かないような方法で」日本経済の復興を成し遂げなければならなかった[92]。言うまでもなく、そのような方法は中国と同様、日本の復興に警戒心を抱く他の周辺諸国との関係においても望ましかった。

実は、国際的な監視機構を置くという対日講和条約草案にあった規定には、まさに日本に対する周辺国の警戒心を和らげ、日本経済復興計画に対する支持につなげるというねらいが込められていた。とくに、そのようなねらいをもつものとして同規定を重視していたのが、日本朝鮮経済課長として対日講和条約草案の作成にもかかわったマーチンだった[93]。

またマーチンの考えでは、日本経済復興計画の内容自体も周辺諸国の懸念に応えるものでなければならなかった。その必要性は対日監視機構に関する規定が政府内で強い批判を浴び、講和条約草案が廃案となってしまったことからますます高まったとも言える。

しかし、周辺諸国に配慮し、極東委員会の決定に忠実であろうとすると、日本経済の復興が遅れることになるのは明らかだった。かといって、極東委員会との関係を軽視するような行動をとれば、周辺諸国の反発を招き、ひいては日本にとって重要な原材料供給地や市場を失うことになりかねない。どちらにしても、アメリカの対日援助負担は減るどころかさらに増すことになると予想された。結局、国務省はこのジレンマを解決できず、日本経済復興計画の作成に行き詰まる。その結果、日本をアジアの工場として機能させるための具体案の作成作業では、陸軍省が主導権を握ることになるのである。

三　陸軍省の日本経済復興計画

SWNCC三八〇

国務省がマーチンを中心に日本経済復興計画の作成に取り組んでいたころ、陸軍省でも日本経済の復興の問題について検討が進められていた。その一つの成果として、一九四七年七月に陸軍省から三省調整委員会に提出されたのが、「日本の経済問題に関する単独行動」（ＳＷＮＣＣ三八〇）という政策文書だった。その文書は、極東委員会に提出されるアメリカ案に決定までの期限を設け、その期限までに極東委員会が採択することができなければ、ＳＣＡＰに対して中間指令を出すという内容になっていた[94]。

中間指令とは、緊急事態が発生した場合に、アメリカ政府が極東委員会の承認なしにＳＣＡＰに対して出すことのできる指令のことである。それは極東委員会が取り消しを決定しない限り有効であり、アメリカはその決定に拒否権を行使することができた。

陸軍省がそうした強力な権限の積極的な行使を求める文書を作成したのは、極東委員会の決定が時に著しく遅れることがあったからだった。しかも、日本経済の復興にアメリカが力を注ぐほど他の極東委員会諸国の反発は強くなり、国際的合意を形成することはいっそう困難になると予想された。

実は、陸軍省はＳＷＮＣＣ三八〇を提出する以前にも、ストライク調査団の報告書に基づき作成した賠償計画（ＳＷＮＣＣ二三六／四三）に関する議論において、三週間という期限を設定し、期限を過ぎても極東委員会が決定をくださなければ、同計画を中間指令として出すべきだと主張していた[95]。だが、その主張は極東委員会との関係を重視する国務省の反対を受ける。国務省は期限を設けること自体には同意する姿勢を示しながらも、期限を過ぎた場合にはそのときの状況に鑑み、中間指令を出すかどうかをあらためて検討すべきという立場をとった[96]。

こうした国務省の立場を真っ向から否定したのがＳＷＮＣＣ三八〇だった。その文書で陸軍省は賠償計画に関する議論の中で展開した主張を引っ込めるどころか、それを一般化し、他の政策にも及ぼそうとしたのである。

だが、ＳＷＮＣＣ三八〇に対しては国務省からだけでなく、マッコイ極東委員会アメリカ代表からも強い反対意見が寄せられた。マッコイは反対の理由として、極東委員会が決定までに時間がかかることはあっても、確実に機能していることを挙げた。しかもマッコイによれば、極東委員会のような国際的な組織の場合、決定までに時間がかかるのは当然のことだった。そのことは、国際協力から得られる利益のためには支払わなければならない代償だったのである。マッコイは、アメリカ政府が「国際協力の原則を基本的方針として支持し、この原則に基づく国家の行動は国際平和の基礎を築くという考えを繰り返し表明してきた」ことを指摘しつつ、そうした従来のアメリカ政府の立場と完全に背馳するものとしてＳＷＮＣＣ三八〇を強く批判した[97]。

このマッコイの議論に「完全に同意」した国務省は[98]、陸軍省と協議を重ねた。その結果両省は、緊急の経済問題に関して期限を定めるが、期限が過ぎた場合には、四省調整委員会の構成員からの反対がないときに限り、中間指令を発出するということで合意する[99]。この合意は、国務省が極東委員会との関係を重視する限り、中間指令の発出ができないことを意味した。そのため陸軍省にとっては不満の残るものであったに違いない。とはいえ、日本経済の復興という政策目標との関係で、将来極東委員会に提出する政策文書をどう扱うかという問題については方針が定まったと言える。

SWNCC三八四

次に陸軍省と国務省の間で議論となったのは、マッカーサーに出されていた既存の指令の扱いだった。一九四七年十月、その問題に関する政策文書として、陸軍省から「日本の経済復興」(SWNCC三八四)と題された文書が提出される。その陸軍省文書は、日本が経済的な自立を早期に達成できるよう「可能で、必要なすべての措置」をとるようSCAPに求め、自立化を促進するために必要な「力点の移行(shift of emphasis)」をしたうえで既存の指令を実施するよう命じる内容になっていた。しかも、これまでの経験に照らして既存の指令が「平和的で民主的な日本の早期の経済復興に不利に影響する」とSCAPが判断した場合は、SWNCC三八四指令を優先する、すなわち既存の指令を実質的に無効にできると定めていたのである。さらに、SWNCC三八四は三省調整委員会の承認を受けた後、すぐに中間指令として発出され、また公表されることにもなっていた[100]。

SWNCC三八〇の作成者ははっきりしないのに対して、SWNCC三八四の場合は明らかである。それは、世界最大の投資銀行の一つディロン・リード社の副社長を務めた経歴をもち、一九四七年八月末から陸軍次官を務めていたドレーパー(William H. Draper, Jr.)だった。

陸軍次官就任から二週間後、日本を訪れたドレーパーは、その経済状況に強い危機感を抱く。帰国後作成された視察旅行の報告書によると、日本は表面上「戦争の荒廃から驚くべき復興をなしてきた」ようにみえるが、依然自立化にはほど遠く、インフレの昂進もみられるなど、経済・財政面は今なお著しく不安定だった。[101] 日本の復興を妨げているものとしてドレーパーがとりわけ問題視したのは、賠償政策と財閥解体政策だった。前者については、SWNCC二三六／四三に定められた計画以上の緩和が、また後者についてはその中止が必要と考えたドレーパーは、それらを実現するための布石としてSWNCC三八四を準備し、その承認をめざしたのである。[102]

ドレーパーはまた、SWNCC三八四の承認が議会対策上でも望ましいと考えていた。そのころドレーパーは、ガリオア援助のための資金に加えて、日本の経済復興を目的とする援助資金、いわゆるエロア資金を議会に要請することを計画していた。そのことは、日本国民のよりいっそうの努力と「アメリカ政府が一時的に供給する援助」で、アメリカの納税者の負担を解消しなければならないとするSWNCC三八四の中の記述によっても示唆されている。

エロア援助計画の立案は、一九四七年十月に総司令部経済科学局によって作成された研究報告書を参考に行われた。表紙の色からグリーン・ブック（Green Book）と呼ばれたその報告書は、極東の不安定な政治・経済状況にほとんど改善がみられない場合、一九四八年から五三年までに一二億ドルの援助が、改善の方向に向かう場合は、五一年までに九億五〇〇〇万ドルの援助が日本経済の自立化のために必要という見積もりを示していた。いずれの場合も、一九四八年には四億ドルの援助資金が見込まれている。[103] ドレーパーはこの研究を参考に、一九四九年度ガリオア予算として三億七六〇〇万ドル、一九四八年四月から一五カ月間のエロア予算として一億八〇〇〇万ドルを、陸軍省の占領地域予算に割り当てるよう議会に要請することを計画した。[104] 緊縮財政派が力をもつ共和党主導の議会から、総額五億五六〇〇万ドルもの援助資金を獲得するには、行政府一体で日本の経済問題の早期解決に取り組む決意であることを示す必要があると考えられた。SWNCC三八四は、まさにその決意を示すものでもあったのである。[105]

ちなみに、ちょうどドレーパーが陸軍次官として日本経済の問題に取り組み始めたころ、国務省ではケナン率いる政策企画室が対日占領政策の見直し作業に着手していた。一九四七年十月にはその作業の中間報告として、政策企画室としては初めての対日政策文書（PPS一〇）をまとめている。その文書でケナンは、日本の政治・経済は依然として不安定で、共産主義の政治的浸透のリスクに脆弱だという見方を示し、講和条約の締結延期を勧告した。ケナンによれば、講和後、「モスクワによって支配された共産主義者が日本の政治生活に浸透し、それを支配しようと集中的な取り組みを行うことは確実」だった。そうした試みに日本が抵抗することができるかどうかは「まずまずの経済的条件が存在しているかどうか、よりよい経済的将来に対する希望が維持されうるかどうか」にかかっている。このような考えからケナンは、講和条約を締結する前に、アメリカは日本の経済状況の改善に努めなければならず、SCAPに対する既存の指令がその目標に「最大限寄与するものになっているかどうか」見直さなければならないと指摘した[106]。

PPS一〇作成の背景には、日本経済の復興に向けたドレーパーの努力を後押ししたいというケナンの考えがあったと言われる[107]。しかしPPS一〇が中間報告とされたためか、そのインパクトは限定的であった。たしかに、政策企画室の提言を受け講和条約の締結は延期されたものの、ドレーパー作成のSWNCC三八四についてはその撤回、ないしは大幅な修正を求める意見が国務省内で続出したのである。

当初、ドレーパーは十一月に連邦議会の特別会期が始まるよりも前にSWNCC三八四に対する承認を得ることをめざしていた。翌年の通常会期（第八〇議会第二会期）で求める予定になっていたエロア予算だけでなく、特別会期で審議されることになっていた四八年度ガリオア補正予算の議会通過も容易にしたいという考えからである。だが国務省の抵抗は強く、SWNCC三八四に対する承認を得る前に特別会期が始まってしまう。ドレーパーは既存の指令の有効性を判断する権限をSCAPに与える規定を削除し、SCAPに対する指令（directive）となっていたのを指針（guidance）に改めるなど、国務省側に歩み寄る姿勢をみせたものの、年内の承認すら得ることはできなかった[108]。

陸軍省側の歩み寄りにもかかわらず国務省が折れなかった理由は、ドレーパーの修正案にも残されていた「力点の移行」という表現にあった。国務省はその表現が、極東委員会諸国に非軍事化・民主化といった占領目的の放棄を意味するものと受け取られ、強い反発を招きかねないと危惧したのである[109]。

マッコイ声明

一九四八年一月六日、エロア援助審議が予定されていた第八〇議会第二会期が始まる。それに合わせ、対日政策に関する演説がサンフランシスコにおいてロイヤル（Kenneth C. Royall）陸軍長官によって行われた。その演説でロイヤルは、日本占領に伴う「責任と費用」を、アメリカ勝利の「最も失望的な面の一つ」と表現し、それを解消するため「健全な自立経済」を日本において早期に実現させなければならないと訴えた[110]。

この演説から一〇日ほど経った一月十七日、まさに日本経済の自立化を目標とするエロア援助計画がロイヤルから議会に提案される[111]。こうして議会におけるエロア援助審議が近づく中、ドレーパーはSWNCC三八四に関する国務省との協議を急いだ。

SWNCC三八四には否定的だった国務省も、エロア援助自体には賛成の立場をとっていた。挫折に終わったとはいえ、国務省作成の日本経済復興計画でも財政的援助の必要性が説かれていたからである。エロア援助支持の立場から国務省は陸軍省と同様、議会や国民に対して日本経済の自立化に向けた決意を示すことが望ましいと考えていた。また、エロア援助に関する議会審議を開始することについて極東委員会諸国に公式の通知を行うことが必要という考えでもあった[112]。

そのため国務省もドレーパーとの協議を急いだ結果、両者はSWNCC三八四を声明の形に改め、エロア援助審議に関する文章を盛り込んだうえ、極東委員会において発表するということで合意する。その合意により、「力点の移行」という表現は、復興政策に「より力点（more emphasis）」を置くというものに変えられた。

一月二十一日、声明案が四省調整委員会で承認され、同日、アメリカ代表マッコイによって極東委員会で読み上げられる。その声明でマッコイはまず、日本の非軍事化と民主化が順調に成し遂げられてきた一方で、自立経済の確立はいまだ達成されていないと過去二年間の日本占領を総括した。続けて、占領の成果を確固たるものにするには自立経済の確立が不可欠と主張し、復興政策に「より力点」を置くべきと訴えた。そのうえで、エロア援助についてマッコイは次のように述べた。

アメリカ国民は日本経済に対する援助をいつまでも続けるわけにはいかないが、アメリカ政府としては、生活基礎物資のための資金に加えて、工業原材料や機械部品の輸入調達にかかる資金を提供するための一九四九年度予算に関する議会審議をまもなく始める予定である。その予算の目的は、平和産業の生産力を増大させ、日本が自立状態に向かうのを支援することにある。[113]

国務省の国際協調路線を反映して、マッコイ声明の最後では、「極東委員会とその構成国の協力は、日本の自立経済を実現するための計画を成功させるには必要不可欠」と述べられた。だが、日本復興政策の本格的始動を一方的に宣言するに等しいマッコイ声明は、日本の軍靴によって蹂躙された経験をもっていた諸国にとって受け入れがたく、協力を強いるものとしか聞こえなかったのではないだろうか。マッコイ声明から二週間後、中国のプレスの「敵意に満ちた猛烈な反応」が国務省からペンタゴンに伝えられている。[114]

しかしドレーパーに、そのような他国の反応を深刻に受け止める様子はみられなかった。ドレーパーはマッコイから、「いかなる国際協力についても完全にシニカルで」、「極東委員会を無視することに何ら躊躇がなかった」と評されるほど、他国との協力関係について無頓着だった。[115]

とはいえ、ドレーパーが日本経済の復興を推進するうえで日本とその周辺諸国の貿易関係を重視していなかったわけではもちろんない。ただ、ドレーパーはその発展可能性についてかなり楽観的な考えをもっていた。一九四八年三月の記者会見では、「アジアが共産化しても、日本は民主的でいられるか」という質問に対して、「民主的でいられる。なぜなら政治的信条に関係なく、地域間［共産主義地域と民主主義地域の間］の貿易は可能だからだ」と答えている。[116]

中華人民共和国の建国から一年が経った一九五〇年十月には、外国貿易協議会の聴衆を前に、日本が石炭と鉄鉱石、そして市場を必要としているという事情を考えると、イデオロギー的差異にもかかわらず、日本は共産中国と貿易を行うことになろうという見通しを示した[117]。

ドレーパーにとって、イデオロギーと同じく、反日世論も地域貿易発展の障害とはなりえないものだった。一九四八年五月の議会公聴会では、三月に日本を再訪したときアメリカ以外の「ある国家」と日本との間で「大きな契約」が進行していたことや、中国・フィリピンを訪れていた部下のノース（Daniel Noce）少将が両国で対日貿易の可能性について好感触を得たことにふれつつ、中国人やフィリピン人は日本人を受け入れるのに心理的抵抗を感じてはいるものの、日本商品の取得を強く望んでいると述べている[118]。ドレーパーが日本とその周辺諸国の貿易関係を重視しながらも、国務省の国際協調路線とは対照的な単独行動主義路線の立場に立つことができた背景には、こうした純粋なビジネスの論理に基づく楽観論があった。

もっとも、前年十二月に行われた別の議会公聴会では、「現在のところ、日本が侵略した国、もしくは日本と戦った国の大半」が日本との貿易に「依然として消極的だ」とも述べている。だが続けてドレーパーは、「だからわれわれは、日本の貿易を日本人、そして極東［の人々双方］に利益をもたらすものにするようマッカーサー将軍や陸軍省に対して求めてきた」と証言した[119]。ドレーパーによれば、反日世論の問題を克服するのに重要なのは経済的利益だったのである。やはりここにも人間行動を規定する要因として経済的な欲望を重視するドレーパーの見方が表れていると言えよう。

経済的な欲望を極東における地域貿易の活性化へとつなげるためには、日本人と他の極東の人々双方が利益を得る貿易体制、ドレーパーの理解では、「日本人が極東の他国に対して少なくとも財（goods）を提供し、食糧調達のための何かを受け取る」という、戦前から戦中期にかけて存在した極東の経済循環を復活させる必要があった[120]。そのためにはエロア援助を日本に支給することで、周辺諸国からの原材料の調達を可能にし、その工業生産力を再興させなければならない。ドレーパーにとって、エロア援助はまさに西ドイツの再興を西欧全体の復興へとつなげようとした「いわゆるマーシャル・プランに類似する」[121]ものとしてとらえられるべきものだったのである。

エロア援助審議

国務省が当初、中国援助計画を個別の法律として成立させることを予定していたのと同じく、陸軍省もはじめエロア援助計画を独立の法律として成立させることを考えていた。だが、最終的にエロア援助計画はヨーロッパや中国向けの援助計画とともに、一九四八年対外援助法の一部として成立している。

ただし、ヨーロッパや中国向けの援助計画とは異なり、一九四八年四月成立の授権法にエロア援助計画に関する規定はない。六月制定の歳出法に、ガリオア援助の一部を日本経済の復興のために使用することができるという趣旨の規定がその関連規定とともに置かれているのみである。「マーシャル・プランに類似する」ものとして議会に提案されたエロア援助計画だったが、法的にはかなり変則的なものになっていると言わざるをえない。

そのことはエロア援助計画の議会通過がそれほど容易なものではなかったことを示している。同計画は一九四八年一月に陸軍省から議会に送付された後、授権法案の審議のため下院外交委員会に回された。だが、エロア援助計画に対する議会の関心は低く、下院外交委員会での審議の大半はヨーロッパと中国に対する援助計画のために割かれた。エロア援助計画に関する審議は後回しとされ、議会提案から二カ月ほどが経った三月五日にようやく同計画に関する公聴会が開かれる。

その公聴会では数人の委員から日本に対する不信が示されはしたものの、マッコイ声明（ＳＷＮＣＣ三八四）の効果があったのか、対日復興援助の必要性を力説するドレーパーに対して強い反対意見が表明されることはなかった[122]。審議が後回しにされたとはいえ、公聴会を終えたドレーパーはエロア援助のための授権法案の議会通過に楽観的だったに違いない。

なお、授権法案には具体的な援助額が記されていなかったため、公聴会の一週間後、委員の要請に応える形でドレーパーから詳細な資料が下院外交委員会に送付されている。それによると、エロア援助は総額が二億七五〇〇万ドルで、日本本土の他に朝鮮半島南部と琉球諸島にも支給されることになっていた。日本本土への援助には当初の予定通り一億八〇〇〇万ドル、率にしてエロア援助全体の六五・五パーセントを充てるというのが陸軍省の計画だった[123]。

公聴会を無事乗り切ったドレーパーだったが、この資料が送付された前日（三月十一日）に下院外交委員会で思わぬ事態が起きていた。同時期に議会に提案されていた援助計画を一つの法案にまとめるという決定が下されたのである。その決定が、ジャッドなど親蔣派議員の中国重視の主張に基づくものだったというのは前章で述べた通りである。

実は、三月十一日の決定のもと、下院外交委員会によって作成された一括法案にはエロア援助計画も含まれていた。だが超党派外交の立役者として、マーシャル・プランを早期に成立させることを自らの使命と感じていたヴァンデンバーグ上院議員は、その議会通過を少しでも早めるため、エロア援助計画を一括法案から取り除くことを考える。おそらくヴァンデンバーグには、議員の関心の薄いエロア援助計画であれば、そのような措置をとっても反発を受けることはないという読みがあったのだろう。ロイヤルとドレーパーに対してヴァンデンバーグは、マーシャル・プランの議会通過後、エロア援助計画を支持すると約束し、それを一括法案から取り除くことに関して両者の同意を得た[124]。

ヴァンデンバーグの読み通り、エロア援助計画を取り除くことについて議会から強い反発が出ることはなかった。四月二日、エロア援助計画以外の援助計画を規定した対外援助授権法案が議会を通過し、翌日大統領署名を得る。ヴァンデンバーグとの約束では、次はいよいよエロア援助のための授権法案が採択にかけられるはずだった。

ところがドレーパーは、今度は外交委員会のボリス（John M. Vorys, オハイオ州、共和党）と歳出委員会のテーバーから、時間的制約により、エロア援助計画のための授権法と歳出法を今会期中に成立させることは不可能と告げられることになる。加えて両議員から、授権法の制定を必要としないガリオア援助の規定を拡大することで、エロア援助資金を獲得してはどうかという提案を受けた。授権法の制定を省くという立法上の措置にブリッジズ（Henry S. Bridges,

ニューハンプシャー州、共和党）上院歳出委員会委員長の賛同も得ることができたことから、ドレーパーはボリスとテーバーの提案を受け入れることにした(125)。

一九四九年度ガリオア予算は、包括的な対外援助歳出法案の一部として、ヨーロッパや中国向けの援助予算とともに議会審議にかけられることになっていた。五月十二日、下院歳出委員会の公聴会に出席したドレーパーは、ガリオア援助の規定を拡大することにより、エロア援助のための資金を獲得したい旨を委員会に伝えた(126)。それから一週間後の五月十九日にはトルーマン大統領が、「日本と朝鮮、そして琉球諸島における経済復興の目的のために」援助資金を使うことができるとする文言をガリオア援助の規定の中に加えるよう正式に議会に要請する。またトルーマンはその新たな目的のために、ガリオア予算を一億五〇〇〇万ドル増額し、総額一四億ドルとすることも求めた(127)。

先述のように、ドレーパーが下院外交委員会に提出した資料では、エロア援助として二億七五〇〇万ドルを要請することになっていた。にもかかわらず、なぜトルーマンは一億五〇〇〇万ドルの増額しか求めなかったのか。もし、一億五〇〇〇万ドルに六五・五パーセントを日本向けに回すという当初の割り当て率を適用すると、対日援助額は一億ドルを割り、九八〇〇万ドルとなってしまう。これほどまでに予算請求額が抑えられた理由ははっきりしない(128)。

ただ、このトルーマンからのかなり控えめな予算請求に対しても、テーバーを中心とする緊縮財政派の反応は厳しかった。彼らは、ガリオア援助予算の増額を全く認めず、マーシャル・プランのための予算を一〇億ドルも削ったうえで、その中からエロア資金を捻出するよう求めたのである。六月四日、下院において緊縮財政派の意向を忠実に反映した法案が可決された(129)。

だが、この下院案ではヨーロッパの復興を十分支援することはできず、ましてやヨーロッパ向けの援助予算から日本向けの復興資金を出すことなど到底できないというのが行政府側の考えだった。そうしたことをドレーパーなどが必死に訴えた結果、上院はヨーロッパ援助予算の減額幅を圧縮し、かつ一億二五〇〇万ドルのエロア資金を含む総額一三億二五〇〇万ドルのガリオア予算を可決した(130)。

その後、上下両院で協議が行われた結果、ガリオア予算は総額一三億ドルとなり、そのうちの一部を日本と朝鮮、琉球諸島の経済復興のために使用することが認められた。ガリオア予算は行政府提案よりも一億ドル減額されたとはいえ、一三億ドルの援助のうち、どれだけの資金を復興援助に充てるべきか、法律には記されていなかった。そのため陸軍省は、飢餓や疾病の蔓延の防止といったガリオア援助が本来目的としていたものに対する割り当てを削るなどして、できるだけ多くの資金を日本経済の復興援助に回すよう努めることになる。(131)

一九四八年対外援助法の成立

一九四八年六月二十八日、対外援助歳出法が大統領署名を得て正式に成立する。その法律に定められた対外援助の総額は約六〇億二五〇〇万ドルに上った。その内訳を記すと次のようになる。

・ヨーロッパ経済援助（マーシャル・プラン）　四〇億ドル
・ガリオア援助　一三億ドル（エロア援助を含む）
・中国援助　四億ドル（このうち二億七五〇〇万ドルが経済援助で、一億二五〇〇万ドルが贈与）
・ギリシャ・トルコ軍事援助　二億二五〇〇万ドル
・その他　約一億ドル

この歳出法と四月成立の授権法より成る一九四八年対外援助法は、マーシャル・プランを規定していたことから、ヨーロッパ政策の文脈でその重要性が指摘されてきた。(132)だが、それはアジア政策の文脈においても重視される必要がある。前章の内容も合わせて考えると、一九四八年対外援助法によって中国の統一ではなく分断を、日本の無力化ではなく強化を図る新たなアジア政策方針が決められたと言うことができるからである。トルーマン政権はまさに一九四八年対外援助法のもと、中国の大国化の追求をやめ、日本を基軸とする東アジア政策を始動させたのである。

もっとも、トルーマン政権は中国大陸で国府を支えることはできず、その分裂状態を維持することはできなかった。

だが、国府が台湾へと逃げ込み、あくまでも共産党に抵抗する姿勢をみせたために、国共間の争いに終止符が打たれることはなかった。次章でみるように、国共内戦の主戦場が中国大陸から台湾海峡へと移動し、日本重視のアメリカの東アジア政策を脅かすようになる中、中国共産党の国家統一事業の完成を阻もうとするトルーマン政権の摸索は続けられることになる。

また一九四八年対外援助法により、日本の強化がめざされることになったとはいえ、アメリカが乗り出したのは日本の経済力の再建であって、軍事力の再建ではない。よく知られるように、アメリカが日本の再軍備に乗り出すのは朝鮮戦争勃発後のことである。それまでアメリカは日本の経済力を再建することにもっぱら力を注いだ[133]。

日本の経済力を再建するには、日本とその周辺諸国、とくに中国との貿易関係の発展が欠かせないというのが、日本経済復興計画の立案にとりかかったアメリカの認識だった。だが、中国では反日世論が渦巻き、日本復興に対する反発も強かった。そのことを重くみたマーチンを中心とする国務省のグループは、日本経済復興計画を極東委員会がすでに下していた決定の枠内にとどめることで、中国世論の反発を回避しようとした。

この国務省の路線が採用されていれば、非軍事化政策からの転換はかなり中途半端なものになっていただろう。その場合、アメリカの東アジア政策における日本の位置づけも曖昧なものになっていたに違いない。

だが、それでは反日世論の反発は回避できても、日本経済の自立化達成の時期が遅れることは明らかだった。結局、国務省は日本経済の復興推進と周辺諸国への配慮という二つの要請の間でジレンマに陥り、日本経済復興計画の作成に失敗する。

そうした中、日本経済の復興の問題で主導権を握ったのは陸軍省だった。陸軍省でその問題に当たったドレーパーは、反日世論が日本商品に対する極東の人々の欲望を抑制することにはならないと考えた。この純粋なビジネスの論理に基づく見方によってドレーパーは、反日世論の問題に悩まされることなく、国務省の国際協調路線とは対照的な単独行動主義路線を主張することができたのである。もっとも、国務省の抵抗は強く、一九四八年一月のマッコイ声明に至る過程でドレーパーはかなりの譲歩を余儀なくされている。また議会審議では、議会に根強く残っていた中国重視論の煽りを食い、あやうくエロア援助予算の成立を逃すところだった。

とはいえ、国際協調路線をとる国務省が有効な日本経済復興計画を提示することができない中、陸軍省がエロア援助予算の獲得に成功したことは単独行動主義路線の勝利を決定づけたと言えよう。エロア援助予算成立後、単独行動主義路線は国務省においてもケナンを中心に受け入れられていく。その結果、ＮＳＣ一三／二によってそれが正式に採用されることになるのである。

ＮＳＣ一三／二の作成過程でケナンは、極東委員会の規程が降伏条件、すなわちポツダム宣言の条項を実施するための政策の枠組みを作成するとなっていた点に注目し、すでにポツダム宣言の条項は大方実施されてしまっているという論理で、極東委員会を実質的に「休止状態」に追い込むべきだと主張した。[134] ＮＳＣ一三／二には、そうしたケナンの主張を反映して次のように規定されることになる。

アメリカ政府は、極東委員会の検討する案件を日本が降伏条件に基く義務を遂行することに直接関係する政策事項にのみ厳密に限定し、かつ履行、執行はＳＣＡＰにまかせて大きな問題を処理すべきことについて、アメリカの立場を明確にし、他の極東委員会構成国政府にこのことを認めさせるべきである。

またＮＳＣ一三／二では、「緊急の事案において、尽力ののちにも多数の国際的支持や合意が早急には得られないことが明らかとなったときには、中間指令の発出を躊躇」してはならず、既存の指令に関する独自の解釈をＳＣＡＰに与えることもためらってはならないとされた。[135]

もっとも、ＮＳＣ一三／二で単独行動主義路線が採用されたとはいえ、その極東委員会に関する規定に陸軍省が満足していたわけでは必ずしもないだろう。というのも、ポツダム宣言に定められた降伏条件はすでに履行済みだとして、「極東委員会の存在を終わらせる方策」を追求すべきというのが、ＮＳＣ文書を作成する過程で陸軍省が示した考えだったからである。[136]しかし、極東委員会の廃止をめざすのは「少し極端に過ぎる」というのがケナンでさえも抱いた感想だった。[137]

陸軍省の提案は国務省によって受け入れられるところとはならず、アメリカが極東委員会の廃止に向け動くことはなかった。だが、ＮＳＣ一三／二に定められた規定のもと、アメリカは一九四八年十二月に「経済安定九原則」を中間指令として出すなど、極東委員会を半ば無視し、日本経済の復興を強力に推進していくことになるのである。

◆注

（1）NSC13/2 "Report by the National Security Council on Recommendations with Respect to United States Policy toward Japan," *FRUS: 1948*, Vol. 6 (GPO, 1974), p. 861.

（2）アメリカの会計年度の始期は、一九七四年制定の議会予算執行留保統制法（Congressional Budget and Impoundment Control Act）によって十月に改められるまで七月だった。

（3）Nina Serafino, Curt Tarnoff and Dick K. Nanto, "U.S. Occupation Assistance: Iraq, Germany and Japan Compared," CRS Report for Congress, RL33331 (March 23, 2006). 対日援助の規模については次のような指摘もある。

「対日経済援助がマーシャル・プラン参加国と較べて著しく少額であったと見做されがちであるが、それは必ずしも根拠はない。戦後一九五二年一二月までの対日経済援助は二四億ドル（沖縄を含む）であり、イタリアと同水準に達していた。しばしば、西ドイツとの対比において、アメリカの対日援助が非常に少なかったといわれる。たしかに、人口比でみるならば、対日援助は対西ドイツ援助の約三分の一にすぎない。しかし、国民所得比でみるならば、西ヨーロッパ諸国とほぼ同水準にあった」（浅井良夫『戦後改革と民主主義——経済復興から高度成長へ』吉川弘文館、二〇〇一年、二〇四頁）。

（4）例えば、香西泰『高度成長の時代——現代日本経済史ノート』（日本評論社、一九八一年）四六頁、大来洋一『戦後日本経済論——成長経済から成熟経済への転換』（東洋経済新報社、二〇一〇年）第一章、飯倉章「占領期 一九四五〜一九五二年」細谷千博監修、A五〇日米戦後史編集委員会編『日本とアメリカ——パートナーシップの五〇年』（ジャパン・タイムズ、二〇〇一年）一八—二六頁。マーシャル・プランについてはその効果を疑う議論がある。代表的なものとして、Alan S. Milward, *The Reconstruction of Western Europe 1945-51* (Methuen, 1984)。

（5）『日本占領重要文書』第一巻、九二頁。

（6）五百旗頭真『日米戦争と戦後日本』（講談社、二〇〇五年）一九五頁。

（7）"Reduction of Japanese Industrial War Potential," Central Decimal Files, 740. 00119 Control (Japan)/2-2147, Records of the Department of State, RG59, NA; 大蔵省財政史室編『昭和財政史――終戦から講和まで』第一巻「総説、賠償・終戦処理」（安藤良雄・原朗執筆）（東洋経済新報社、一九八四年）三七四―三七六頁。なお、戦争支持産業として賠償撤去後の残余能力以上に拡大することが禁止されたのは鉄鋼、軽金属、工作機械の他に、造船、石油精製、合成石油、合成ゴムであった。

（8）浅野豊美「ポーレー・ミッション――賠償問題と帝国の地域的再編」小林道彦・中西寛編著『歴史の桎梏を越えて――二十世紀日中関係への新視点』（千倉書房、二〇一〇年）一七六―一七七頁。

（9）Statement by Pauley, "U. S. Reparation Policy for Japan," October 31, 1945, *FRUS: 1945*, Vol. 6, pp. 997-998.

（10）*Ibid.*, p. 998.

（11）ポーレー使節団の中間報告書（Reparations from Japan, Immediate Program, Report to the President from Edwin W. Pauley）は、同使節団の最終報告書（Edwin W. Pauley, "Report on Japanese Reparations to the President of the United States: November 1945 to April 1946," GPO, 1946）に参考資料として添付されているものを利用した。

（12）外務省編『初期対日占領政策――朝海浩一郎報告書』上巻（毎日新聞社、一九七八年）一五―一六頁。

（13）ジョン・K・ガルブレイス／松田銑訳『回想録』（ティビーエス・ブリタニカ、一九八三年）二五二頁。

（14）この点については、長尾龍一『オーウェン・ラティモア伝』（信山社、二〇〇〇年）一八二―一八六頁と Newman, *Owen Lattimore and the "Loss" of China*, chap. 10 を参照。一九五二年二月二十八日の議会公聴会でラティモア自身も、自らがポーレー報告書の作成に主要な役割を果たしたと証言している（Senate Subcommittee to Investigate the Administration of the Internal Security Act and Other Internal Security Laws, Committee on the Judiciary, *Institute of Pacific Relations: Hearings*, 82nd Cong. 2nd sess., 1952, GPO, 1952, p. 3054）。

（15）オーウェン・ラティモーア／春木猛訳『アジアの解決』（青山学院大学法学会、一九七〇年）第七章、第八章。『アジアの解決』については、長尾『オーウェン・ラティモア伝』第一〇章も参照。ラティモアの『アジアの解決』は、極東問題の入門書として広く読まれ、トルーマン大統領が記者団に対して日本の降伏を発表したとき、机上にその本が置かれていたとも言われる（ラティモーア『アジアの解決』一八二頁、長尾『オーウェン・ラティモア伝』一〇四頁）。

（16）歴史家ニューマンによると、ラティモアがポーレー使節団の一員となったのは、連合国賠償委員会のアメリカ代表のスタッフとして、ポーレーのもとで働いていたパーテン（J.R. Parten）の推薦による。ポーレーにラティモアとの面識があったわけではない（Newman, *Owen Lattimore and the "Loss" of China*, p. 144）。

（17）ただし、ラティモアはヴィンセントと同じく、国府に対して批判的で、その改革を遅らせかねないトルーマン政権の蔣介石支持策には反対だった。そのラティモアにとって、日本から取り立てる賠償は中国を強化するものではあっても、国府を強化するものではなかった。回顧録においてラティモアは、日本からの賠償は「ソ連や中共あるいは国民党左派を利するものであってはならない。すべては関係諸国内部の右派に向けられるべきである」という考えに「賛成でなかった」と振り返っている（ラティモア／磯野富士子編・訳『中国と私』みすず書房、一九九二年、二四七―二四八頁）。トルーマン政権の蔣介石支持策に対するラティモアの批判的考えについては、Newman, *Owen Lattimore and the "Loss" of China*, chap. 10 も参照。

(18) Telegram from Pauley to Byrnes, November 27, 1945, *FRUS: 1945*, Vol. 7, pp. 1044-1045.

(19) 大蔵省財政史室編『昭和財政史――終戦から講和まで』第一巻「総説、賠償・終戦処理」二四一―二四七頁、George H. Blakeslee, *A Study in International Cooperation, 1945 to 1952*（東出版、一九九四年）, pp. 125-126; *The Reports by the Secretary General of the Far Eastern Commission*（東出版、一九九四年）, pp. 72-73.

(20) 大蔵省財政史室編『昭和財政史――終戦から講和まで』第一巻「総説、賠償・終戦処理」二四三―二四六頁。

(21) Pauley, "Report on Japanese Reparations to the President of the United States: November 1945 to April 1946";『朝日新聞』東京版、昭和二十一年十二月十一日、第一面。ポーレーの最終報告書については、大蔵省財政史室編『昭和財政史――終戦から講和まで』第一巻「総説、賠償・終戦処理」二五〇―二六四頁も参照。

(22) 同右、二六四頁。

(23) ガルブレイス『回想録』二四四頁、二五二頁。ガルブレイスは国務省を辞めた後、ポーレーの賠償案を批判する公開書簡をニューヨーク・タイムズに送っている（*New York Times*, December 1, 1946, p. B10)。

(24) 大蔵省財政史室編『昭和財政史――終戦から講和まで』第一巻「総説、賠償・終戦処理」三五二―三五六頁。

(25) 終戦直後の日本における食糧事情や日本政府の対応については、岩本純明「占領軍の対日農業政策」中村隆英編『占領期日本の経済と政治』（東京大学出版会、一九七九年）一八五―一八七頁や大蔵省財政史室編『昭和財政史――終戦から講和まで』第三巻「アメリカの対日占領政策」（秦郁彦執筆）（東洋経済新報社、一九七六年）二七四―二七五頁、柴田茂紀「対日食糧援助の開始と継続」『商学論集』第三三巻第二号（一九九九年三月）二七〇―二七三頁を参照。

(26) 大蔵省財政史室編『昭和財政史――終戦から講和まで』第三巻「アメリカの対日占領政策」二七五頁。

(27) 岩本「占領軍の対日農業政策」一八七―一八八頁、B. F. Johnston with Mosaburo Hosoda and Yoshio Kusumi, *Japanese Food Management in World War II* (Stanford University Press, 1953), p. 214.

(28)『日本占領重要文書』第一巻、一〇四頁。

(29) Pauley, "Reparations from Japan, Immediate Program," p. 9.

(30) 大蔵省財政史室編『昭和財政史――終戦から講和まで』第三巻「アメリカの対日占領政策」二七五頁。

（31）吉田茂『回想十年』第二巻（中央公論社、一九九八年）二三三―二三四頁。
（32）*New York Times*, March 31, 1946, p. 13; Johnston, *Japanese Food Management in World War II*, p. 215.
（33）*Ibid.*, p. 214.
（34）*Ibid.*, pp. 214-215; From Hoover, et al. to Truman, May 13, 1946, Official File, White House Central Files, Truman Papers, Truman Library. このフーバーの調査については、井口治夫『誤解された大統領――フーヴァーと総合安全保障構想』（名古屋大学出版会、二〇一八年）第一一が詳しい。
（35）吉田『回想十年』第一巻、一六四頁、大蔵省財政史室編『昭和財政史――終戦から講和まで』第三巻「アメリカの対日占領政策」二七七頁。
（36）同右、二七二頁、二七九頁、Dick Kazuyuki Nanto, "The United States' Role in the Postwar Economic Recovery of Japan" (Ph. D. diss., Harvard University, 1976), p. 64.
（37）House Committee on International Relations, *United States Policy in the Far East*, Part 1, p. 277.
（38）House Committee on Appropriations, *Military Establishment Appropriation Bill for 1947: Hearings*, 79th Cong., 2nd sess., 1946 (GPO, 1946), p. 9, p. 15.
（39）*Ibid.*, p. 879, p. 882, p. 900.
（40）*Ibid.*, pp. 14-15, pp. 19-20, p. 884.
（41）House Committee on Appropriations, *Military Establishment Appropriation Bill, 1947*, 79th Cong., 2nd sess., 1946, H. Rept. 2311 (CIS, n. d.), p. 6.
（42）*Congressional Record*, 79th Cong., 2nd sess., 1946, Vol. 92, pt. 6, pp. 7352-7353.
（43）Senate Committee on Appropriations, *Military Establishment Appropriation Bill for 1947: Hearings*, 79th Cong., 2nd sess., 1946 (GPO, 1946), p. 7.
（44）*Ibid.*, p. 28; コーエン『日本占領革命』上巻、二二五頁。
（45）Senate Committee, *Military Establishment Appropriation Bill for 1947: Hearings*, p. 88.
（46）*Congressional Record*, 79th Cong., 2nd sess., 1946, Vol. 92, pt. 6, p. 7877.
（47）*New York Times*, December 29, 1946, p. 88.
（48）渡辺武『占領下の日本財政覚え書』（中央公論新社、一九九九年）六四頁。
（49）*New York Times*, February 12, 1947, p. 1, p. 22.
（50）House Committee on Appropriations, *The Supplemental Appropriation Bill, 1948*, 80th Cong., 1st sess., 1947, Rept. 990 (CIS, n.

d.), p. 2.

（51） 五十嵐武士『対日講和と冷戦——戦後日米関係の形成』（東京大学出版会、一九八六年）六三頁、Frederick S. Dunn, *Peace-Making and the Settlement with Japan* (Princeton University Press, 1963), pp. 62-63.

（52） 大嶽秀夫編・解説『戦後日本防衛問題資料集——非軍事化から再軍備へ』第一巻（三一書房、一九九一年）二〇三—二〇五頁。

（53） Memorandum of Conversation, July 1, 1947, *FRUS: 1947*, Vol. 6 (GPO, 1972), pp. 467-469.

（54） 一九四七年対日講和条約草案については、五十嵐『対日講和と冷戦』六六—八四頁や細谷千博『サンフランシスコ講和への道』（中央公論社、一九八四年）第一章、三浦陽一『吉田茂とサンフランシスコ講和』上巻（大月書店、一九九六年）Ⅰを参照。

（55） From Jones to Walter Lippman, May 7, 1947, Folder: Dean Acheson's Speech before Delta Council at Cleveland, Miss, Box: 1, Joseph M. Jones Papers, Truman Library.

（56） Special Ad Hoc Committee, State-War-Navy Coordinating Committee, "Study on Economic Aid," Folder: Committee on Extension of U. S. Aid to Foreign Government, ibid.

（57） Ibid.

（58） デルタ演説の起草過程については、Joseph M. Jones, *The Fifteen Weeks: An Inside Account of the Genesis of the Marshall Plan* (Harcourt, Brace & World, 1955) を参照。この本の巻末にはデルタ演説が収録されている。なお、一九四七年五月のアチソン演説がデルタ演説と呼ばれるのは、ミシシッピ州クリーブランドの Delta Council における演説だったためである。

（59） ガルブレイス『回想録』二五二頁。

（60） Edwin W. Pauley, "Report on Japanese Assets in Manchuria to the President of the United States" (GPO, 1946). このポーレー報告書の第一章（General Summary）が *China White Paper*, pp. 598-604 に収録されている。

（61） From Martin to Thorpe, November 5, 1946, Folder: Correspondence 386. 3, Box: 6, Office of the Assistant Secretary for Occupied Areas, Records of the Department of State, RG59, NA. マーチンの補佐役として日本復興計画の立案に当たったバーネットも、一九七三年一月のインタビューの中で、中国の問題について次のように述べている。

「日本の復興は、ロシアとバランスを図る目的のために、友人、仲間を必要としているというワシントンの考えによって正当化された。もし中国人が友人、仲間になっていたならば大変すばらしかっただろう。だが、蒋介石は大失敗をおかしていた。彼は、共産主義者の問題を扱うのに失敗していたのだ。しかも、中国共産主義者がロシアに対する対抗勢力としてわれわれのほうに加わるという証拠は何もなかった」（Robert W. Barnett, interview by Richard D. McKinzie, January 26, 1973, Truman Library. 〈https://www.trumanlibrary.org/oralhist/barnettr.htm〉, accessed October 8, 2019）。

（62） 大蔵省財政史室編『昭和財政史——終戦から講和まで』第一巻「総説、賠償・終戦処理」二四九頁、*China White Paper*, p.

604.

(63) *Ibid.*, pp. 603–604.

(64) Pauley to Byrnes, December 28, 1946, *FRUS: 1946,* Vol. 8, pp. 601–604.

(65) Memorandum by Davies to Kennan, August 11, 1947, *FRUS: 1947,* Vol. 6, p. 486.

(66) 第１章で紹介したように、一九四四年八月の記者会見でローズヴェルトは、日本占領の目的について、日本を「平和的な諸国と進んで共存することができる」国家にすることと述べていた（出典は第１章注六二）。

(67) 大蔵省財政史室編『昭和財政史』第二〇巻「英文資料」（東洋経済新報社、一九八二年）四六四―四七一頁。

(68) 通商産業省・通商産業政策史編纂委員会編『通商産業政策史』第二巻「第Ｉ期戦後復興期（１）」（通商産業調査会、一九九一年）一〇四頁。

(69) "Decision on SWNCC302/6," May 6, 1947, Folder: CCS386 Japan (9-22-45) Sec. 16, Box: 33, Geographic File, 1946–47, Records of the U. S. Joint Chiefs of Staff, RG218, NA; 大蔵省財政史室編『昭和財政史――終戦から講和まで』第１巻「総説、賠償・終戦処理」三七七頁。

(70) Telegram from Lovett to the Acting Political Adviser in Japan (Sebald), August 20, 1947, *FRUS: 1947,* Vol. 6, p. 426.

(71) 大蔵省財政史室編『昭和財政史――終戦から講和まで』第１巻「総説、賠償・終戦処理」三七四―三七九頁、From Martin to Hilldring, May 26, 1947, Central Decimal Files, 740. 00119 Control (Japan) /5-2647, Records of the Department of State, RG59, NA.

(72) "Revival of the Japanese Economy (SWNCC381)," Records of the State-War-Navy Coordinating Committee, microfilm reel no. 31, Records of Interdepartmental and Intradepartmental Committees, RG353, NA.

(73) "Interim Report by the Far Eastern Subcommittee to the Advisory Committee on Occupied Areas," September 12, 1947, Folder: SWNCC numbered 334, Box: 6, Office of the Assistant Secretary for Occupied Areas, Records of the Department of State, RG59, NA.

(74) "Revival of the Japanese Economy (SANACC381/1)," Records of the State-War-Navy Coordinating Committee, microfilm reel no. 31, Records of Interdepartmental and Intradepartmental Committees, RG353, NA.

(75) From Whitman to Saltzman, October 14, 1947, Folder: SWNCC numbered 334, Box: 6, Office of the Assistant Secretary for Occupied Ares, Records of the Department of State, RG59, NA.

(76) 61st Meeting of the SANACC, October 23, 1947, Minutes of Meetings of the State-War-Navy Coordinating Committee, 1944–47, Records of the State-War-Navy Coordinating Committee, microfilm reel no. 1, Records of Interdepartmental and Intradepartmental Committees, RG353, NA.

(77) "Self-Support of the Japanese Economy (SANACC381/2)," Records of the State-War-Navy Coordinating Committee, microfilm reel no. 31, ibid.

(78) From Fearey to Allison, December 5, 1947, Central Decimal Files, 894. 50/12-547, Records of the Department of State, RG59, NA.

(79) 五十嵐『対日講和と冷戦』七三―七五頁、五十嵐武士「対日占領政策の転換と冷戦――対日経済復興政策の立案を中心にして」中村『占領期日本の経済と政治』所収。

(80) 同右、四四頁。

(81) Blakeslee, *A Study in International Cooperation, 1945 to 1952*, chap. 12.

(82) Summary of Meeting of U. S. Delegation, Far Eastern Commission, September 8, 1947, Folder: FEC-US Delegation Meetings, Box: 5, US Delegation Subject File, 1945-1952, Records Relating to the Far Eastern Commission, Records of International Conferences, Commissions, and Expositions, RG43, NA.

(83) From Barnett to Martin, September 8, 1947, Folder: Crank-up, Box: 2, ibid.

(84) "Revival of the Japanese Economy (SWNCC381)," NA.

(85) Ibid.

(86) From Barnett to Borton, September 3, 1947, Folder: Crank-up, Box: 2, U. S. Delegation Subject File, 1945-52, Records Relating to the Far Eastern Commission, Records of International Conferences, Commissions, and Expositions, RG43, NA.

(87) Ibid.

(88) From Fearey to Barnett, October 7, 1947, Folder: Economic Recovery, Box: 3, US Delegation Subject File, 1945-52, Records Relating to the Far Eastern Commission, Records of International Conferences, Commissions, and Expositions, RG43, NA.

(89) 日本復興問題に関する中国世論については、Nancy Bernkopf Tucker, "American Policy toward Sino-Japanese Trade in the Postwar Years: Politics and Prosperity," *Diplomatic History*, Vol. 8, Issue 3 (July 1984) や Lutze, *China's Inevitable Revolution*, chap. 5、西川『戦中戦後の中国とアメリカ・日本』第三章第二節を参照。

(90) *New York Times*, November 2, 1946, p. 4; *Ibid.*, November 3, 1946, p. 50.

(91) Edwin M. Martin, *The Allied Occupation of Japan* (Stanford University Press, 1948), p. 103. SWNCC三八一にも、日本の「近隣諸国の全面的な協力があってはじめて日本経済は自立状態に復帰することができる」と記されている。

(92) 大蔵省財政史室編『昭和財政史』第二〇巻「英文資料」五一六頁。

(93) From Martin to Hilldring, March 5, 1947, Folder: Economic Recovery, Box: 3, U. S. Delegation Subject File, 1945-52, Records

Relating to the Far Eastern Commission, Records of International Conferences, Commissions, and Expositions, RG43, NA; Memorandum by Martin to Hilldring, March 12, 1947, *FRUS: 1947,* Vol. 6, pp. 184–186; 大蔵省財政史室編『昭和財政史』第二〇巻「英文資料」五一五―五一八頁。

(94)　"Unilateral Action on Japanese Economic Problems (SWNCC380)," Records of the State-War-Navy Coordinating Committee, microfilm reel no. 31, Records of Interdepartmental and Intradepartmental Committees, RG353, NA.

(95)　Memorandum by the Army Member of SWNCC, April 7, 1947, *FRUS: 1947,* Vol. 6, pp. 382–383; From the Assistant Secretary of War (Petersen) to the Assistant Secretary of State (Hilldring), May 12, 1947, *ibid.,* pp. 390–392.

(96)　From Hilldring to Petersen, May 29, 1947, *ibid.,* pp. 405–406.

(97)　From McCoy to Hilldring, August 11, 1947, Central Decimal Files, 894. 50/8–1147, Records of the Department of State, RG59, NA.

(98)　From Hilldring to McCoy, August 15, 1947, ibid.

(99)　"Unilateral Action on Japanese Economic Problem (SANACC380/2)," Folder: CCS383. 21 Japan (3–13–45) Sec. 18, Box: 28, Geographic File, 1946–47, Records of the U. S. Joint Chiefs of Staff, RG218, NA; 大蔵省財政史室編『昭和財政史――終戦から講和まで』第１巻「総説、賠償・終戦処理」三九五頁。

(100)　"The Economic Recovery of Japan (SWNCC384)," Folder: CCS386 Japan (9–22–45) Sec. 19, Box: 34, Geographic File, 1946–47, Records of the Joint Chiefs of Staff, RG218, NA.

(101)　Memorandum for General Norstad, October 6, 1947, Folder: SAOUS, 091 Japan, Box: 18, Records of the Under Secretary of the Army (Draper/Voorhees), Recoads of the Office of the Secretary of the Army, RG335, NA.

(102)　ハワード・Ｂ・ショーンバーガー／宮崎章訳『占領　一九四五～一九五二――戦後日本をつくりあげた八人のアメリカ人』(時事通信社、一九九四年) 二〇〇―二〇四頁。

(103)　大蔵省財政史室編『昭和財政史』第二〇巻「英文資料」五二七―五三〇頁、"Green Book–Economic Rehabilitation Occupied Areas, 1 April 1948–30 June 1949," Folder: 11, Box: 8356, Records of GHQ/SCAP, Records of Allied Operational and Occupation Headquarters, World War II, RG331, NA.

(104)　ショーンバーガー『占領』二〇九頁、Memorandum of Conversation, March 2, 1948, *FRUS: 1948,* Vol. 6, pp. 957–958.

(105)　Minutes of the 61st meeting, October 23, 1947, Records of the State-War-Navy Coordinating Committee, microfilm reel no. 32, Records of Interdepartmental and Intradepartmental Committees, RG353, NA; Minutes of the 63rd meeting, January 15, 1948, ibid; From Blakeslee to McCoy, January 5, 1948, Folder: Economy of Japan-Level of Economic Life, Economic Stabilization, etc., Box: 3,

U. S. Delegation Subject File, 1945–52, Records Relating to the Far Eastern Commission, Records of International Conferences, Commissions, and Expositions, RG43, NA.

（106） PPS10 "Results of Planning Staff Study of Questions Involved in the Japanese Peace Settlement," October 14, 1947, *FRUS: 1947*, Vol. 6, pp. 537-543.

（107） ショーンバーガー『占領』二〇五―二〇八頁。

（108） Minutes of the 62nd Meeting of the SANACC, November 4, 1947, Records of the State-War-Navy Coordinating Committee, microfilm reel no. 1, Records of Interdepartmental and Intradepartmental Committees, RG353, NA; From Draper to the Acting Assistant Secretary of State for Occupied Areas (Wisner), December 12, 1947, Folder: Economy of Japan-Level of Economic Life, Economic Stabilization, etc., Box: 3, U. S. Delegation Subject File, 1945–52, Records Relating to the Far Eastern Commission, Records of International Conferences, Commissions, and Expositions, RG43, NA; "The Economic Recovery of Japan (SANACC384/1)," December 22, 1947, Records of the State-War-Navy Coordinating Committee, microfilm reel no. 32, Records of Interdepartmental and Intradepartmental Committees, RG353, NA. ＳＡＮＡＣＣ三八四／一の一部は、大蔵省財政史室編『昭和財政史』第二〇巻「英文資料」五三一―五三三頁に収録されている。

（109） From the Assistant Secretary of State for Occupied Areas (Saltzman) to Draper, November 12, 1947, *FRUS: 1947*, Vol. 6, pp. 313-314; Economic Recovery of Japan, Memorandum by the State Department, Folder: Economic Recovery, Box: 3, US Delegation Subject File, 1945–52, Records Relating to the Far Eastern Commission, Records of International Conferences, Commissions, and Expositions, RG43, NA; Minutes of the 63rd meeting, January 15, 1948, NA.

（110） 大嶽『戦後日本防衛問題資料集』第一巻、一九三―一九七頁。

（111） House Committee on International Relations, *United States Policy in the Far East*, Part 1, pp. 277–278.

（112） From Saltzman to Draper, November 12, 1947, *FRUS: 1947*, Vol. 6, p. 313; From Saltzman to McCoy, January 14, 1948, Central Decimal Files, 894. 50/1-1448, Records of the Department of State, RG59, NA.

（113） Statement to Be Made to Far Eastern Commission by United States Member and Transmitted to SCAP for Information and Released for Publication, *FRUS: 1948*, Vol. 6, pp. 654–656.

（114） From Barnett to H. O. Paxson, February 5, 1948, Folder: SWNCC384 Memos, Economic Recovery of Japan, Box: 3, U. S. Delegation Subject File, 1945–52, Records Relating to the Far Eastern Commission, Records of International Conferences, Commissions, and Expositions, RG43, NA.

（115） ショーンバーガー『占領』二二四頁。

(116) *New York Times*, March 27, 1948, p. 6; ショーンバーガー『占領』二三二頁。

(117) Tucker, "American Policy toward Sino-Japanese Trade in the Postwar Years," p. 207.

(118) House Committee on Appropriations, *Foreign Aid Appropriation Bill for 1949: Hearings*, Part 2, 80th Cong., 2nd sess., 1948 (GPO, 1948), p. 89.

(119) Senate Committee on Appropriations, *European Interim Aid and Government and Relief in Occupied Areas: Hearings*, 80th Cong., 1st sess., 1947 (GPO, 1947), p. 655.

(120) *Ibid.*

(121) House Committee on International Relations, *United States Policy in the Far East*, Part 1, p. 190.

(122) *Ibid.*, pp. 187-217.

(123) *Ibid.*, pp. 313-316.

(124) House, *Foreign Aid Appropriation Bill for 1949: Hearings*, Part 2, p. 87; Senate Committee on Appropriations, *Economic Cooperation Administration: Hearings*, 80th Cong., 2nd sess., 1948 (GPO, 1948), p. 137; ショーンバーガー『占領』二三二頁。

(125) From Draper to MacArthur and Hodge, May 11, 1948, Folder: SAOUS, Far East, Box: 12, Records of the Under Secretary of the Army (Draper/Voorhees), Records of the Office of the Secretary of the Army, RG335, NA.

(126) House, *Foreign Aid Appropriation Bill for 1949: Hearings*, Part 2, pp. 86-88.

(127) House Committee on Appropriations, *Revision of Appropriation Language for the Civil Functions, Department of the Army*, 80th Cong., 2nd sess., 1948, Doc. 659 (CIS, n. d.), pp. 1-3.

(128) 支給期間に変更があったため、予算請求額が抑えられたということは確実に言うことができる。二億七五〇〇万ドルをエロア援助として支給するという当初の計画は支給期間を一五カ月として立てられたものであった。だが、エロア援助予算をガリオア援助予算の一部として請求することになったことで、支給期間がガリオア援助に合わせ一二カ月に短縮されたのである。ただ、支給期間が三カ月短くなっただけで、予算請求額が一億二五〇〇万ドルも抑えられたとは考えにくい。

(129) House Committee on Appropriations, *Foreign Aid Appropriation Bill, 1949*, 80th Cong., 2nd sess., 1948, Rept. 2173 (CIS, n. d.); Senate Committee on Appropriations, *Economic Cooperation Administration: Hearings*, p. 573; *Congressional Record*, 80th Cong., 2nd sess., 1948, Vol. 94, pt. 6, p. 7167.

(130) Senate Committee on Appropriations, *Foreign Aid Appropriation Act, 1949*, 80th Cong., 2nd sess., 1948, Rept. 1626 (CIS, n. d.).

(131) House Committee on Appropriations, *Foreign Aid Appropriation Bill for 1950: Hearings*, 81st Cong., 1st sess., 1949 (GPO, 1949), p. 883; Senate Committee on Appropriations, *Foreign Aid Appropriation Bill, 1950: Hearings*, 81st Cong., 1st sess., 1949 (GPO,

1949), p. 796; "GARIOA and EROA Programs," Folder: Appropriations-GARIOA & EROA, Box: 1, Joseph M. Dodge Papers, Detroit Public Library, Detroit, MI; ショーンバーガー『占領』二三五頁。

（132）最近の研究では、渡邊啓貴『アメリカとヨーロッパ——揺れる同盟の八〇年』（中公新書、二〇一八年）二二一—二三頁。

（133）ただし、柴山太氏の研究によると、朝鮮戦争勃発直前の段階でトルーマン政権内では、講和後に日本の再軍備を進めることについてかなりのコンセンサスができていた。「朝鮮戦争は、一大ショックとして、日本再軍備の促進要因ではあっても、不可欠な要因ではなかった」と柴山氏は指摘している（柴山太『日本再軍備への道　一九四五～一九五四年』ミネルヴァ書房、二〇一〇年、五六七頁）

（134）Conversation between MacArthur and Kennan, March 5, 1948, *FRUS: 1948*, Vol. 6, pp. 703-704; PPS28 "Recommendations with Respect to U. S. Policy toward Japan," Policy Planning Staff Numbered Papers, microfiche no. 32, 国会図書館・憲政資料室（ＰＰＳ二八は *FRUS: 1948*, Vol. 6, pp. 691-696 に掲載されているが、Discussion 部分は省略されている）; PPS28/1, April 16, 1948, Policy Planning Staff Numbered Papers, microfiche no. 33A, 国会図書館・憲政資料室；豊下楢彦『日本占領管理体制の成立——比較占領史序説』（岩波書店、一九九二年）第六章第二節二。

（135）Agreed State-Army Draft for Incorporation in NSC13/2, *FRUS: 1948*, Vol. 6, p. 880. ＮＳＣ一三／二の極東委員会に関する規定の全文は次の通りとなっている。「アメリカ政府は、ＦＥＣ［極東委員会］の検討する案件を日本が降伏条件に基く義務を遂行することに直接関係する政策事項にのみ厳密に限定し、かつ履行、執行はＳＣＡＰにまかせて大きな問題を処理すべきことについて、アメリカの立場を明確にし、他のＦＥＣ構成国政府にこのことを認めさせるべきである。アメリカの立場は、ポツダム宣言に定められた降伏条件は実質的に履行されたという事実に根拠を置くべきである。日本の民間航空政策等、まだＦＥＣの処理範囲にある事案について、アメリカ政府は、できる限り速かに確固たる立場を確立し、攻勢的かつ積極的な態度をもってＦＥＣ構成国政府と直接交渉し、かつＦＥＣ内でアメリカの望む政策を強く擁護すべきである。緊急の事案において、尽力ののちにも多数の国際的支持や合意が早急には得られないことが明らかとなったときには、中間指令の発出を躊躇してはならない。またＳＣＡＰに対し、連合国の唯一の執行機関としての権限を、必要に応じアメリカ政府の見解を徴しつつ、十分に活用することを奨励すべきである。他方、アメリカ政府は、既出指令や、とくに『降伏後の対日基本政策』に示される一般政策の解釈を与えることにより、ＳＣＡＰを援助するのを躊躇してはならない」（大嶽『戦後日本防衛問題資料集』第一巻、二二八—二二九頁。この訳文は、一九四九年五月に大統領承認を受けたＮＳＣ一三／三の訳文として掲載されているが、ＮＳＣ一三／二の極東委員会に関する規定とＮＳＣ一三／三のそれとの間に違いはない）。

（136）From Thorp to Butterworth, May 27, 1948, Central Decimal Files, 740. 00119 Control (Japan)/4-2848, Records of the Department of State, RG59, NA.

(137) From Kennan to Butterworth, May 4, 1948, Central Decimal Files, FW740. 0019 Control (Japan) /4-2848, Records of the Department of State, RG59, NA. NSC一三/二が一九四八年十月に大統領承認を受けるまでに、陸軍省と国務省は極東委員会に関する見解をまとめることができなかった。そのため、極東委員会に関する項目については、あとからそれをNSC一三/二に組み込むという形がとられた。

第4章　戦後東アジア秩序構想の帰結

⬆ 米華相互防衛条約の調印式。前列左がダレス国務長官，右が葉公超・外交部長。後列は左からロバートソン国務次官補，ラドフォード統合参謀本部議長，顧維鈞・駐米大使（1954年12月2日，アメリカ・ワシントン。Bettmann/Getty Images）。

一九五〇年六月、朝鮮戦争が勃発する。トルーマン政権は即座に韓国防衛のための軍事介入に踏み切るとともに、台湾海峡に第七艦隊を派遣した。それにより、中国共産党の台湾侵攻は強力に抑止され、その国家統一事業の完成は阻まれることになる。

朝鮮戦争勃発直後、トルーマン政権が台湾海峡介入へと乗り出した理由について先行研究は、戦火の拡大阻止といった軍事上の要因を指摘してきた。また戦争を戦うにあたって必要な国内世論の統一を図るため、議会内外の蔣介石支持派の台湾防衛という要求に応えたとみる説もある。いずれにせよ、トルーマン政権が台湾海峡介入に踏み切るうえで、朝鮮戦争が決定的に重要だったというのが支配的な議論である[1]。

だが、そうした議論は朝鮮戦争のインパクトをあまりに大きくとらえ過ぎているように思われる。というのも、台湾防衛は一九四八年対外援助法でとられた日本の経済復興をめざす路線との関係で、朝鮮戦争勃発前から要請されていたことだったからである。

台湾は日本と東南アジアを結ぶ航路を扼する位置にある。そのことが日本の経済復興をめざすアメリカにとって重要な意味をもった。なぜなら、日本の経済復興のためにはアジア地域における貿易の発展が欠かせないというのがアメリカの認識だったからである。

たしかに、アメリカの期待通り中国が日本の貿易パートナーとして機能していれば、日本と東南アジアを結ぶ航路の問題はそれほど大きな問題にならなかったかもしれない。だが、中国がそうした役割を果たすことはほとんどなかった。

その要因は中国の政情不安に加え、中国における反日世論にあった。一九四八年対外援助法成立後、国務省は中国援助計画を日中貿易の促進へとつなげるべく、同計画の実施協定（一九四八年七月締結）に、日本を含むアメリカの占領地域に対して最恵国待遇を与えるという規定を盛り込もうとした。だが、国内の反日世論を理由に国府が強く反対したために、その規定を削除せざるをえなくなる。国務省は、同趣旨の規定を盛り込んだ交換公文を国府と交わすことも考えたが、それすらできなかった(2)。

このようにまさに国際協調主義論者がおそれた展開となり、中国の共産化も進む中、アメリカは中国にかわる日本の市場として東南アジアに注目するようになっていく。もっとも、東南アジアにおいても反日感情は激しく、また政情も安定とはほど遠い状態にあった。そのため結局は、東南アジアも経済復興をめざす日本の市場として十分機能せず、日本経済は主としてアメリカ市場に進出することで自立化の道を歩むことになる(3)（日本経済が国際収支の均衡を達成し、一応の自立化を遂げたのは一九五五年のことだった。日本と東南アジアの経済関係が緊密なものになるのはそれ以後のことである）。

東南アジアが日本経済の自立化に資することは少なかったとはいえ、日本の経済復興をめざす中でのアメリカの東南アジアに対する関心は大きく、ベトナム戦争の遠因になったとみられるほどである(4)。しかも、アメリカは対日戦において東南アジアとの間の補給路を断ち、日本を降伏へと追い込んだ経験もあってか、航路の問題をよく認識していた。

日本と東南アジアをつなぐ航路の安全を確かなものにするには、中国大陸の東側に連なる島嶼を敵対勢力に渡してはならなかった。そのような問題意識と一九四八年末の中国情勢の急速な悪化を背景に、アメリカは台湾に強い関心を向けるようになっていくのである。

とはいえ、朝鮮戦争勃発までアメリカは台湾海峡に介入しなかった。介入しなかったどころか、アチソン国務長官は一九五〇年一月のナショナル・プレス・クラブ演説で、アリューシャン列島からフィリピンへと伸びるとした防衛線に台湾を含めなかった。こうした事実が、一九四八年対外援助法で決められた日本復興政策と台湾海峡介入の関係をわかりにくくしているところはあろう。

そこで本章では、一九四八年までのアメリカの台湾政策を概観したのち、トルーマン政権が朝鮮戦争勃発までとっていたとされる台湾海峡に対する非介入の方針について、台湾占領という一九四九年七月のケナンの議論を材料に検討を行う。そうすることで、日本復興政策と台湾海峡介入の関係を明確なものにしたい。

そのあと本章では、介入から一九五四年末の米華相互防衛条約の調印に至るまでのアメリカの台湾政策をみる。介入が中国共産党による台湾併合を阻んだのは確かだとはいえ、それによってアメリカの台湾政策が確定したわけではない。中華人民共和国と中華民国という「二つの中国」の併存状況をそのまま維持するのか、しないとすれば現状をどのように変更するのかという問題があったからである。しかも、その問題をめぐるアメリカ政府内の議論は、一九五〇年代前半に東アジアで国際危機が立て続けに起きる中、一九四八年対外援助法の日本重視策のもとで否定されたはずの中国共産党打倒論を生むことになる。それを再び否定し、日本を基軸とする東アジア政策を確立したのが米華相互防衛条約だった。米華相互防衛条約と言えば、中台関係の文脈でその重要性が指摘されることが多い[5]。しかし、その歴史的意義はそれだけにはとどまらないことを本章では示したいと思う。

一　台湾政策の変遷——一九四八年まで

ペリーとハリスの台湾論

アメリカ人の中で最も早く台湾に重要な戦略的価値を見出したのは、日本開国の立役者ペリー（Matthew C. Perry）だろう。一八五四年、江戸幕府との間で日米和親条約を締結した後、部下に台湾調査を命じたペリーは、帰国後その報告書をもとに大統領や議会に対して台湾の重要性を次のように訴えた。

台湾はその地理的位置のために、アメリカが貿易の拠点とするのに非常に適している。台湾からは、中国と日本、琉球、コーチシナ、カンボジア、シャム、フィリピン、そして周辺海域にあるすべての島との間に輸送路を築くことができるだろう。また、台湾が豊富な石炭の供給能力をもつという事実は、この島をよりいっそう魅力的なものにしている。

これからますます通商のため蒸気が使用されるようになると見込まれる中、石炭は東方貿易においてきわめて大きな重要性をもつことになるだろうからである。（中略）

台湾が魅力的なのは、それが軍、とくに海軍にとって有利な位置にあるからでもある。台湾は中国の主要な商業港の多くと直接向き合う形で位置している。十分な海軍力があれば、台湾からそれら中国の港を押さえることができる。それだけでなく、中国沿海［南シナ海］の北東の入口を支配することもできよう。ちょうど、強力な海軍国がキューバを手に入れれば、フロリダ岬の南にあるアメリカ沿岸地域やメキシコ湾への入口を支配することができるように。[6]

一八五八年に江戸幕府と日米修好通商条約を結んだハリス（Townsend Harris）も、ペリー同様、台湾に重要な戦略的価値を見出した人物だった。ハリスによれば、台湾はアメリカ西海岸から中国へと向かう際には必ず通らなければならない「玄関口」のような島だった。しかも、台湾を領有すれば中国の「南北をつなぐ海の通商路を支配することができる」。こうした見方からハリスは、一八五四年三月、ビジネスで滞在していたマカオから国務長官に宛てた書簡において、他の列強が台湾支配に動く前にアメリカが台湾を領有するよう訴えた。[7]

だが、一九世紀半ばのアメリカにアジアに関心を向ける余裕はあまりなかった。南北諸州間の対立が深刻化していたからである。アメリカがアジアに対する強い関心を取り戻すのは南北戦争（一八六一―一八六五年）後、[8]とくに一八九八年のスペインとの戦争に勝利し、フィリピンを領有して以降のことだった。だが、そのころにはすでに台湾は日本の植民地となっていた。

戦前期、日本の台湾支配にアメリカが挑戦することはなかった。あったとすれば、一九二二年締結のワシントン海軍軍縮条約において、台湾の要塞化制限という条件を日本に呑ませたぐらいである。日米関係が極度に悪化していた一九四一年十一月、ローズヴェルト政権はいわゆるハル・ノートを日本に手交し、「支那……ヨリ一切ノ陸、海、空軍兵力及警察力ヲ撤収」するよう求めたが、その要求の中にある「支那」に台湾が含まれていたわけでももちろんない。

台湾基地構想

だが日米戦争開始後、ローズヴェルトは中国の大国化という方針のもと、一九四三年十一月のカイロ会談で、満州に加え台湾が中華民国に「返還」されることに対して支持を与えた。歴史家ブッシュ（Richard C. Bush）によると、ローズヴェルトは台湾を中国に帰属させるという方針をすでに一九四三年初めごろには決めていた[9]。国務省や軍部で台湾の戦後の扱いに関する議論が本格化するのはそのローズヴェルトの決断以降のことである。

一九四三年五月に国務省で作成された文書によれば、戦後の台湾の地位に関しては四つの選択肢があった。すなわち、日本支配の継続、独立国化、国際機構による管理、中国返還の四つである。このうち、中国の支持を得られ、台湾人の満足も得られそうなのは中国返還という選択肢のみとみられた。

ただし、それにはさらに無条件返還と条件付き返還という二つの方式があると考えられた。一九四三年五月の国務省文書によると、条件付きという場合、具体的には連合国に対して台湾の軍事基地の使用を認めるという条件を付けることが想定されていた。国務省と軍部では条件付き返還に対する支持が強かった[10]。

戦時中、ワシントンでは台湾を攻略し、そこから日本本土を攻撃したり、日本と東南アジアを結ぶ交通路を切断したりする作戦が練られていた。台湾の条件付き返還論がその作戦を前提にしていたわけでは必ずしもないが、かなりのところそれは戦時の作戦遂行のため獲得することが予定されていた基地の継続使用をねらう案であったとみてよいだろう。

条件付き返還支持という点でローズヴェルトも国務省や軍部と同じ立場だった。一九四三年三月、ローズヴェルトはハルに対して、「ビゼルト［チュニジア］やダカール［セネガル］、台湾港（Harbor of Formosa）といったいくつかの要衝を連合国が保持する重要性」について語っている[11]。同じ時期、彼は戦後の軍の配置についてイーデンと議論した際、「イギリスが例えばチュニジア、すなわちビゼルトに、そしてわれわれがダカールとおそらく台湾に」軍を置くという考えを示した[12]。一九四三年九月にはウェールズに対して、「太平洋において平和を強制するにあたっての台湾の戦略的重要性を強調」し、そこに戦後連合国の警察軍の基地を置くという構想を述べている[13]。台湾に基地を置くという考えは、統合参謀本部によって作成され、一九四四年一月に大統領承認を受けた戦後基地計画（ＪＣＳ五七〇／二）に反映された。ただし、カイロ宣言には単に台湾の中国返還が記されているのみである。台湾に基地を置くという構想がカイロで蔣介石と議論されたかどうかもはっきりしない。だが、蔣介石は一九四二年より、台湾の中国帰属を主張しつつも、そこに米中が共同で使用する基地を置くという考えをラティモアなどに示していた。その考えは一九四二年十二月にはラティモアを通して、ローズヴェルトにも伝えられている[14]。

蔣介石が戦後台湾にアメリカ軍の駐留を認めようとしたのは、台湾の中国帰属に対するアメリカの支持を獲得するためだったであろう。また日本の南進を防ぎ、台湾を防衛するためにはアメリカ軍のプレゼンスが必要という認識もあったかもしれない。というのも、ラティモアが一九四二年八月に作成したあるレポートの中で述べているように、「中国人は台湾を保持するのに必要な海軍力」をもっていなかったからである[15]。

なお、ワシントンで練られていた台湾攻略作戦が実行に移されることはなかった。キング海軍作戦部長やニミッツ(Chester W. Nimitz) 太平洋艦隊司令長官など海軍にはその実施を求める声がかなりあったものの、フィリピン奪還によってアメリカの極東における威信を守らなければならないと強調し、ルソン島攻略を優先すべきだとしたマッカーサー（当時は南西太平洋方面連合軍最高司令官）によって押し切られたのである[16]。またその影響からか、台湾に基地を置くという戦後構想が戦時中にワシントンと重慶の間で具体化されることもなかった。

関心の減退

しかも、日本のポツダム宣言受諾を受け国府の台湾接収を助けたあと、ワシントンは一九四八年末まで台湾に対する関心を失うことになる。たしかに、ＪＣＳ五七〇／二を更新する形で、戦争終了後すぐに作られた計画（ＪＣＳ五七〇／四〇）でも台湾には基地を設置することになっていた。だが、戦後の強い財政的制約を考慮に入れ、一九四七年八月に作成された新たな計画（JCS五七〇／八三）からは、台湾に基地を置くという構想が消えている[17]（図3）。

　また、その年に台湾で起きた二・二八事件（死者二万人以上とも言われる、外省人と本省人の間の抗争）にもワシントンは関心を示さず、ただそれを傍観するだけだった。四月にある上院議員から、台湾における「流血の惨事」への対応を問われたアチソン（当時は国務次官）は、台湾に対する中国の主権はまだ正式なものになってはいないが、アメリカはカイロ宣言で台湾の中国返還に支持を与えた、したがって「アメリカ政府は台湾の暴動を鎮圧する行動に関して、中国当局に公式の抗議をする立場にはない」と返答している[18]。五月、台北領事館の副領事としての任を終え、アメリカに帰国したカー（George H. Kerr）がヴィンセント極東局長に対して、「『二・二八事件』は台湾人と中国人との関係を回復する見込みがないほど悪化させてしまって」いると述べたうえで、台湾を国際管理のもとに置くという構想を示すと、ヴィンセントは「現在連合国の中、とくにアメリカ政府の中では台湾に関心を寄せている者はいない」と答えたのだった[19]。

　そのころトルーマン政権はマーシャルによる国共調停の失敗を受け、対中政策の再検討作業に取り組んでいた。だが、国共内戦の主戦場がまだ中国東北部にあり、中国共産党の大陸支配の能力も低く評価されていたために、トルーマン政権の関心が台湾に向けられることはなかったのである。

二　ケナンの台湾占領論

関心の高まり

一九四八年末、国共内戦は大きな転換期を迎える。その年の十一月初旬に、三大戦役の一つ、遼瀋戦役に中国共産党軍が勝利し、満州全域を手中に収めたのである。北平駐在領事のクラブの見立てでは、その後の共産党軍の進軍スピードは落ちるはずだった。だが、十一月末には早くも南京・上海防衛のための要衝である徐州に迫るなど、共産党

図3　基地計画（JCS570/83）

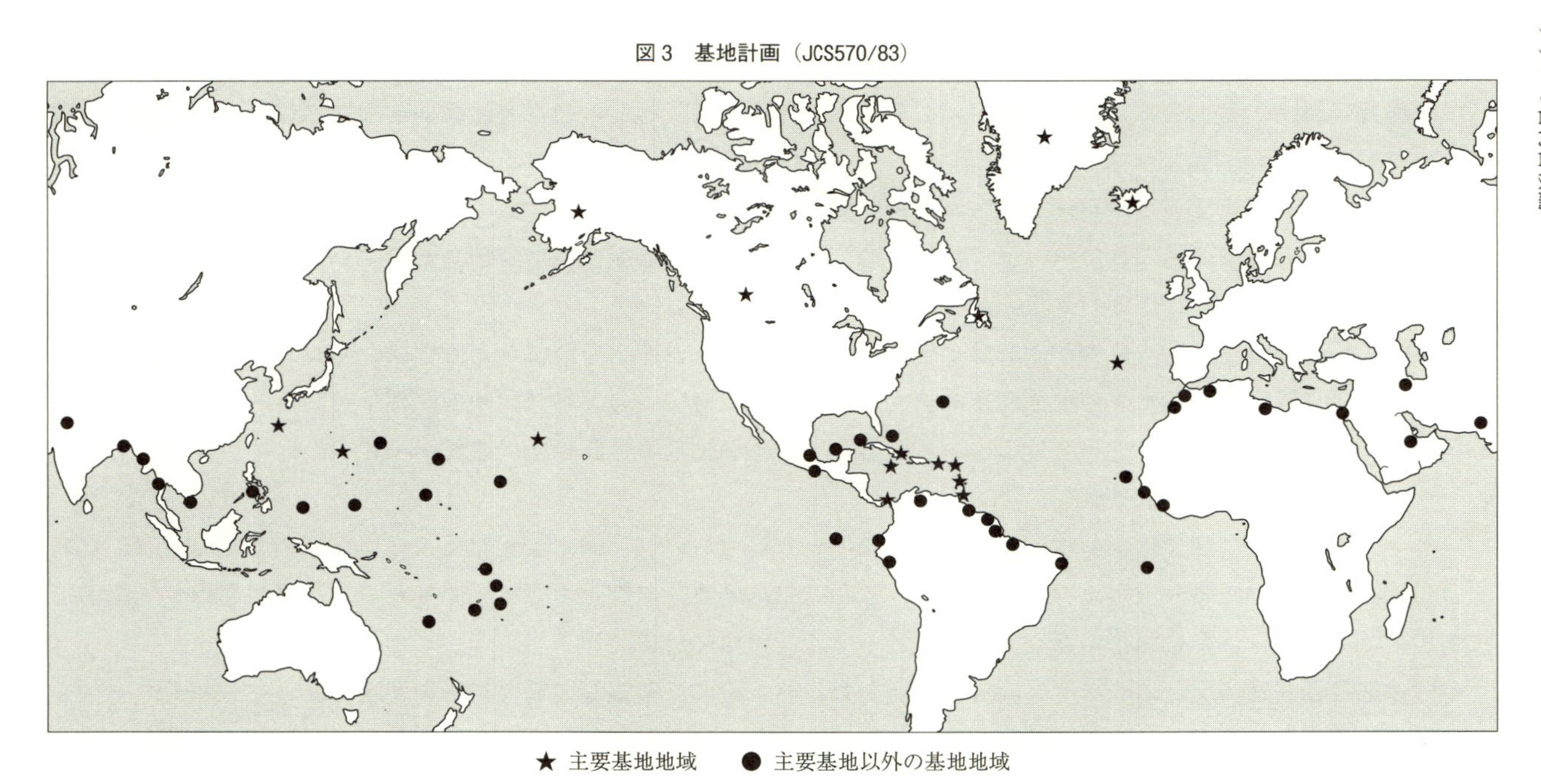

★ 主要基地地域　● 主要基地以外の基地地域

［出所］ JCS570/83 をもとに作成。

軍は満州攻略後も怒濤の進軍を続けた。

一九四八年末の中国情勢の急展開により、ワシントンでは共産党が近く大陸支配に成功する可能性が真剣に考慮されるようになる。そうした状況を背景に、台湾政策に関する本格的な議論が開始されるのである。

その議論に政策企画室の室長として参加したのがケナンだった。ケナンは一九四九年七月、彼にとっては台湾問題に関する唯一の政策企画室文書となるＰＰＳ五三をまとめる。それは、「国府統治者の台湾からの排除」を訴え、台湾に「国際的な管理体制か、もしくはアメリカの管理体制を打ち立てる」よう勧告するものだった[20]。

このケナンの台湾占領論自体はよく知られている。だが、既存の研究でそれに注目するものは少ない。台湾占領という、その内容があまりに突飛なものとみられているためかもしれない。

だが、ＰＰＳ五三はケナンの室長時代に作成された台湾に関する唯一の政策企画室文書であるばかりか、東アジアの国家・地域の問題を主題とする最後の文書でもある。そのため、その文書は日本を重視するケナンの東アジア政策構想を包括的に反映したものになっている。ケナンが、日本重視論との関係から台湾をどのようにみていたのかを知るうえで、貴重な資料と言えよう。

しかも、ケナンが台湾の占領を訴えなければならなかったところに、先行研究ではあまり指摘されてこなかった当時の台湾防衛の難しさがよく表れている。ケナンの台湾占領論が、台湾海峡に対するトルーマン政権の非介入路線の再検討を行ううえで恰好の材料となりうる理由はそうしたところにある。

その再検討作業は次節で行うことにして、本節ではケナンの台湾占領論自体に対する理解を深めたいと思う。そのためにまずはケナンの東アジア政策構想を概観し、その中での台湾の位置づけをみてみたい。

台湾の位置づけ

第二章で簡単に紹介したように、ケナンはマーシャル調停の失敗後、政府内で開始された対中政策に関する再検討作業において、国府に対する軍事援助に強く反対した一人だった。反対の一つの理由は、巨大な中国の内政問題に深入りすれば、そのコストは計りしれないということにあった。もう一つは、多大なコストを負ってまで国府の統一を助けなければならないほどの戦略的価値が中国にはないということだった。後者の点に関して、ケナンは回顧録の中で次のように述べている。

中国情勢の悪化は、必ずしもそれ自体、アメリカの利害にとって致命的な打撃とは見られなかった。中国は強大な工業国ではなかった。中国は遠い将来にも強大な工業国となる見通しはなかった。しかも、中国は近い将来にアジア大陸から外を窺うほどの軍事大国になれそうもなかった。(21)

一九四〇年代後半の中国が強大な工業国でなかったことは確かである。近代化は遅れ、対日戦と国共内戦によって国土は著しく荒廃していた。しかし、なぜケナンは遠い将来にも中国が強大な工業国となる見込みはないと考えたのだろうか。

一九四八年九月にケナンがマーシャル国務長官に提出した対中政策に関する文書（PPS三九）によると、その理由は中国の人口圧力が生み出す次のような悪循環にあった。つまり、中国の巨大な人口が生活水準の向上を妨げ、それによって国内は不安定となり、経済・文化の発展は遅れ、出生率は高止まりのまま、という悪循環である。そうした厳しい環境の中で民主主義が根づくことはできず、中国を支配するのは「混乱か全体主義」しかない。たしかに「全体主義は、強制的な『社会主義化』といった過激な措置によって循環を断ち切ることができるかもしれない」。しかし「そのような措置は、社会構造全体に巨大で長期にわたるコストを強いることなしには実施されえないだろうし、最悪の場合、騒擾を引き起こし、混乱状態が再び中国にもたらされることになろう」とケナンは指摘した。(22)

中国の巨大な人口は、一九世紀後半の急速な工業化を背景に、アジア太平洋方面へと目を向けたアメリカ商人にとって開拓すべき夢の市場だった。第二次世界大戦中にアジアの大国として中国を位置づけたローズヴェルトにとっては、重要なパワーの源泉だった。しかしケナンは中国の巨大な人口をその発展を妨げる元凶、回顧録の中の言葉を借りれば「弱さの源[23]」とみたのである。

強大な工業国となりえない中国が、自力で軍事大国になれるはずはない。そのため、ケナンは中国共産党が大陸支配に成功したとしても――その可能性は低いとみていたのだが――中国が「それ自体」、アメリカの脅威になることはないと考えたのである。一九四八年九月、ケナンはナショナル・ウォー・カレッジでの講演において、「我が国の安全が脅かされるのは、工業力と技術、人的資源、人的活力、そして気候の諸要素が結合して、［他国が］近代的軍隊を創設、装備し、我が国に対する上陸作戦を敢行できる能力をもつときのみである」と説いている[24]。アジア方面で「近い将来」、そのような能力をもつ可能性のある国家があるとすれば、「極東における唯一の、潜在的な軍事・産業の大基地」である日本だった[25]。

一九四八年二月作成の政策企画室文書（ＰＰＳ二三）でケナンは、その日本と戦前からアメリカの軍事拠点として機能していたフィリピンを太平洋方面における安全保障上の「要石（corner-stone）」と表現した。続けて、「それらを効果的に統制し続ければ、われわれの時代において、われわれの安全に対する東方からの深刻な脅威はないであろう」という見方を示している[26]。

翌月、対日占領政策の再検討のため日本を訪れたケナンは、マッカーサーと会談する。その会談でマッカーサーがケナンに説いたのは沖縄の重要性だった。会談後、ケナンはマーシャル国務長官宛の文書において、マッカーサーの主張をほぼそのまま繰り返す形で次のように指摘している。

> 沖縄は西太平洋におけるわれわれの攻撃戦力の中心となろう。それは、アリューシャン列島と琉球諸島、旧日本委任統治諸島、そしてもちろんグアムを含むＵ字型のアメリカの安全保障地帯の中心となり、最も前進した拠点となる。われわれは、東アジア中央あるいは北東アジアのいかなる大陸港における上陸作戦部隊の集結、および大陸港からの出撃

をも阻止するために、沖縄を拠点にした空軍力に加え、前方展開された海軍力に依存することになろう[27]。

このようにケナンは、一九四八年前半には日本列島、沖縄、フィリピンの重要性を指摘していた。ただし、その時期までのケナンの言動に台湾に対する強い関心をうかがわせるものはない。沖縄を西太平洋におけるアメリカの「攻撃戦力の中心」と位置づけたケナンは、ペリーやハリス、ローズヴェルトとは違い、台湾を軍事的に積極的に活用すべき島とはみていなかった。また一九四八年九月になっても、中国大陸のすべてが共産主義者の手に落ちるという考えは「空想」に近いと説いていたケナンにとって、台湾が共産勢力によって脅かされるという事態はまだほとんど考慮の対象外だった。日本列島、沖縄、フィリピンの重要性を指摘したからといって、ケナンが台湾にまで関心を向けなければならない理由は何もなかったのである。

だがその後、国共内戦は中国共産党の大陸支配の可能性をケナンも真剣に考慮しなければならないほど深刻な情勢となっていく。十一月、国務省はまさにその可能性を前提に統合参謀本部に対して、「クレムリンの指導のもとにある共産主義者」が台湾を掌握した場合、それがアメリカの安全の問題に及ぼす影響についての研究を依頼した。その依頼に応え、統合参謀本部は十二月一日に国家安全保障会議に研究報告書（ＮＳＣ三七）を提出する。その中で統合参謀本部は、台湾を統制下に置いた勢力は、「日本とマレー地域の間の海上交通路」を支配することができるようになると、日本と東南アジアを結ぶ航路の安全の問題を指摘した。また、同勢力は「琉球諸島とフィリピンに支配を拡大する能力」を著しく向上させることができ、台湾が日本の主要な食糧供給地の一つとなることを妨げることもできると述べている。これらいくつかの点から、「クレムリンの指導のもとにある共産主義者」が台湾を掌握すると、アメリカに「ひどく好ましくない」影響が及ぶというのが統合参謀本部の見解だった[28]。

この統合参謀本部の報告書に対するケナンの直接の反応は不明である。だが、それは沖縄とフィリピンの重要性をすでに説いていたケナンが、台湾に対しても関心を深める一つの契機となったのではないだろうか。しかもその報告書が、日本とマレー地域を結ぶ海上交通路の問題を指摘したことは、一九四九年三月の政策企画室文書（PPS五一）において、東南アジアを日本の貴重な天然資源・食糧の供給地で、かつ市場と位置づけたケナンにとって重要な意味をもったに違いない。[29]

ケナンはPPS五一で、日本から東南アジアを経てインドに至る地域を「封じ込め線（line of containment）」と規定した。[30]一九四九年七月に台湾の占領まで主張したケナンにとって、台湾はその封じ込め線の欠かせない一部だった。もちろん、台湾が日本のように潜在的に巨大な軍事・経済力をもっていたわけでも、東南アジアのように豊富な天然資源をもっていたわけでもない。そうであるにもかかわらず台湾が重要であった理由はまさにその地理的位置にあったのである。

台湾占領論

こうした台湾の地政学的価値に対する高い評価を背景に、ケナンは台湾の占領を訴えた。占領が必要な理由についてケナンは、台湾を「共産主義者に渡さず、大陸の権力からその島を分離する唯一の確実な」方法だからだと述べている。[31]たしかに、占領という手段は台湾の共産化を防ぐ「確実な」方法だったであろう。だが、それが確実な「唯一の」方法だとケナンが考えたのはなぜだろうか。海軍の台湾海峡派遣など、台湾の共産化を確実に防ぐための方法は他にもあったのではないだろうか。

たしかに、台湾に対する大陸の脅威が軍事的脅威であったならば、海軍を台湾海峡に派遣するだけで十分だったであろう。だが、ソ連の援助によって中国共産党が海空軍力をつけてくる一九五〇年春ごろまでワシントンでは、中国共産党に台湾侵攻のための十分な軍事的能力はないというのが一般的な見方だった。[32]そのためもっぱら憂慮されたのは、中国共産主義者の政治的浸透の可能性だったのである。[33]

だが、まともな海空軍力をもたない勢力の台湾支配などおそれる必要はないはずである。アメリカがおそれていたのは中国共産主義者の台湾支配を通して、ソ連が台湾に軍事基地を獲得することだった。そうした懸念は、一九四八年十一月に国務省が統合参謀本部に対して、わざわざ「クレムリンの指導のもとにある」共産主義者による台湾支配の影響を研究するよう依頼しているところに表れている。

共産主義者の政治的浸透が憂慮されたのは日本においても同様である。ケナンによれば、日本が政治的浸透のリスクに脆弱である主たる原因は敗戦に伴う経済的苦境にあった。そのようにみるケナンが、一九四七年から四八年にかけて、ドレーパーを支援し、強力に日本の経済復興を推進しようとしたというのは第三章でみた通りである。

台湾の経済状態も決してよくはなかったが、根本的な問題は一九四七年の二・二八事件の原因ともなった国府の非民主的で腐敗した統治にある。それがワシントンにおける支配的な見方だった。その悪政が大陸同様、台湾でも共産勢力の伸張を助けることになると憂慮されたのである。

そうした事態を防ぐ手段として国務省では、台湾人を主体とする独立政府の建設を密かに支援し、台湾を国共内戦から完全に切り離すという方法が考えられた[34]。だが、一九四九年三月に駐華大使館のマーチャント（Livingston T. Merchant）によって行われた調査により、台湾の独立運動はきわめて弱体であることが判明する[35]。

しかも、四月に開催された国共間の和平協議が決裂に終わり、共産党軍が揚子江以南へとなだれ込んだことで、国民党関係者が多く台湾に押し寄せることになる。それ以前からの避難民も合わせ、その数は五月の時点ですでに五〇万から一〇〇万に上るとみられた。マーチャントはバタワース（W. Walton Butterworth）極東局長（ヴィンセントの後任として、一九四七年九月に就任）に宛てた覚書に、この避難民が台湾に与える「経済的インパクトは巨大」だと記している[36]。腐敗した国府にそのインパクトをうまく処理しうる能力があるとは考えられなかった。

こうした台湾の絶望的な状況により、国府軍指導者の共産党への寝返りまでもが懸念されるようになる中、バタワースは六月の覚書で、国連監視のもと住民投票を実施し、台湾の国際的地位を決定するという案を示した。そのために、まずは国連の特別総会の開催を要請すべきというのがバタワースの考えだった[37]。

だが、バタワース自身も認めているように、たとえ国連の支持が得られたとしても、住民投票の実施が台湾当局によって受け入れられる可能性は高くなかった。また、国連の介入を求める案は最終的にどうなろうと、審議やその準備に時間がかかる。その間に台湾は共産化しかねなかった。

結局のところ、台湾内部の状況を改善し、その共産化を防ぐには台湾占領しかない、それが七月にPPS五三をまとめた際のケナンの考えだった。ケナンと言えば、ソ連を政治的脅威ととらえる見方から、軍事的手段に重きを置く冷戦政策に否定的だったというのが一般的な理解である。しかし、ソ連が軍事的脅威に転化する可能性自体をケナンが否定していたわけではない。むしろその可能性を前提に、台湾のような戦略的要衝を共産勢力に渡してはならないというのがケナンの主張だった。しかも台湾の場合、極度に深刻な政治的脅威に晒されているとみられたからこそ、軍事的手段の行使も伴う占領という措置が必要だったのである。

ただ、ケナンは台湾占領をアメリカ単独ではなく、フィリピンやインドなどアジア諸国の政治的イニシアティブのもとで行うことも考えていた。その方法のほうが国務省では好まれるだろうという予測のもと、ケナンは詳細な外交上の手続きや順序を記した付属文書を添付している[38]。

だが、フィリピンなど他国の同意が得られたとしても、軍事的負担の多くはアメリカが担わざるをえない。またたとえ他国の同意が得られなくても、アメリカは行動をためらうべきではない。それがケナンの考えだった[39]。

アメリカ単独で台湾占領を行う場合、台湾の中国帰属に支持を与えていたカイロ宣言との矛盾がきびしく問われることが予想された。しかしケナンは、カイロ宣言発表時からの状況の変化を理由に、その宣言の無効を主張することができるだろうし、太平洋地域の安定、台湾住民の利益のためといった理由で、占領を正当化することもできると指摘している[40]。

台湾の最終的地位についてはバタワースと同じく、国連監視のもと住民投票で決定すべきというのがケナンの主張だった。ケナンは付属文書の中で、台湾住民に問うべきいくつかの選択肢を挙げている。その中には、国連による信託統治や独立という選択肢と並んで、大陸政権による支配という選択肢もある。[41] しかし、ケナンはあえてその選択肢を選ぶ台湾住民が多数を占めるとは考えていなかったであろう。国連による信託統治か独立という選択肢が多数の支持を得ると踏んでいたに違いない。

ケナンの台湾占領論には、なぜ占領まで訴えたのかという問題の他に、考えるべき問題がある。中ソ離間策との関係である。

ケナンは封じ込め政策の主唱者だっただけでなく、中ソ離間策の提唱者でもあった。歴史家メイヤーズ（David Mayers）はそのことを踏まえつつ、台湾に関するケナンの提言が中ソ離間策と矛盾すると指摘する。台湾占領というアメリカの行動が、大陸における反米ナショナリズムを刺激し、中ソの関係をいっそう緊密なものにしてしまうからである。[42] だが、そのことをケナンが認識していなかったわけではなく、彼はPPS五三の中で台湾占領という提言が中ソ離間策と矛盾することを認めている。[43] したがって考えるべきは、ケナンがその矛盾を自らの政策構想の中でどのように処理していたのかということなのである。

この疑問を解くには、そもそもケナンがなぜ中ソ離間の必要性を訴えたのかを考える必要がある。先にみたように、ケナンは中国の戦略的価値を低く評価していた。それにもかかわらず、彼が中ソ離間を訴えたことは奇妙に映る。中国に高い価値がないのであれば、それをソ連から引き離したところであまり意味はないはずだからである。それともケナンは、アメリカにとって資産になりえない中国が、ソ連にとっては価値ある資産になるとみていたのだろうか。

ケナンは、中国がソ連にとって貴重な経済的資産になるとは考えていなかった。中国は遠い将来にも強大な工業国になりえないばかりか、豊富な資源をもってもいないからである。中国の石炭資源はソ連のそれと比較すればわずかで、石油資源となるとなきに等しい。鉄鉱石も中国よりソ連で多く産出する。たしかに中国は人的資源を豊富にもつが、ソ連はそれをあまり必要としていない。しかも中国に近い東部とソ連経済の中心地である西部をつなぐ交通網は原始的な状態のままである。[44]

一方でケナンは、莫大な人口を有する巨大国家・中国の忠誠がソ連にとって価値ある政治的資産になるとはみていた。一九四八年九月の政策企画室文書（ＰＰＳ三九）には、ソ連にとって「中国の獲得は大きな政治的勝利」となるであろうし、他の東アジア地域に政治的攻勢を強めるためのバネともなりうるとの見方が示されている[45]。ケナンがとりわけ憂慮したのは日本に対する攻勢だった。回顧録には、「中国の大半で共産主義が勝利を収めたことは、日本に対する共産主義の圧力を高めることにつながるだろう」とみていたことが記されている。ケナンによれば、東アジアにおける最悪の事態は、アメリカに対して「敵意をもった中国と日本」が同時に出現することだった[46]。

一九四八年九月作成のＰＰＳ三九には、中国の軍事的価値に関する記述もある。それによると、「近い将来におけるいかなる戦争においても、中国はせいぜい弱体な同盟国か、最悪の場合でも重要でない敵となるに過ぎない」[47]。この評価は、「中国は近い将来にアジア大陸から外を窺うほどの軍事大国になれそうもなかった」という、先に紹介したケナンの回顧録の記述と符合する。ただし、ケナンがその回顧録で、中国が強大な工業国となる可能性は「遠い将来」もないと述べる一方で、軍事大国化する可能性については「近い将来」ないと言うにとどめている点に注意すべきだろう。ＰＰＳ三九にも同様に、「近い将来」という限定が付されている。このことは、中国が「遠い将来」軍事大国化することもありうるとケナンがみていたことを示唆しているのである。

遠い将来にも強大な工業国になりえない中国が軍事大国となるには、外国の援助によるほかない。ケナンは共産化した中国がソ連の援助により、軍事大国化する可能性をおそれていた。もちろん、ソ連が自国への挑戦を可能にするほどの大国化を中国に許すことはないだろう。それどころか、ソ連は中国の巨大な人口や経済的後進性、政治的混乱により、中国の物的、人的資源を十分動員することさえできないかもしれない。しかし、中国の共産主義がソ連にとって貴重な政治的資産となるばかりか、ソ連の「軍事的パワーの付属物」として「われわれにとって大きな重要性」をもつ可能性がある以上、中ソ離間が必要なのである[48]。

とはいえ、ケナンはたとえアメリカがそれをめざさなくても、やがて中国共産党はソ連圏から離脱していくだろうとみていた。中国共産党が国際主義的思考よりナショナリスト的思考を重んじる団体だというのは政策企画室のデイヴィスがかねてより指摘していたことだったし、ソ連の拡大性向が中国との間に摩擦を生むことは必至と考えられたからである。後者に関して、一九四八年九月作成のＰＰＳ三九には、ソ連は間違いなく中国を完全な支配下に置こうとするだろうとある。また国境の安全を確実なものにするため、「少なくとも満州の北西部と新疆」に中国共産党政権とは異なる政権を打ち立てようともするだろう。そうしたソ連の行動が中国のナショナリズムを刺激することは間違いない(49)。

一九四八年夏に、忠実なスターリン主義者とみられていたユーゴスラヴィアの指導者チトーがモスクワから離反したことは、ケナンの中ソ離間に対する見通しをより強固なものにした。中国の共産勢力はユーゴスラヴィアのそれと同様、かなりの程度、自力で権力を築き上げることに成功した。しかも、「毛沢東はチトーよりもほぼ一〇倍の長さの期間にわたり権力の座にいる(50)」。そのため中国の共産勢力はモスクワに対してより自立性が高く、それだけソ連圏から離脱する可能性も大きい。ケナンは一九四八年十月、ネーバル・ウォー・カレッジでの講義において、「チトー主義がヨーロッパにおいて拡大するかどうかはわからない。しかし、チトー主義がアジアにおいて拡大するであろうことはほぼ間違いない。なぜならアジアにはそのための条件が存在するからである」と述べている(51)。翌年二月、ケナンは政策企画室文書ＰＰＳ三九／二において、「政治的・経済的手段を通して、中国共産主義者とソ連の間の亀裂、また中国における党内外のスターリン主義者とその他の者との間の亀裂を利用」するべきと勧告した(52)。

しかしケナンは、その文書にある「政治的・経済的手段」とは具体的に何なのかを、明確にすることができなかった。一九四九年一月のある覚書で、「中国の共産主義指導者がアメリカ人の言うことに真剣な注意を払うと信じることはできない」と述べたケナンは(53)、中国共産党に対するアメリカの影響力の限界を強く感じていたようである。そのためケナンはＰＰＳ三九／二で中ソ離間策を提言しておきながら、同文書において、中国共産党が「長期間」アメリカに対して疑い深く、敵対的であり続けるという見通しを示さざるをえなかったのだろう。実際のところ、ケナンにとってアメリカにできることと言えば、「内政干渉とみられるようなことを慎重に」避けることで、中国の排外的なナショナリズムの矛先がソ連ではなくアメリカに向けられることを防ぐという程度のものでしかなかった[54]。

だが、それすらも台湾との関係で難しいことは明らかだった。そのことをケナン自身、台湾占領を提言した文書の中で認めているというのは先に述べた通りである。ただケナンにとって、中ソの分裂はアメリカの行動如何にかかわらず、いずれ生じる不可避のことだった。また台湾の共産化を防ぐことさえできれば、中ソの結び付きで当面警戒しなければならないのは、中国の忠誠を背景にしたソ連のアジア諸国、とくに日本に対する政治的攻勢だけだった。それに対してはすでに対日占領政策の転換によって手を打っていた。しかも、台湾の共産化を防ぎ、中国共産党の国家統一事業の完成を阻むことができれば、ソ連の政治的攻勢を弱めることができるとも考えられた[55]。明らかにケナンにとって中ソ離間は、「封じ込め」線の一部と位置づけた台湾の共産化を許してまで追求すべき目標ではなかったのである。

三　台湾海峡介入——非介入路線と朝鮮戦争

アチソンの東アジア政策論

台湾占領というケナン提言の受け取り手はアチソンだった[56]。また、トルーマン政権の台湾政策を牽引したのもアチソンである。

アチソンと言えば、第二章で述べた通り、対日戦が終了する前後の時期、日本の徹底的改革を求める対日強硬派の一人だった。その時期、アチソンは中国の大国化という方針のもと、蔣介石を強力に支援しつつ、国共調停を行うというトルーマン政権の対中政策の強い支持者でもあった。

ただし、アチソンの対外的関心の大部分はアジアではなくヨーロッパのほうに向けられていた。そうした状態は国務長官就任後も変わらず、四年にわたった長官時代、アチソンのヨーロッパ訪問は一一回に及んだが、アジア訪問がなされることは一度もなかった[57]。

だがその時代、アジアでは中国の共産化や朝鮮戦争の勃発、それに中国義勇軍の朝鮮戦争参戦など、アメリカ世論を震撼させるような出来事が立て続けに起きた。それらへの対応に追われたアチソンは結局のところ、多くの時間をアジア、とくに中国の問題に割かざるをえなかったのである。

アチソンは、国務次官時代（一九四五年八月から一九四七年六月まで）に国共調停に当たるマーシャルからの電報を大統領に取り次ぐ役割を担うことで中国の問題に関与した経験をもっていた。歴史家ベイスナー（Robert L. Beisner）によれば、アチソンはその役割を通してマーシャルが国府に対して募らせていった嫌悪感を共有するようになった[58]。また、マーシャルでも解決することのできなかった中国の混乱をみる中で、トルーマン政権の高官の多くがそうであったように、アチソンもまた中国に対する評価を改めていったようである。国務長官に就任した翌月の一九四九年二月、アチソンは蔣介石への大規模援助を求める共和党議員団に対して、中国は交通手段も通信手段もない前近代的な国家である、また資源も乏しい、中国を支配するのは「無知と無気力」である、したがって「中国は攻撃のための跳躍台とはならない」、むしろ跳躍のための足をとる「沼地」であると述べている[59]。こうした見方からアチソンは国務長官就任時（一九四九年一月）、中国共産党の大陸支配が著しく拡大していたにもかかわらず、急を要する国際問題のリストの中に中国を入れなかったのである[60]。

一九五〇年にケナンの後任として政策企画室長に就いたニッツェ（Paul H. Nitze）は、「もし中国が大きな経済的潜在力をもっていたならば、アチソンは中国により多くの関心を向けただろう。しかし、中国はそれほど大きな経済的潜在力をもっていなかった」と回顧している[61]。ニッツェの言う潜在的な経済力という点からすれば、中国よりはるかに日本のほうが重要だった。一九四七年五月、アチソンがデルタ演説で、日本をドイツと並ぶ世界の「工場」と呼び、その復興の必要性を訴えたことはすでに述べた通りである。

アチソンのみるところ、もし中国に何らかの価値があるとすれば、それは世界の「工場」・日本を稼動させるための市場、原材料供給地としての価値だった。とくに、国務省作成の日本経済復興計画にあったように、中国の原料炭は重要だった。国務長官に就任する少し前（一九四八年十一月三日）、アチソンはまさにそのことを指摘する研究レポートを受け取っている。経済協力局で作成されたそのレポートによれば、原料炭をはじめとする中国の「資源がなければ、日本が生存可能な経済を実現する見込みは全くない」。厄介なことに、中国の資源の多くは中国共産党が勢力を伸ばしていた満州と華北にあった。研究レポートはそのことを踏まえ、「われわれの最も重要な関心事項は、満州と中国北部の共産主義支配からの解放でなければならない」と主張し、そのための国府軍の強化を訴えた[62]。

だが、そうした共産党打倒をめざす路線はすでに中国援助計画の策定過程で否定されていた。日本のためと言われても、アチソンにそれを覆す考えは毛頭なかった。日本の経済問題を解決するためアチソンがとったのは、戦略物資などに対する一定の制限のもと、日本と共産中国との間の貿易を容認するという方針だった。一九四九年二月、アチソンはそうした方針をまとめた文書（ＮＳＣ四一）を国家安全保障会議に提出する。それによれば、日本が中国との貿易を必要としているだけでなく、中国も対日戦、そして内戦からの復興のため日本との貿易を必要としていた。そのため中国が共産化しても、日中貿易の回復は可能なのである[63]。

アチソンは、日中貿易を日本の復興を早めるための手段としてだけでなく、中ソ離間策の一つの手段としてもとらえていた。ＮＳＣ四一には、「中国と日本、そして中国と西側世界の間に相互に有益な貿易関係が回復し、それが中国にとって徐々に重要なものとなっていけば、クレムリンと共産中国の方針との間に深刻な摩擦が生じることになろう。その結果、独立した中国共産政府が誕生することになるかもしれない」と記されている[64]。歴史家タッカーによれば、アチソンは「日本を梃子に、中国共産主義者の急進性を和らげ、米中関係を改善しよう」と考えていた[65]。

だが一方でアチソンは、日本の対中貿易に対する依存度が過度に高くなるような事態は防ぐ必要があるとも考えていた。日本が中国共産主義者の性格を変える梃子になるどころか、彼らに取り込まれかねないからである。一九五〇年一月十日、アチソンは上院外交委員会で行われた公聴会において、「われわれのアジアにおける関心の真の対象」は中国ではなくその周辺、すなわち日本から東南アジアを経てインドに至る「三日月地帯、もしくは半円地帯」であると述べている[66]。歴史家シャラー（Michael Schaller）が指摘するように、この発言の背景には日本の輸出入市場として東南アジアが機能することに対するアチソンの強い期待があった[67]。

台湾防衛を否定

以上の記述からわかるように、中国、日本、東南アジアに対するアチソンの見方はケナンのそれと酷似している。そのことは、反りが合わなかったと言われるアチソンとケナンだが、少なくとも東アジア政策に関しては両者の間にかなりの意思の疎通があったことを示しているように思われる。アチソンが関心を向けるべき「真の対象」と指摘した「三日月地帯」も、ケナンの「封じ込め線」の概念を下敷きにしたものだったであろう。

だが、奇妙なことにアチソンは、ケナンが封じ込め線の一部と位置づけ、占領まで主張した台湾の防衛を、まさに三日月地帯について述べた公聴会において否定した。防衛線をアリューシャン列島からフィリピンに伸びるものと規定しながら、そこに台湾を含めなかったアチソンのナショナル・プレス・クラブ演説が行われたのはその二日後（一月十二日）のことである[68]。

もちろん、アチソンが台湾に対する中国共産党の脅威を認識していなかったわけでも、それを低くとらえていたわけでもない。ナショナル・プレス・クラブ演説の翌日に開かれた上院外交委員会での公聴会では、台湾の共産化が「不可避」であるという見方すら示している[69]。

だが、その公聴会でもアチソンは台湾防衛を否定した。アチソンによれば、外モンゴルを中国から切り離すことに成功したソ連は、内モンゴルや満州、そして新疆までも自らの支配下に入れようとしていた。中国人民の敵意はそのソ連にこそ向けられるべきで、わざわざアメリカがそれを買うような行動は慎まなければならない。アチソンが言うには、「もし中国で心理的な反発を買いたいのであれば、最もよい方法は台湾問題に首を突っ込むこと」だった。[70]

中ソ離間の可能性とアメリカのとるべき行動について、アチソンは右の発言と同様のことを一月十二日のナショナル・プレス・クラブ演説でも述べている。アチソンによれば、ソ連が「中国北部地域を分離し、それを自国に併合しようとしていること」は、「アジアと諸外国との関係でただ一つ最も重要な事実」だった。中国の民衆は必ず「正当な怒り、憤り、憎悪」をソ連に向けることになろう。われわれは、そうした中国民衆の感情をわれわれのほうへ向けさせるような「馬鹿げた」ことをしてはならない。こう説いたのちアチソンは次のように述べた。

われわれはこれまでつねにとってきた立場、つまり中国の保全を脅かすものは中国の敵であり、われわれの利益に反した行動をとっている者であるという立場を保持していくべきである。これこそ本日私が諸君に述べている米国のアジア政策を立案する場合の最大の規範なのである。[71]

中国の領土的統一性の保全が、アジア政策における「最大の規範」であったかどうかはともかく、一九世紀末以来アメリカが中国に対してとってきた門戸開放政策の一つの重要な原則であったことは確かである。アチソン演説の一週間前には、トルーマンがアチソンの勧めに従い、その原則が一九四三年十一月のカイロ宣言以来、台湾に対しても適用されてきたことを確認する声明を発表した。[72] この時期、台湾を植民地にしていた日本との平和条約はまだ締結されておらず、台湾の国際的地位は法的には未定のままだった。しかしそうした理由から台湾の中国帰属を否定する議論は、アチソンによれば「法律家の詭弁」に過ぎなかったのである。[73]

これらアチソンの発言を根拠に、先行研究はほぼ一致して、アチソンが台湾防衛より中ソ離間を重視していたと指摘する。だが、ケナンと同様の中国観をもち、中国を「沼地」とさえ表現したアチソンにとって、「三日月地帯」の中央に位置する台湾の防衛を否定し、その中国帰属を認めてまで、中ソ離間を追求することに何の意味があったのだろうか。むしろソ連が「沼地」に足をとられることを期待することもできたのではないだろうか。実際、アチソンは一九四九年三月の議会公聴会において、同じく「沼地」という表現を使って次のように証言している。

中国が共産主義者にとって戦略的に重要な跳躍台になるとはとても思えない。それは、結局は戦略上の沼地（strategic morass）となるだろう。そこに、共産主義者はかつて巻き込まれ、われわれも巻き込まれ、そして今再び共産主義者が巻き込まれようとしているのだ。(74)

問題は台湾内部に

実は国務省は、台湾の戦略的価値を高く評価した統合参謀本部の報告書を受け、一九四八年末には台湾の共産化阻止を考えるようになっていた。その時期、中国援助計画のもとで支給される物資の搬送先を台湾にしてほしいという要望を国府から受けると、それに応じている。(75)

一九四九年一月に国務長官に就任したアチソンはそうした国務省の対応を止めようとせず、むしろ議会に対して中国援助計画の期限の延長を要請した。しかも崩壊しつつあった南京の中央政府を通さず、台湾の現地当局に直接援助を支給することができるよう規定の一部改正を求めた。(76)

地方に対する直接援助の可能性は、一九四八年半ばごろから国務省や軍部の一部で検討されていたことだった。当初、その作業で援助の支給先として主に想定されていたのは華北の守りについていた傅作義だった。(77)また傅作義ほどではないにしろ、国務省では一九四八年元旦に国民党内の反蔣介石派を糾合して作られた国民党革命委員会の主席、李済深の動きも注目されていた。(78)

だが共産党との連合政府の樹立をめざすなど、李済深には容共的姿勢が過ぎるところがあった。結局、一九四九年一月、李済深は瀋陽に入り、共産党政府に参画する姿勢を明確にすることになる。また前年末より共産党軍によって包囲される中、傅作義も李済深が瀋陽に入ったのと同じころ、北平を無血開城し、やはり共産党側に寝返った。

中国援助計画の延長法に関する議会審議が行われた一九四九年前半、中国共産党の国家統一の試みに抵抗できる可能性をわずかでももつ地域は、海によって大陸から隔てられ、それなりの経済力ももっていた台湾のみというのが国務省の見方だった[79]。四月に成立した延長法（公法四七号）にはそうした見方を背景に、「共産主義者の支配のもとにないと大統領が判断する中国の地域を援助するため」、大統領が決定する方法、条件に基づき未使用分を使うことができると規定されることになる。

だが、国務省は既存の中国援助計画の延長には前向きでも、それとは異なる新規の援助を実施することには慎重だった。一九四九年一月作成の国務省文書（ＮＳＣ三七／一）では、目標が「共産主義者による台湾と澎湖諸島の支配を否定する」ことと定められながらも、新たな経済援助の支給は台湾統治の改善が条件とされ、軍事援助の可能性は明確に否定されている[80]。二月、ＮＳＣ三七／一を下敷きに作成された台湾政策文書（ＮＳＣ三七／二）が大統領承認を受けた[81]。

台湾に対する中国共産党の脅威が迫っていたにもかかわらず、国務省が軍事援助の支給を否定した一つの理由に、中ソ離間策との両立を図りたいという思惑があったのは確かである。アチソンが一九四九年三月の国家安全保障会議で述べているように、中ソ離間策のためには、台湾を「大陸の支配から切り離したいというわれわれの希望を慎重に隠さなければならな」かったのである[82]。

しかし軍事援助が否定されたより根本的な理由は、やはり台湾に対する共産主義の脅威が政治的なものとみられ、軍事的なものととらえられていなかったことにあった。政治的脅威に軍事援助の支給や海軍の派遣といった軍事的手段で当たっても意味がない。それどころか、アメリカによる軍事的手段の行使が国府の悪政を支持するものと受け取られれば、台湾住民の中での共産党支持を余計に強めてしまう可能性があった[83]。

軍事的手段の限界についてはアチソン自身、ナショナル・プレス・クラブ演説で次のように述べている。

太平洋または極東問題を考える際、あまり軍事的視点からのみ判断すると、本質を見失うことになると私はいいたい。

軍事的配慮を払うことは、たしかに大切なことであるが、そのほかに軍事的手段によっては解決不可能な緊急の問題がある。その問題は太平洋地域の多数の地域や国家が破壊工作や浸透工作に対し脆弱性をもっているということに起因している。これは軍事的手段によって阻止できないものである。(84)

軍部によるケナン提言の否定

だが、軍事的手段は軍事的手段でも、ケナンが提言した占領という大胆な手段の場合は別だった。ケナンが言うように、それは台湾の共産化を防ぐ「確実な」手段だった。しかもケナンによれば、確実な「唯一の」手段だったのである。(85)ただし、それには中ソ離間の達成を難しくするという問題があった。

先行研究が指摘するように、アチソンが中ソ離間策そのものに強いこだわりをもっていたならば、アチソンはケナンの提言を受け付けようとはしなかっただろう。実際、先行研究の中には、アチソン自身がそれを否定したと指摘するものもある。(86)

だが事実は異なる。一九四九年七月末（ケナンの勧告を受け取った三週間後）、アチソンは国務省内での会議で、「台湾の状況に対して、なぜケナンの提言に沿った行動が何もとられていないのか」とケナン提言に関する国務省としての検討を促す発言をしている。(87)また、翌月にはおそらくその検討の結果として、アチソンから台湾占領の是非について統合参謀本部に研究を依頼する文書（NSC三七／六）が国家安全保障会議に提出された。(88)

その文書の中でアチソンも述べているように、台湾駐留の国府軍はすでに三〇万人にのぼると推定された。当然、その抵抗を受けることは予想されたものの、アチソンは覚書において、占領に対する台湾当局の同意を得られる可能性も指摘している。(89)

しかしたとえ同意が得られたとしても、占領となるとそのコストは莫大なものになりかねなかった。しかもすでにアメリカは日本やドイツの占領で多大なコストを負担していた。それに当時は均衡予算が厳しく求められる時代で、かつ第二次世界大戦後の動員解除により、アメリカは「その強力な軍隊をこれ以上は不可能というぐらいの速さで解体」していた[90]。

軍部はもちろんそうした動きに抵抗しようとした。だが、復員を求める世論の圧力には相当なものがあった[91]。しかも、国防長官として先頭に立って国防予算の縮小や急速な動員解除に抵抗していたフォレスタルが一九四九年三月、心労で政権を去ってしまう。そのあと後任として国防長官に就任したのは、前年の大統領選挙でトルーマン陣営の財務責任者を務め、国防予算の削減を一つの使命と考えるジョンソン（Louis A. Johnson）だった[92]。

さらなる規模縮小が求められる中、アメリカ軍に台湾占領という重い責任を負う余裕はなかった。八月二十二日、「軍事力と多くの世界大の義務の間の不均衡」を理由に台湾占領を否定する統合参謀本部の覚書が国家安全保障会議に提出された[93]。

歴史家エトゾルド（Thomas H. Etzold）は、ナショナル・プレス・クラブ演説でアチソンが明らかにした防衛線概念はアメリカの関心の限界ではなく、軍事的資源や能力の限界を示したものだったと指摘する[94]。この指摘は韓国を念頭になされたものであるが、同じく防衛線から外された台湾に対しても当てはまる。アメリカは台湾に関心を強くもち、その共産化を防ぎたいと考えながらも、そのための手段を持ち合わせていなかったのである。

結局、アチソンにできたことと言えば、中国共産党による台湾支配を不可避と認めたうえで、中ソ離間をめざし、ソ連による台湾の軍事利用を妨げることだけだった。ナショナル・プレス・クラブ演説でアチソンが、中国の領土的統一性を守ることがアメリカのアジア政策を立案する際の「最大の規範」とまで言い切り、ソ連の対中政策との相違を強調しつつ、「沼地」に過ぎない中国のソ連圏からの離脱に対して強い期待を示したのはそのためだったのではないだろうか。

もちろんアチソンは、前年末から毛沢東が同盟関係の構築のためモスクワに滞在していたことを知らなかったわけではない。知っていたからこそアチソンは、わざわざ演説まで行い、中ソの間に楔を打ち込もうとしたのだろう。それに毛沢東がモスクワに行っておよそ一カ月が経つというのに同盟条約締結の報が伝わってこないなど、協議が難航していることをうかがわせる要素もあるにはあった[95]。

第七艦隊の台湾海峡派遣

だが一九五〇年二月、中ソ同盟が成立する。それにより、ソ連の台湾進出の可能性がますます高まったばかりか、ソ連の軍事援助により、中国共産党が台湾侵攻の能力を早期に獲得するおそれも出てきた。四月の中央情報局（CIA）レポートは、ソ連が戦闘機や他の武器類を中国共産主義者に対して支給し始めたと報告した[96]。同月のラスク（Dean Rusk）国務次官補のアチソン宛覚書は、多くの軍用飛行機が中国大陸で確認されたとして、それがソ連からの援助である可能性が高いと指摘している。その覚書によると、香港と台北駐在の武官は、「中国の共産主義者に対するソ連の大規模な援助を考慮に入れると、国府が台湾防衛に成功する可能性はかなり低い」とみていた[97]。

四月末、海南島が中国共産党軍の攻撃によって陥落する。前年十月に共産党軍は金門島攻略に失敗していたが、その教訓をもとに準備を念入りに進め、海南島への上陸作戦を成功させたのだった[98]。

そのことは台湾に甚大な心理的衝撃を与えた。海が天然の防壁になってくれるという期待を打ち砕くものだったからである。台北の領事館から本省に宛てられた四月二十七日付の電報によると、共産党の次のターゲットは上海近くの舟山群島で、その次が台湾だという見方が台湾の大陸出身者の間で広がっていた[99]。

五月、その舟山群島から国府軍が撤退し、戦うことなく同群島を中国共産党に明け渡す。蒋介石の発表では、それは台湾に兵力を集中させるためだった。

その発表で、蒋介石は共産党軍を撃退できる自信を表明した[100]。だが六月半ば、対日理事会の中国代表を務めていた何世礼から、「あらゆる形でアメリカの最高指揮権を受け入れるつもりである」として、マッカーサーに台湾防衛の責任を引き受けてほしいとする蒋介石の極秘の要請がマッカーサーの側近、ウィロビー（Charles A. Willoughby）に伝えられている[101]。時期ははっきりしないが、同様の要請は蔣介石の私信を通して直接トルーマンに対しても行われた[102]。

中国共産党軍による台湾侵攻が近いとみられる中、ワシントンでは中国共産党を政治的脅威ととらえ、軍事介入を否定する台湾政策の修正を求める声が高まっていった。アイゼンハワー政権で国務長官を務めることになるダレス（John Foster Dulles）国務省顧問はそうした声を上げた一人である。ニッツェやラスクに宛てた五月十八日付の覚書の中で、のちに実際に採用されることになる台湾中立化案、すなわち台湾海峡に艦隊を派遣し、大陸からの台湾侵攻も、台湾からの大陸反攻も許さないという案を提示した[103]。

同じころ、アチソンも台湾政策の修正に前向きだった。六月五日のフランクス（Oliver S. Franks）駐米イギリス大使との会談で、大陸支配から独立した台湾の「現在の状態を維持するのに適した条件を促進したり、あるいは作り出したりすることができないかどうか、頭を絞っている」と政策の再検討を行っていることを明かしている[104]。

冷戦史に関する研究では、一九四〇年代末から五〇年代初頭にかけて、ワシントンのソ連観に変化が生じたということがよく指摘される。それまでワシントンでは、ソ連を政治的脅威としてとらえる見方が強く、対ソ封じ込め政策でも政治経済的手段が重視された。だが、一九四九年九月のソ連の原爆実験などを受け、ソ連を軍事的脅威とみる見方が強くなっていく。一九五〇年四月には、その脅威に対抗するため大軍拡の必要性を主張するＮＳＣ六八が作成された[105]。

このような議論において指摘されることは少ないが、ソ連観と同様の変化が共産中国に対する見方にも生じていた。大陸の政治的脅威に対する関心が薄らぐ一方で、喫緊に対処すべきはその台湾に対する軍事的脅威だと強く認識されるようになっていったのである。こうしたまさに脅威認識の変化が、アチソンのナショナル・プレス・クラブ演説に反映されたような台湾に対する非介入方針からの脱却を促すことになったのである。

とはいえ軍事介入を行う場合、それをどのように正当化するか、また大陸を追われてもなお中国政府としての立場を崩そうとしない国府との関係をどうするか、という外交上解決すべき難しい問題があった。後者についてはともかく、前者の問題を解決したのが朝鮮戦争だった。第七艦隊の台湾海峡派遣を発表した六月二十七日のトルーマンの声明は、「共産主義者が独立国を征服するため転覆手段に訴える範囲を越え、いまや武力侵略と戦争に訴えたことを［韓国に対する北朝鮮の攻撃が］疑う余地のないほど明らかにした」、こうした状況の中での「共産軍による台湾の占領は、太平洋地域の安全のみならず、同地域で合法的に必要な職務を遂行しているアメリカ軍部隊に対しても、直接脅威を与えることになるであろう」と指摘した[106]。

この声明の起草を主導したのはアチソンだった。また、同声明の二日前に開かれたブレアハウス会議で、トルーマンに第七艦隊の台湾海峡派遣を訴えたのもアチソンだった[107]。アチソンはのちに、北朝鮮軍の南進を「日本の安全に大きな重要性をもつ地域」に対する侵攻と受け止め韓国防衛を主張したと振り返っているが[108]、その主張と同様、台湾防衛の訴えの背景にも日本に対する関心があった。

ブレアハウス会議が開かれる直前、国務省でも朝鮮戦争への対応を協議する会議が開かれていた。アチソン臨席のもと開かれたその会議で台湾防衛を真っ先に唱えたのがケナンだった[109]。

そのときケナンはすでに政策企画室長を辞め、国務省顧問としての地位にあった。重要な政策形成にかかわることはほとんどなくなっており、翌月にはプリンストン高等研究所で学究の徒となることになっていた。だが緊急事態が発生する中、ケナンはワシントンでの滞在を延長し、事態への対応に当たったのである。

歴史家ギャディス（John L. Gaddis）によれば、朝鮮戦争勃発直後ケナンが台湾防衛を訴えたのは、台湾の共産化が世界政治に与える心理的インパクトを懸念したためだった[110]。たしかにそうした懸念もあったかもしれないが、ケナンの台湾占領論の分析からわかるのは、ケナンが台湾の共産化を日本重視の見方を背景に、心理というより地理の観点から懸念していたということである。朝鮮戦争勃発直後の台湾防衛の訴えも第一にそうした懸念に発するものとしてとらえる必要があろう。第七艦隊の台湾海峡派遣は、朝鮮戦争という介入のための絶好の口実ができる中、そのケナンの訴えに、アチソンが積極的に応じた結果だったのである。

四　米華相互防衛条約の締結

「一つの中国、一つの台湾」

第七艦隊の派遣により、大陸からの台湾侵攻を防いだトルーマン政権だったが、台湾海峡を挟んでにらみ合う「二つの中国」に対する明確な方針を持ち合わせていたわけではない。だが、国共内戦に巻き込まれるのを避けるため、そして台湾統治の改善のため、台湾を独立国とすることで、「一つの中国、一つの台湾」とでも言える状態を作り出すことに対する支持が政権内で強かったのは確かである。

台湾を独立国とするには、中国政府としての立場を崩そうとしない国府との関係強化に慎重でなければならなかった。トルーマン政権が、第七艦隊の台湾海峡派遣をあくまでも台湾の中立化のためと説明し、国府防衛のためではないとしたのはそのためである。同様の考慮からトルーマン政権は、国府が大陸反攻の拠点とするため、そして中国政府としての国際的立場を守るため保持していた金門島や馬祖島など、大陸沿岸諸島を第七艦隊の防衛範囲から外した。加えて、第七艦隊の台湾海峡派遣を発表した六月二十七日の大統領声明で、「台湾の将来の地位は、太平洋における安全の回復か、対日講和条約の締結、または国連による検討を待たねばならない」と宣言し、台湾の地位を未定とする立場を明確にしたのだった。[111]

台湾海峡介入から二カ月が経った八月二十四日、中華人民共和国政府（以下、北京政府）が国連安保理に対して、アメリカ軍を台湾海峡から撤退させるよう求めると、それに対抗し、トルーマン政権は国連総会に対して台湾問題の審議を要請した。[112]それに応え国連総会は十月、台湾問題を議題とすることを決定する。こうして早くも、トルーマンが六月二十七日の声明で述べた「台湾の将来の地位」に関する「国連による検討」が行われることになったのである。

当時、国連総会でアメリカ代表団を率いていたのはダレスだった。朝鮮戦争勃発前から台湾の中立化を訴えていたダレスもやはり、最終的には台湾を独立国にしたいと考えていた。ダレスによれば、台湾人は大陸とは異なる「独自の経済的、社会的、文化的生活」を営む人々だった。その数は六〇〇万から七〇〇万と、ほぼオーストラリアの人口に匹敵する。彼らは、「およそ二世代にわたって、中国［大陸］とは何ら政治的つながりをもって」おらず、中国共産党の支配はもちろん、国府の統治も望んでいない。たしかに、アメリカはカイロ宣言で台湾の中国帰属に支持を与えた。だが、それは戦時の都合からなされたもので、台湾人の願望を反映したものではない。しかも宣言発表後、中国情勢は大きく変化した。日本との講和条約が結ばれたわけでもない。加えて、国連憲章のもと、加盟国は「台湾のような非自治地域」において「住民の利益が至上のものであるという原則を承認」し、彼らの「福祉を……最高度まで増進する義務」（憲章第七三条）を負っている。

国連憲章にはヤルタでの決定に基づき、「第二次世界大戦の結果として敵国から分離」された非自治地域には信託統治制度を適用することができるとも規定されていた（憲章第七七条）。その規定を使い、台湾をいったん国連の信託統治のもとに置くべきだというのがダレスの考えだった[113]。

だが、たとえそれが法的に可能であったとしても、実現可能性はほとんどないことがすぐに判明する。第七艦隊の派遣によって意を強くした国府がさまざまなルートを通して、台湾問題に対する国連の介入に反対する意向をワシントンに伝えてきたからである。香港の領事館を通して伝わってきた情報の中には、国府が武力を行使してでも国連の介入を防ぐ覚悟であると示唆するものまであった[114]。

ただし、こうした国府の姿勢は当面のところ、アメリカにとってさしたる問題ではなかった。というのも、ダレスを含めトルーマン政権に、朝鮮戦争の最中、台湾問題の解決を急ぐ考えはなかったからである。さしあたりトルーマン政権が国連の場でめざしたのは、台湾からの大陸攻撃も、大陸からの台湾攻撃もなされてはならないという決議案を通すことだった。そうすることで、台湾中立化に対する国連のお墨付きを得ようとしたのである。トルーマン政権が総会に台湾問題の審議を求めたのも、安保理ではソ連の拒否権によって決議案の通過が阻まれ、国連のお墨付きを得られない可能性が多分にあったためだった[115]。

ただし、国連総会での決議案の通過を確実にするには、イギリスの支持が必要だった。問題は、そのイギリスが台湾の中国帰属を支持する立場をとっていたことだった。ダレスによれば、イギリスは香港の安全を守るため、中国共産党の怒りを買わないよう、表向きそうした立場をとっているに過ぎなかった[116]。たしかに、八月末の米英協議で示されたイギリス案は、「台湾はいずれ中国に返還されるべき」ものだとしながらも、返還のための「行動は太平洋地域の安定化を待つ」となっており、実際には台湾の中国返還を長期間拒むことができるようになっていた。また、台湾の現状維持を乱すような行動や、台湾を攻撃のための基地として使うことは許されないとして、台湾の中立化を支持する内容にもなっていたのである[117]。だが、アメリカにとって台湾を中国の一部と認める決議案はやはり受け入れ難く、イギリスとの協議は難航する。

それでも十一月十一日、アメリカとイギリスは共同決議案の作成にまでこぎつける。アメリカ側が望んだ通り、その決議案は、総会のもとに台湾の将来を審議する特別委員会を創設し、委員会や総会で審議が行われている間、大陸からの台湾攻撃も、台湾からの大陸攻撃も行ってはならないという内容になっていた。だが一方で、台湾の中国帰属を支持するイギリスの立場を反映し、審議の際にはカイロ宣言で台湾の中国帰属が支持されていること、そして「現在のところ二つの団体」、すなわち中華人民共和国と中華民国が台湾統治の権利を主張していることを考慮に入れなければならないとされた[118]。

この決議案に対して、国連総会のアメリカ代表団に加わっていた連邦議会議員などから反対論が噴出する。カイロ宣言に言及し、共産党による台湾支配を否定していない決議案には重大な欠陥があり、賛成できないというのである[119]。アメリカ代表団の団長として意見のとりまとめに当たっていたダレスによれば、カイロ宣言に対する言及を削除することについてイギリス側の同意を得ることは可能かもしれなかった。しかし、共産党の台湾支配を否定する文言を加えることについてイギリスと合意することは困難だとみられた。しかも、たとえイギリスとの間で決議案の内容について折り合いをつけることができたとしても、国連で審議を行えば、米英間の立場の相違が表面化することは避けられないと考えられた。[120]

加えて、イギリスと共同決議案の作成に当たっていた最中に、中国義勇軍が朝鮮戦争に参戦してきたことで、決議案の通過を図ることは軍事的に望ましいものではなくなっていた。というのも、国連の審議で大陸からの台湾攻撃も、台湾からの大陸攻撃も行ってはならないということになれば、北京政府は台湾からの攻撃はないという見方を強め、いっそう兵を朝鮮半島に集中させるかもしれなかったからである。[121]

これらいくつかの理由からダレスは、十一月十五日、アチソンに対して国連審議の延期を勧告し、同意を得る。同日、国連ではアメリカの提案を受け、台湾問題の審議延期が決められた。[122]

台湾の地位はダレスがその成立に中心的役割を果たしたサンフランシスコ平和条約でも決められなかった。平和条約には単に日本の台湾放棄が記されているだけで、いつまでにどのような枠組みで台湾の地位を決定するのかという規定すらない。平和条約が結ばれるちょうど一年前（一九五〇年九月）に作成された条約草案にはそうした規定が存在した。[123]だが、中国義勇軍の朝鮮戦争参戦によってアジア情勢がますます混迷の度を深め、米英間の立場の相違も消えない中、台湾に関する詳細な規定を置くことは避けられたのである。

中国義勇軍参戦の衝撃

北京政府参戦の可能性は、朝鮮戦争勃発直後からトルーマン政権内で議論されていた。だが、それを深刻にとらえる見解はほとんどなく、たとえ参戦してきてもその抵抗は容易に排除できるという見方が支配的だった。[124]

それだけに北京政府が義勇軍という形ながら大軍を朝鮮戦争に投入し、中朝国境へと迫っていた国連軍が三八度線以南へと押し戻されたことはワシントンに大きな衝撃を与えた。その衝撃の中、北京政府に対する脅威認識と敵意を一気に高めたトルーマン政権は、共産中国に対する全面的な禁輸措置に踏み切るとともに、[125]国連総会において北京政府の「侵略」を非難する決議を通した。

一方で、国府との関係強化に慎重だったそれまでの姿勢を改め、大量の軍事・経済援助を国府に支給するようになる。一九五一年四月には軍事顧問団が新たに組織され、台湾に派遣された[126]。また同年、国連総会では中国代表権問題に関する審議を保留するという決議案、いわゆる「棚上げ」案を可決させ、中国代表としての国府の議席の確保が図られた[127]。

加えて、トルーマン政権は、大陸の反共勢力に対する支援を秘密裏に開始した。その支援の対象は、ビルマ北部を根拠地にゲリラ活動を展開していた李弥など国民党系に限らず、香港などで活動していた非国民党系のいわゆる第三勢力にも及んだ[128]。

これら措置をとるのと並行して、トルーマン政権内では朝鮮戦争の勃発や中国義勇軍参戦に伴うアジア情勢の変化を踏まえた東アジア政策の検討も行われた。その作業の結果、一九五一年五月に大統領承認を受けた政策文書（NSC四八／五）は、「中国の問題がアジアにおいてアメリカが直面している中心的な問題である」という認識のもと、「ソ連の有力な同盟国である中国を離反させ、侵略を放棄した独立中国の発展を支援する」ことを当面の第一目標に掲げた。NSC四八／五によれば、中国のソ連からの離反は、北京政府の転向（reorientation）、すなわち毛沢東のチトー化によって起きる場合もあれば、他の政府に取って代わられること（replacement）で起きる場合もある。NSC四八／五では、それら二つの可能性をにらみつつ、禁輸など中国義勇軍参戦以来の北京政府に対する強硬策を継続させることが確認された[129]。

北京政府を転覆するにはたしかに強硬策が有効だったかもしれない。だが、北京政府を転向させ、ソ連圏から離脱させるには日中間の貿易を許すなど、むしろ宥和的な路線をとる必要があるというのがトルーマン政権の考え方だったはずである。トルーマン政権はNSC四八／五のもと、北京政府の転覆と転向をめざすことにしたものの、それら二つの目標は同時に追求しうるものなのか明確にすることができなかった。

北京政府の転向はともかく、転覆を図るには強硬策の一環として、国府の軍事力と大陸回帰の願望を利用することもできたであろう。だが、トルーマン政権はNSC四八／五に第七艦隊の任務を継続させると規定し、台湾からの大陸攻撃を許さない姿勢を変えようとはしなかった。政権内には統合参謀本部を中心に国府軍に対する制約を解除すべきだとする声もあるにはあった(130)。だが、優先すべきは国府軍の防衛力強化と国府の改革だと考える国務省の反対により、そうした声が採用されることはなかったのである(131)。

とはいえ、NSC四八／五に規定された北京政府打倒論が、中国義勇軍参戦後の国府支持策と相まって、「二つの中国」の併存状況を解消し、「一つの中国」の実現をめざすべきだとする考えを生むことになったのも確かである。NSC四八／五の付属文書には、「中国と台湾をともに支配する非共産主義政府の出現」が望ましいと記された。こうした考えのもと、国府の改革は台湾統治改善のための措置としてだけでなく、中国本土における名声や影響力を増し、大陸に回帰する可能性を高めるための措置としても位置づけられた(132)。

国府の大陸奪還による「一つの中国」の実現を図る路線は、中国のパートナー化をめざす路線とみることができる。それは、一九四八年対外援助法の日本重視の方針のもと否定されたはずだったが、北京政府に対する敵意が募る中、アメリカのとるべき政策路線として再び支持を集めるようになったのである。

アイゼンハワー政権の対北京強硬策

一九五三年七月、朝鮮戦争が休戦となる。休戦協定には、国連軍のクラーク（Mark W. Clark）と朝鮮人民軍の金日成とともに、中国義勇軍の彭徳懐が名前を連ねた。

しかし、休戦後も共産中国による「武力侵略の危険は、とくに東南アジアにおいて続く」とみられるなど(133)、北京政府に対するアメリカの脅威認識や敵意に大きな変化はなかった。そのため北京政府打倒という目標は、チトー化という目標とともに一九五三年一月発足のアイゼンハワー政権に引き継がれることになる。アイゼンハワー政権が共産中国に対する初めての政策文書として策定したＮＳＣ一六六／一（一九五三年十一月）には、「中国共産政府の転向（reorientation）、あるいはそれを最終的にアメリカに敵対的でない政府に交代させること（replacement）」はアメリカの利益に適うと規定された[134]。

もっとも、当面の目標は戦争以外の手段で共産中国の相対的勢力を弱めることとされ、具体的には国府を中国政府として支持し続けることや、北京政府とソ連の関係を悪化させること、そして共産中国に対する禁輸を継続させることなどが決められた。前政権の政策と比べて特徴的なのは、大陸攻撃のための国府軍の有効性を高めるとされたことである[135]。ＮＳＣ一六六／一と同じ時期に策定された台湾政策文書（ＮＳＣ一四六／二）には、共産中国の領土や貿易活動に対する台湾からの限定的な攻撃を支持、奨励するとも規定された[136]。アイゼンハワー政権はすでに二月の段階で、第七艦隊に対する命令のうち、台湾からの大陸攻撃を防ぐという部分を解除する決定をくだしていた。その決定のもと北京政府との本格的な戦争に至らない範囲で、国府が大陸側に攻撃を行うことをアイゼンハワー政権は認めたのである[137]。

大陸攻撃を行ううえで、金門島など国府保有の大陸沿岸諸島は重要だった。ＮＳＣ一四六／二では、第七艦隊の防衛範囲から大陸沿岸諸島を外したトルーマン政権の方針が変えられることはなかったものの、それら諸島に対する国府の防衛努力を助けることが決められた[138]。この決定のもと、台湾に派遣されていたアメリカ軍事顧問団の一部が大陸沿岸諸島に配置されることになる[139]。

アイゼンハワー政権はＮＳＣ一四六／二において、国府以外の反北京勢力との接触を維持し、その活発な抵抗運動を奨励することも取り決めた。この決定はトルーマン政権と同様、アイゼンハワー政権も非国民党系の第三勢力に関心をもっていたことを示すものである。しかし、トルーマン政権によるそれら勢力に対する支援は何ら有益な結果を生まず、国府強化策と矛盾するとして台北を苛立たせただけであった。そこでアイゼンハワー政権は、国府以外の反北京勢力と接触する際には支援を約束してはならないことを合わせて取り決めた。これにより北京政府に対抗する中心勢力としての国府の地位が確かなものになる[140]。

なお、共産中国と台湾に対する政策の策定が一九五三年十一月とかなり遅い時期になったのは、安全保障政策の基本路線に関する決定が遅れたためだった。よく知られるように、アイゼンハワー政権は一九五三年夏、安全保障政策に関する大掛かりな検討作業を行った。「ソラリウム（Solarium）」と呼ばれたその作業で中心的な課題とされたのは、前年の大統領選挙でアイゼンハワー陣営が訴えた「巻き返し」という路線とトルーマン民主党政権以来の「封じ込め」路線、それぞれの適否を検討することだった[141]。

封じ込めがソ連圏の拡大を防ぎつつ、その自壊や変化を待つというものであったのに対して、巻き返しはソ連圏に対して積極的な攻勢をかけることでそれを破壊しようとするものだった。トルーマン政権が封じ込め一辺倒であったわけでは必ずしもなく、北京政府の転覆をめざすなど、その冷戦政策には巻き返しの要素も含まれていた。アイゼンハワーはそのことを認識していたという[142]。だが、大統領選挙でアイゼンハワー陣営はトルーマン政権の冷戦政策を封じ込めと規定したうえで、その消極性を批判し、巻き返しによるソ連圏の人々の「解放」を訴えた[143]。

アイゼンハワーはそうしたキャンペーンを張ることを許したものの、本心では巻き返し路線に必然的に伴う大きな危険性を強く懸念していたと言われる。結局、ソラリウム作業はそうしたアイゼンハワーの懸念を反映して、封じ込め路線を基本にするということに落ち着いた。だが、それによって巻き返し路線が完全に否定されたわけではなく、対中政策では北京政府の打倒が長期目標とはいえ、掲げられることになったのである。アイゼンハワー政権において、そうした目標の採用をとくに強く主張したのは統合参謀本部だった。また、少数ながら国務省にも国府の熱心な支持者で、アメリカの長期的な目標は「中国の解放」であると主張するロバートソン国務次官補のような人物がいた[144]。

一方、アイゼンハワーと同じく巻き返し路線に否定的で、北京政府の打倒ではなく、チトー化をめざすべきだと主張したのがダレス国務長官だった。ダレスと言えば、一九五二年大統領選挙でアイゼンハワー陣営の先頭に立って巻き返しの必要性を訴えた人物として知られる。だが、そのダレスの訴えは多分にアメリカ世論、特に東欧系の世論を意識してなされたものだった[145]。

ダレスが巻き返しより封じ込めの支持者であったことは、一九五〇年四月出版の著書、『戦争か平和か（*War or Peace*）』の中で、ソ連圏の内発的な変化に対する期待をあらわにしているところからもうかがうことができる。その本でダレスが言うには、堅固で光り輝いているようにみえる「ソ連の内部においてさえも非常に広範な不満が存在」していた。なぜなら、「一般に宗教的な国民」であるロシア人は、「ロシア正教教会の上に課された束縛について不満なきを得ない」からである。また広い政治的自由をもったことがないロシア人も、「個人的自由は相当程度もってきた。だから、彼等自身の生活というものを残さないような組織は好まない」のである[146]。

翻って中国大陸に目を転ずれば、そこに「共産主義政府にとって、安定した秩序を確立することを大いに困難ならしめるような、長年来の諸条件」が存在するとダレスは言う。その一つ、中国大陸の人口は「資源とこれを分配する手段が支えうるものを超過」していた。また個人主義的な中国大陸の人々は、「モスクワの命ずる集産主義型の社会に無理矢理に適応させられることを好みもしなければ、進んで受け容れもしないであろう」。たしかに、共産党は共産主義の支持者の上に紀律をおしつけることにある程度成功した。しかし、もし共産主義者が「個人主義的な民衆に一つの型をおしつけ、不安定を緩和するために必要な食糧を生産し、分配し、そして、無秩序が慢性になっているところで秩序を維持することが急速にできたとするならば、それは奇蹟であろう」とダレスは指摘した[147]。

ダレスによれば、ソ連圏の変化を促すために西側ができることは、「希望の灯が消えないようにし、あらゆる機会をとらえて自由な社会の長所を示すこと」だった。その点において、

日本は、地理的に中国に近接しているから、われわれにとって絶好の機会を提供している。西ドイツ及び西ベルリンにおけるわれわれの地位が、現在共産主義者の支配下にある中欧及び東欧のとらわれの諸国民の心を惹きつけるような自由社会の長所を示す機会を与えてくれているのとちょうど同じく、日本におけるわれわれの地位は、［中国の人々の］心を惹きつけるのに役立たせることができるのである[148]。

ダレスがこの本の原稿を完成させたのは一九五〇年初頭のことだった。その半年後、朝鮮戦争が勃発する。それにより、ダレスの主張に変化が生じたのも確かである。北京政府の国連加盟について、ダレスは『戦争か平和か』の中で、「重大な国内的抵抗なくして中国を統治し得るという能力を事実において証明するならば」という条件付きながら、それを認める考えを示していた[149]。だが朝鮮戦争が勃発すると、戦争の問題でロシアから譲歩を得るために、「われわれが共産中国の問題で後退しているとみられかねない」として、統治能力に関係なく、北京政府の国連加盟に反対する姿勢をとるようになる[150]。

さらに北京政府が朝鮮戦争に参戦してくると、唯一正統な中国政府としての国府の立場を強力に支持するようになった。しかも台湾中立化の主張を捨て、国府の限定的な大陸攻撃を容認すべきと主張するようになる。その主張は、朝鮮半島から北京政府の注意と兵力を少しでも引き離さなければならないという考えに基づくものだった。また、中ソ離間の必要性を強く意識したものでもあった。

『戦争か平和か』を執筆したころのダレスの考えでは、中ソ離間は中国大陸の内発的な変化に伴う北京政府の崩壊によって実現されるものだったように思われる。だが、国内の統治すらままならないとみられた北京政府が大きな地域的脅威として現れる中、その崩壊を悠長に待っていることはできない。ダレスは貿易を認めるなど、かつてトルーマン政権が北京政府に対してとったソフトな路線でそのソ連圏からの離脱を促すことはできないと考えていた。というのも、モスクワと緊密な関係を結びながら西側の好意も得られる状況では、政策変更の誘因が北京政府に対して働かないからである。ダレスによれば、むしろ北京政府に強い圧力をかけることでソ連との同盟関係が決して彼らの利益にならないことを悟らせるべきだった。国府の大陸攻撃は軍事的圧力として、北京政府の国連加盟阻止や非承認は政治的圧力、禁輸措置は経済的圧力として作用することが期待された[151]。

これら北京政府に対する圧力路線は、同政府の打倒をめざすべきだとする統合参謀本部などの主張にも適うものだった。こうしてチトー化路線と打倒路線をどのように両立させるかという、NSC四八／五以来の問題が一応解決する。一九五三年十一月策定の二つの政策文書（NSC一六六／一とNSC一四六／二）はまさにその結果だった。だが、一九五四年の春から夏にかけてアイゼンハワー政権に政策の再考を迫る危機が発生する。インドシナ危機である。

インドシナ危機

インドシナでは一九四六年以来、帝国領土の復活をめざすフランスとホー・チ・ミン（Ho Chi Minh）率いるヴェトミンとの間で激しい戦闘が繰り広げられていた。アメリカはこのインドシナ戦争を自由主義勢力と共産主義勢力との戦いとしてとらえる見方から、朝鮮戦争の勃発を機にフランスへの援助を本格的に開始する。それ以後、アメリカの関与は一九五二年の時点でフランス戦費の四割を、一九五四年には八割を供給するまでに拡大していった[152]。

フランスがアメリカの援助を受けていたのに対して、ヴェトミンは北京政府の後ろ盾を得ていた。一九五〇年二月の毛沢東・ホー会談以降、大量の軍事援助が北京政府から支給されるようになり、一九五〇年八月には軍事顧問団もベトナムに派遣される。また、共産中国の領内ではヴェトミン軍に対する軍事訓練も行われた[153]。こうして北京政府もインドシナへの関与を深める中、フランスとヴェトミンの戦争はアメリカと共産中国の代理戦争の様相を呈するようになっていったのである。

戦局は当初、フランス有利に進んでいた。しかし、朝鮮戦争が勃発したころからヴェトミン軍が攻勢に転じ、フランス軍は敗退を重ねることになる。アイゼンハワー政権発足から約一年後の一九五四年三月にはフランスのプレヴァン（René Pleven）国防相が記者に、「満足のいく軍事的解決の見込みはない」と述べるほど[154]、戦況はフランスにとって厳しいものになっていた。そうした状況に危機感を募らせたアイゼンハワー政権では、軍事介入の是非が議論される。しかし意見が一致せず、議会もその有効性について懐疑的だった。また、イギリスからも否定的な反応しか得られず、結局アイゼンハワー政権は軍事介入を断念することになる[155]。

アメリカ軍の介入を得られなかったフランス軍は一九五四年春のディェン・ビエン・フーの戦いで大敗を喫した。また、フランスが継戦意欲を失う中で結ばれたジュネーブ協定ではベトナムの分割が決められた。世界最大の軍事・経済力を誇りながら、朝鮮戦争に続き、インドシナ戦争でも共産勢力との戦いに勝つことのできなかったアメリカはその威信を大きく傷つけられる。逆に威信を高めたのは、ヴェトミンの戦いを支え、しかもジュネーブ協定の成立に大いに寄与した北京政府だった。

インドシナ停戦後、敗北感漂うワシントンでは、停戦による新たなアジア情勢を踏まえた政策の立案が進められた。八月初め、NSC五四二九と番号の付された文書が国家安全保障会議に提出される。同会議の企画委員会によって作成されたその文書には、A案からD案まで共産中国に対する政策の選択肢が四つ記されていた。最も融和的な内容のA案には国府の大陸攻撃に対する支援の取り止め、北京政府の国連加盟の黙認、北京政府承認の考慮、禁輸措置の緩和といった項目が並んでいる。これに対して最も強硬なD案は、中国大陸への攻撃も厭わない姿勢を明確にし、北京政府に開戦理由を与えるほどの積極策を講じるという内容になっていた[156]。

この文書は八月十八日の国家安全保障会議で検討される予定になっていた。統合参謀本部はその会議を前に、同文書に関する見解をまとめた覚書を国防長官に提出する。それによると統合参謀本部は、リッジウェー（Matthew B. Ridgway）陸軍参謀総長以外、C案を採用すべきという立場であった。C案はD案ほどではなかったが、「戦争の危険を冒してでもアジアにおける共産中国の力を弱める」となっており、戦争以外の手段で共産中国の相対的勢力を弱めるとされていた既存の政策（NSC一六六／一）よりも強硬な内容となっていた[157]。

統合参謀本部の中でただ一人、異なる立場をとったリッジウェーはまず世界的な視野から対外政策の基本方針を定め、それから具体的な共産中国に対する政策を決定すべきと主張した。彼はその基本方針がどうあるべきか具体的な言及を避けながらも、それに盛り込むべき主要な目的の一つがソ連圏からの共産中国引き離しであることは明らかであると国防長官宛の覚書の中で述べている[158]。

八月十八日の国家安全保障会議では、このリッジウェーの考えにラドフォード（Arthur W. Radford）統合参謀本部議長がかみついた。共産中国とソ連の関係は宗教的なものである、そのような関係を壊すのは難しいであろう、現に離間策はこれまでほとんど何の成果もあげていない。ラドフォードはこう述べた後、結局のところアメリカには非共産主義国家である親米中国の実現をめざすか、共産中国との和解という道しかなく、どちらをとるのかはっきりさせなければならないと主張した。ラドフォードは後者の道を志向するA案を除き、C案もD案も、そして既存の政策を列記したB案も前者の道へと通じるとみていた。なぜなら共産中国に対して敵対姿勢をとる限りアメリカはアジアに積極的に介入せざるをえず、共産中国との戦争を避けることはできないからである[159]。

このラドフォードの見解に、アイゼンハワーは「完全な同意」を与えた。続けて、「何らかの大変動なしに中国をソ連や共産主義から引き離すことができると考えることはできない」と発言している[160]。軍部の北京政府打倒論を政策文書（NSC一六六／一）に盛り込むことに同意を与えたアイゼンハワーだったが、巻き返し路線に対する否定的な考えから、インドシナ危機前にはダレス主唱のチトー化路線のほうを強く支持していた。だがインドシナ危機後、アイゼンハワーは焦燥感からか軍部の北京政府打倒論に与する姿勢をみせたのである。

これらラドフォードとアイゼンハワーの議論に対してニクソン（Richard M. Nixon）副大統領は、選択肢は戦争か宥和かに限られるのではなく、共産中国との和解を否定しながらもそれとの共存を図る「第三の道」があると指摘した。ニクソンの考えでは、その「第三の道」こそが「中国とソヴィエト・ロシアを分裂させる最善の方法」だった[161]。

北京政府打倒論に対してダレスも反論を試みた。ダレスによれば、「中国人は彼ら自身の歴史に大きな誇りをもっており、ロシア人が好きではない」。そのため、「二五年も経てば、基本的な歴史の力が働くことにより、そして共産主義に対する宗教的な熱意が冷めることにより、中国とロシアは分裂に向かうだろう」。問題はそれまでアメリカが待てるかどうかである[162]。

ダレス構想

この発言に明らかなように、ダレスはもはや中ソ離間を短期的な目標としてとらえることができなくなっていた。しかし、中ソ離間を長期的な目標としてとらえなおすことによって、毛沢東のチトー化とは異なる展開をダレスが視野に入れるようになっていたこともまたその発言は示唆している。おそらくダレスは、『戦争か平和か』を執筆したときのように、内発的な共産中国の体制の変化、ないし崩壊によって中ソ離間が実現する可能性を考慮するようになっていたのだろう。

しかも、そのころダレスの脳裏には『戦争か平和か』の執筆時と同様、北京政府の国連加盟を認める考えも芽生えていた。朝鮮半島に続きインドシナでも停戦が実現し、北京政府が国際的威信を高める中、その国連加盟を認めるべきという声がイギリス連邦加盟国を中心に強まっていたからである。国際世論を世界情勢を動かす「とてつもなく大きな力」[163]と考えるダレスにとって、そうした状況は無視しうるものではなかった。八月十八日の国家安全保障会議でダレスは、「ここ数カ月で、共産中国に対する他の自由主義世界における心象は大きく変化した」という見方を示し、「好むと好まざるとにかかわらず、アメリカの政策はその事実を考慮に入れなければならない」と主張している[164]。

そのように述べたダレスには、台湾を独立国として扱うことで国府の総会議席を確保しつつ、北京政府の国連加盟を認めるという、国際世論の変化に対応した構想がすでにあった。一九五四年六月にダレスがイーデン英外相との会談で明らかにしたところによると、台湾の独立国化によって失われる国府の安保理常任理事国としての地位はインドに引き継がれることになっていた[165]。その法的可能性について、国際法の専門家に検討を依頼したことをダレスは八月に大統領に対して報告している[166]。

このようにダレスは再び「一つの中国、一つの台湾」の実現に向け、模索を始めた。ただし、国連の信託統治によって国府の台湾支配を否定しようとしたかつてとは違い、国府が台湾支配を固めている現実を踏まえ、その性格を中国政府から台湾政府へと変えることで「一つの中国、一つの台湾」という状態を作り出そうとダレスは考えたのである。

実は、そうしたアイディアはもともとラスクによって考案され、ダレスに提供されたものだった。朝鮮戦争の休戦が確実となりつつあった一九五三年六月、ロックフェラー財団代表の立場にあったラスクはダレスに書簡を送り、その中で北京政府の国連加盟容認へとアメリカは方針を変えるべきだと主張した。その一つの理由は、アメリカが朝鮮戦争後も国連からの北京政府排除にこだわるならば、「西側諸国との同盟関係は分裂と相互非難によってひどく弱められてしまう」という懸念にあった。また、「もしアメリカの強い反対にもかかわらず、北平が［加盟を］認められるならば、アメリカ人の感情は高ぶり、孤立主義者の反国連勢力が強化されてしまう」と憂慮されたからでもあった。しかしラスクは北京政府の国連加盟を認めるとしても、国府の総会議席は維持すべきと考えていた。そのために台湾を独立国として扱い、国府の安保理常任理事国としての地位はインドに引き継がせるというのがラスクの提言だった[167]。

しかし、それには国府が強く反対することが予想された。また北京政府があくまでも台湾併合の姿勢を崩さず、ラスク案の受け入れを拒否する可能性もあった。ラスクは前者を「主要な障害」と認めつつも、後者についてはむしろアメリカに有利に働くものととらえていた。その理由は、「合理的な基礎の上に立って提供された国連加盟国としての地位を北平自らが拒んだと、多くの同盟諸国と（願わくはインドとも）意見を一致させることができる」という読みにあった[168]。

このラスクの案を、インドシナ休戦後の国際世論の顕著な変化を背景に推進することを考え始めたダレスだったが、八月十八日の国家安全保障会議ではそれを示さず、対中政策についてさらなる検討を行うための時間的猶予を求めた。そのダレスの要請を受け、政策の決定は先送りとなる[169]。

構想の推進を断念

ダレスが「一つの中国、一つの台湾」という構想をもちながら、さらなる政策の検討を行うための時間的猶予を求めたのはなぜなのか。国際法の専門家による検討がまだ終わっていなかったことは、その一つの理由かもしれない。だが、残念ながらその法律家による検討がいつどのようにして終わったのかは不明である。

ただ、「二つの中国、一つの台湾」構想にたとえ法的問題がなかったとしても、それにはいくつかの政治的問題があった。一つはアメリカ世論の問題である。当時、アメリカではマッカーシズムの嵐が吹き荒れていた。一九五三年には、チャイナ・ロビーの団体の中で最大規模と言われる「共産中国の国連加盟に反対する一〇〇万人委員会」も創設されている。そうした中、議会では北京政府の国連加盟に反対する意見が多数を占めた。一九五四年七月にはノーランド（William F. Knowland, カリフォルニア州、共和党）上院多数派院内総務が、共産中国の国連加盟が現実となった場合には院内総務を辞め、アメリカの国連からの脱退を実現させるため全力を尽くすという声明を発表する[170]。その直後に行われたイーデンとの会議でダレスは、もし共産中国が国連に加盟することになれば、「議会の国連脱退要求を抑えることはおそらく不可能」という見方を示した[171]。

こうしたアメリカ世論の問題に加え、「二つの中国、一つの台湾」構想には唯一正統な中国政府という国府の立場を否定することで生じる次のような問題もあった。すなわち、国府の士気を著しく弱め、台湾防衛や統治の動揺をもたらしてしまうという問題である。たしかに、たとえ国府の防衛力が弱化しようと、共産中国の台湾侵攻はアメリカの海空軍力によって抑止することができるかもしれない。しかし、国府の統治の揺らぎがもたらす共産勢力の台湾内部への浸透を防ぐことは難しい。また、大陸復帰の道を断たれることをおそれる国府が自ら北京政府と手を結ぶこともありうる[172]。

ダレスは台湾が北京政府の支配下に入った場合、その影響は東アジア全体に及ぶとみていた。一九五五年二月のメイキンズ（Roger M. Makins）イギリス駐米大使との会談でダレスは、国府の士気が失われるような事態になれば台湾防衛が揺らぎ、その深刻な影響が「日本やフィリピン、そしておそらく東南アジア全域」に波及することになろうと述べている[173]。また一九五八年九月作成の覚書には、台湾の共産化がもたらすインパクトについて次のように記した。

台湾が共産中国のものとなれば、

西太平洋の島嶼と半島から成る反共の防壁、つまり日本と韓国、中華民国、フィリピン共和国、タイ、ヴェトナムから成る防壁がひどく脅かされることになるだろう。インドネシアやマラヤ、カンボジア、ラオス、ビルマといった東南アジアの他の政府はおそらく共産主義勢力の完全な影響下に入ることになろう。この地域におけるアメリカの立場は、おそらく沖縄における立場でさえ、維持することはできないか、利用不能となり、大きな工業潜在力をもつ日本は中ソ圏の中に落ちることになるだろう。こうした展開がすぐに起きることはないだろうが、数年の内には生じることになるだろう。その影響は、ソ連によって援助され、煽動された中国共産主義者によって中国本土が支配されるのを許したときよりも、広範囲に及び、壊滅的なものとなるだろう。[174]

結局のところ、アメリカ世論の批判を回避し、東アジア全体に壊滅的な影響を与えかねない台湾の共産化を防ぐには国府を唯一正統な中国政府として支持し続ける必要があった。だが、かといってその大陸回帰を支持し、北京政府の打倒をめざすならば、国際世論の厳しい批判を浴びよう。何よりアメリカが甚大な軍事上のリスクを背負うことになる。こうした事情からダレスには北京政府との和解を否定しながらもそれとの共存を図るという、ニクソンが指摘した「第三の道」しか残されていなかった。換言すれば、「一つの中国、一つの台湾」も、北京政府打倒による「一つの中国」も追求することのできなかったダレスは、国府支持策をそのままに、「二つの中国」の併存状況の維持に努めるほかなかったのである。

だが、それも大統領の後ろ盾がなければ難しかった。ダレスにとっては不幸中の幸いと言うべきか、一九五四年九月発生の台湾海峡危機が北京政府打倒論に傾いていたアイゼンハワーの姿勢に変化をもたらすことになる。それによってインドシナ危機直後に始まったアジア政策の再検討作業で主導権を握ることができたダレスは、危機への対応に当たる中で、「第三の道」を追求するための枠組みを構築することになるのである。

台湾海峡危機

一九五四年九月から翌年春まで続くことになる台湾海峡危機は、国府が保有していた大陸沿岸諸島の一つ、金門島への北京政府による砲撃から始まった。危機初日（九月三日）に金門島に打ち込まれた砲弾は、はじめの五時間だけで六〇〇〇発に達したと言われる。その被害はアメリカ軍事顧問団にも及び、二名が死亡、残りの一四名は金門島からの脱出を余儀なくされた⑰⁵。

一九五三年十一月決定の方針（NSC一六六／一）では、大陸沿岸諸島はアメリカの防衛範囲から外されていた。だが、インドシナ危機を通して北京政府に対する姿勢を極度に硬化させていた統合参謀本部は、リッジウェーを除き、金門島防衛のための海空軍の投入を主張した。彼らは大陸に対する攻撃、場合によっては核兵器の使用も必要という見解だった。それに対して統合参謀本部の中でまたもや孤立する形となったリッジウェーは、金門島防衛と台湾防衛の間に実質的な関係はなく、共産中国との戦争の危険を冒してまで守る価値はないとして多数派の見解に反対した⑰⁶。

インドシナ危機直後のアイゼンハワーだったならば、核攻撃の必要性まで唱える前者の見解のほうに与していたのではないだろうか。しかし、台湾海峡危機が発生してから三日後の九月六日、アイゼンハワーはスミス（Walter Bedell Smith）国務次官に対して、かなり高い成功の見込みがないのであれば、金門島防衛に乗り出すことは「大きな間違い」になるだろうと述べ、軍事介入に消極的な姿勢をみせた⑰⁷。九月十二日の国家安全保障会議でダレスから、国連を通した外交解決をめざすべきという提案を受けるとそれに賛同している⑰⁸。さらにダレスの外交解決の努力を助けるため、ウィルソン（Charles E. Wilson）国防長官の提言に従い、国府の限定的な大陸攻撃を奨励する方針を一時停止させたのだった⑰⁹。

北京政府との現実の危機に直面し、目が覚めたのか、明らかにアイゼンハワーはラドフォードが中心となって唱えていた北京政府打倒論とは距離を置くようになっていた。そうした中で開かれた十月二十八日の国家安全保障会議は、その後の議論の方向性を決定づけた会議として記録されるべきだろう。その会議では二つの報告書に関する検討が行われた。一つはヴァンフリート（James A. Van Fleet）調査団の報告書、もう一つはダレスの報告書である。

ヴァンフリート調査団とは、韓国からの兵力増強の要請を直接のきっかけに、第八軍司令官として朝鮮戦争を戦った経験をもつヴァンフリートを団長に組織されたものである。一九五四年四月から七月まで韓国、台湾、日本、フィリピンで軍事的な状況や資源、必要性などに関する調査を行い、十月に報告書を大統領に提出した[180]。

その報告書でヴァンフリートは共産中国の脅威を強調した。共産中国は、ソ連にとっては世界支配のための「道具」であるが、それ自体野心的で膨張主義的な国家でもある。これまで共産中国は朝鮮戦争で朝鮮半島の北半分を、インドシナ戦争を通してヴェトナムの北半分を実質的な支配下に置くなど、アジア支配という目標を着々と実現してきた。

ヴァンフリートによれば、アメリカはそれら二つの戦争において、中国を「共産圏から引き抜き、共産勢力に対して巻き返しに出るプロセスを本格的に開始する機会」、すなわち「決定的な戦略的機会」をつかむことができなかった。ただ、「その歴史をくよくよ考えたところで何も得るものはない」。考えるべきは、共産中国という好戦的な勢力がまだ存在し、われわれに対抗する構えをとっていることである。共産中国は「間違いなく再度侵略を始めることになろう」。アメリカは今度こそ「その戦略的機会をとらえ、強力なアジアの同盟国とともに打って出ることができるよう準備しておかなければならない」とヴァンフリートは主張した。

明らかに、ラドフォードら統合参謀本部多数派の北京政府打倒論に与する内容となっていたこのヴァンフリートの報告書にアイゼンハワーはほとんど関心を示さなかった。そのため、議論はすぐにダレスの提出した報告書のほうに移る。それは、八月からダレスが行っていた共産中国に対する政策の再検討の結果として提出されたものだった。ダレスはその報告書で、国府を唯一正統な中国政府として支持する従来の政策を継続するよう提言するとともに、かねてより国府側から要請のあった安全保障条約の締結を勧告した。ただし、その条約が国府に対してアメリカのコミットメントによって守られながら、大陸攻撃を行うことを許すものであってはならないとして、条約を「本質的に防衛的なもの」にしなければならないと主張している。[181]

ダレスと言えば、「条約狂（pactomania）」と呼ばれるほど、安全保障条約の締結に熱心だったことで知られる。台湾海峡危機が起きたときには、ちょうど東南アジア集団防衛条約に調印するためマニラに滞在していた。そのおよそ一年前には韓国との間で相互防衛条約を結んでいる。このように東アジア方面でも安全保障条約の締結に熱心だったダレスだが、国府との条約締結には慎重な姿勢を取り続けていた。北京政府との戦争を避けつつ、国府の限定的攻撃を容認することで大陸に軍事的圧力をかけるという方針との両立を図るのが難しかったからである。その点について、ダレスは一九五四年五月の顧維鈞・駐米大使との会談で次のように説明している。台湾海峡では、休戦が成立した朝鮮半島とは違い「戦争状態が続いている」。アメリカはそれに対して直接関与することを欲しない。一方で、戦争状態を終わらせることも望んでいない。だが、安全保障条約を結ぶとなると、直接関与に踏み切るか戦争状態を終わらせるか、どちらかを選ばざるをえなくなる。[182]

十月二十八日の国家安全保障会議で示されたダレスの勧告はまさに、国府との安全保障条約に北京政府の台湾攻撃を抑止し、かつ国府の大陸攻撃を防止するという二重の機能をもたせることで、中台間の「戦争状態」を実質的に終わらせようとするものだった。それが、緊迫度を増す台湾海峡情勢を踏まえた勧告であったことは間違いない。しかし、ダレスの勧告を単なる危機への対応策とみるならば、その重要性を見逃すことになろう。それは、台湾海峡を挟んでにらみ合う「二つの中国」の併存状況を長期的に固定化しようとするものだった。つまりダレスは、一九五三年秋策定のＮＳＣ一六六／一に長期目標として盛り込まれ、インドシナ危機を通して勢いを増した北京政府打倒論を明確に否定したのである。

ダレスの勧告に対しては、統合参謀本部の下部機関である統合戦略調査委員会が、「国府の反革命軍としての役割を終わらせる」ものだとする検討結果をまとめるなど、軍部の中にかなりの反発があった。[183]だが、それはアイゼンハワーの支持を得る。ダレスはその大統領の支持のもと、国府との条約交渉に当たった。

その交渉では、国府保有の大陸沿岸諸島の扱いが一つの争点となった。国府が沿岸諸島を条約の適用範囲内に含めるよう求めたのに対して、アメリカはそれら諸島の防衛と台湾防衛との間に直接の関係はないという理由から条約の適用外にすることを望んだためである。結局、この問題に対しては、「相互の合意によって決定されるその他の領域」も共同防衛の範囲に含めることができるという趣旨の文言で決着がつけられた。また大陸攻撃の問題は、国府の要請に応じ条約本文ではなく交換公文によって処理された。形式こそ簡便なものとなったが、国府はそれによって大陸攻撃の際にはアメリカの同意を求めなければならないことになったのである[184]。

これら条約交渉の結果は、国府の中国政府としての立場に理解を示しつつ、「二つの中国」の併存状況を固定化するための枠組みを作ろうとしたダレスの苦心の結果だった。十一月二十三日、条約への仮署名を済ませたダレスはその直後、交渉の成果に満足する旨、大統領宛の覚書の中で述べている[185]（十二月二日調印、米華双方の批准手続きを経て翌年三月三日発効）。

条約交渉がまとまったのを受けワシントンでは、条約の内容に合わせる形で新たな共産中国に対する政策の策定が進められた。その結果、一九五四年十二月に大統領承認を受けた政策文書（NSC五四二九／五）において、北京政府打倒という目標が正式に退けられるとともに、大陸攻撃のための国府軍の有効性を高めるという方針も破棄された[186]。また台湾政策も改められ（NSC五五〇三）、国府の限定的な大陸攻撃を奨励するとした規定が削除される[187]。こうして、「二つの中国」の併存状況を固定化する方針が固まることになるのである。

この中台分離の方針は、国共二大勢力がにらみ合う状況を維持しようとする点において、一九四八年対外援助法で採用された中国分断策と同じ性格をもつものだった。ただ一九四八年のときとは違い、アメリカは国府との相互防衛条約のもと、国共内戦に対する直接的かつ恒常的な軍事関与にまで踏み込んだ。それにより、国共二大勢力が対峙する状態を確実に維持することができるようになったのである。

日本重視路線の確立

米華相互防衛条約により、北京政府の打倒をめざす路線が否定されたことは、アメリカの対日政策に二つの点で重要な意味をもった。一つは、日本に対する再軍備圧力の緩和につながったということである。

朝鮮戦争勃発後、トルーマン政権は日本の経済力だけでなく、軍事力の再建もめざすようになっていた。とくに、朝鮮半島で中国義勇軍と衝突してからは、北京政府に対する強烈な敵意と脅威認識のもと、日本の再軍備に対するトルーマン政権の期待は膨らむことになる。それに対して、日本は経済復興を優先させる方針から吉田茂首相を先頭に抵抗を試みた。だが、トルーマン政権を翻意させることはできず、一九五一年九月に調印された日米安全保障条約の前文には、日本が「直接及び間接の侵略に対する自国の防衛のため漸増的に自ら責任を負う」ことに対するアメリカの「期待」が記された[188]。

日本に対する再軍備圧力はアイゼンハワー政権発足後も続いた。だがインドシナ危機後、アジア政策に関する再検討が行われる中、ワシントンでは日本の再軍備の問題について意見が大きく二つに分かれることになる。一つは、北京政府打倒論との関係から日本の再軍備を重視する意見である。もう一つは打倒論に否定的で、日本の経済復興の遅れや中立主義の高まりに対処するため再軍備圧力を緩和するべきだとする意見だった。前者は軍部を中心に、後者は国務省を中心に唱えられた。結局、この論争は軍部の北京政府打倒論が台湾海峡危機の最中、アイゼンハワーによって退けられたことで決着がつく。すなわち、一九五五年四月、再軍備よりも日本の政治的、経済的安定を重視するという、国務省の意見を強く反映した国家安全保障会議文書（NSC五五一六／一）が作成され、大統領承認を受けたのである[189]。

北京政府打倒論が否定されたことは、再軍備圧力の緩和につながっただけでなく、一九四八年以来の東アジア政策における日本の中心的位置を確かなものにした。先述のように、北京政府打倒論は中国のパートナー化をめざす議論と言うことができ、その点で一九四八年対外援助法以来の日本重視論と矛盾する議論だった。米華相互防衛条約はそのような議論を否定することで、国共内戦に対する政策だけにとどまらず、東アジア政策全体を規定した。日本をパートナーとするアメリカの戦後東アジア政策の基本路線は、一九四八年対外援助法の中国分断策のもと形成され、一九五〇年代半ば、米華相互防衛条約の中台分離策のもと確立することになったのである。

◆注

（1）朝鮮戦争のインパクトを重視する代表的研究として、下記の研究を挙げることができる。Warren I. Cohen, "Acheson, His Advisers, and China, 1949–1950," in Dorothy Borg and Waldo Heinrichs, eds., *Uncertain Years: Chinese-American Relations, 1947–1950* (Columbia University Press, 1980); Cohen, *America's Response to China*; Warren I. Cohen, *A Nation Like All Others: A Brief History of American Foreign Relations* (Columbia University Press, 2018); Tucker, *Patterns in the Dust*; Nancy Bernkopf Tucker, "China's Place in the Cold War: The Acheson Plan," in Douglas Brinkley ed., *Dean Acheson and the Making of U.S. Foreign Policy* (Palgrave Macmillan, 1993); David M. Finkelstein, *Washington's Taiwan Dilemma, 1949–1950: From Abandonment to Salvation* (George Mason University Press, 1993); Robert Accinelli, *Crisis and Commitment: United States Policy toward Taiwan, 1950–1955* (The University of North Carolina Press, 1996).

（2）Telegrams between Marshall and Stuart, *FRUS: 1948*, Vol. 8, p. 526, p. 544, p. 551, pp. 557–558, p. 564, pp. 570–571, p. 579, p. 583. 中国では大学生を中心に、春学期が始まった一九四八年五月ごろから、アメリカの日本復興政策に反対する運動が全国で展開されていた。六月四日、スチュアート駐華大使は声明を発表し、アメリカは「日本の軍事的・経済的帝国主義」を復活させようとしているわけではないこと、日本経済の復興は中国にも経済的利益をもたらすものであることを説いた。続けて、声明後も運動を続けるならば「重大な事態」を招くことになるという警告を行った。だが、そのことがかえって中国で反発を呼び、運動は沈静化するどころか、激しさを増すことになる。これら一連の中国における展開については、Lutze, *China's Inevitable Revolution*, chap. 5を参照。六月四日のスチュアート声明は *China White Paper*, pp. 869–871 に収録されている。

（3）浅井『戦後改革と民主主義』第五章。

（4）William S. Borden, *The Pacific Alliance: United States Foreign Economic Policy and Japanese Trade Recovery, 1947–1955* (The University of Wisconsin Press, 1984); マイケル・シャラー／立川京一・原口幸司・山崎由紀訳『アジアにおける冷戦の起源――アメリカの対日占領』（木鐸社、一九九六年）。

（5）たとえば、Accinelli, *Crisis and Commitment* や松本はる香「台湾海峡危機［一九五四～五五］と米華相互防衛条約の締結」

『国際政治』第一一八号（一九九八年五月）、袁克勤「米華相互防衛条約の締結と『二つの中国』問題」『国際政治』第一一八号（一九九八年五月）。

（6）*Narrative of the Expedition of an American Squadron to the China Seas and Japan Performed in the Years 1852, 1853, and 1854, under the Command of Commodore M. C. Perry, United States Navy*, Vol. 2, Senate, Ex. Doc. No. 79, 33rd Cong., 2nd sess., 1854, p. 180. ペリーの台湾調査や台湾評価については、Leonard H. D. Gordon, *Confrontation over Taiwan: Nineteenth-Century China and the Powers* (Lexington Books, 2007), pp. 24-26も参照。

（7）*Ibid.*, pp. 26-27.

（8）アメリカのアジアに対する関心は建国期にまで遡ることができる。その点については、Gordon H. Chang, *Fateful Ties: A History of America's Preoccupation with China* (Harvard University Press, 2015) や Michael J. Green, *By More Than Providence: Grand Strategy and American Power in the Asia Pacific since 1783* (Columbia University Press, 2017) が詳しい。

（9）Richard C. Bush, *At Cross Purposes: U. S.-Taiwan Relations since 1942* (M. E. Sharpe, 2004), pp. 22-24.

（10）*Ibid.*, pp. 18-21.

（11）Memorandum by Hopkins, March 17, 1943, *FRUS: 1943*, Vol. 3, p. 26.

（12）Memorandum by Hopkins, March 22, 1943, *ibid.*, p. 36.

（13）Welles, *Seven Decisions That Shaped History*, pp. 152-153.

（14）Liu, *A Partnership for Disorder*, p. 110; Bush, *At Cross Purposes*, p. 29.

（15）*Ibid.*, p. 12.

（16）この点については、マイケル・シャラー／豊島哲訳『マッカーサーの時代』（恒文社、一九九六年）第六章とロバート・ロス・スミス「日本本土進攻ルートの決断」K・R・グリンフィールド編／中野五郎訳『歴史的決断』（筑摩書房、一九八六年）第一八章を参照。

（17）JCS五七〇／八三については川名『基地の政治学』九五—九九頁、一一九—一二三頁とConverse, *Circling the Earth*, chap. 4を参照。

（18）Finkelstein, *Washington's Taiwan Dilemma, 1949-1950*, p. 66.

（19）ジョージ・H・カー／蕭成美訳『裏切られた台湾』（同時代社、二〇〇六年）三八七—三八八頁。

（20）PPS53 "United States Policy toward Formosa and the Pescadores," *FRUS: 1949*, Vol. 9, pp. 356-364.

（21）ケナン『ジョージ・F・ケナン回顧録』上巻、三五二頁。

（22）PPS39 "To Review and Define United States Policy toward China," September 7, 1948, *FRUS: 1948*, Vol. 8, p. 150.

(23) ケナン『ジョージ・F・ケナン回顧録』下巻、五二頁。

(24) "Contemporary Problems of Foreign Policy," National War College, September 17, 1948, Folder: 12, Box: 299, Kennan Papers, Princeton University Library.

(25) ケナン『ジョージ・F・ケナン回顧録』上巻、三五二頁。

(26) PPS23 "Review of Current Trends U. S. Foreign Policy," February 24, 1948, *FRUS: 1948*, Vol. 1, Part 2 (GPO, 1976), p. 525.

(27) From Kennan to Marshall, March 14, 1948, *ibid.*, p. 534. マッカーサーがケナンに沖縄の重要性を説いた会談の記録は、*FRUS: 1948*, Vol. 6, pp. 699-706 に収録されている。なお、ケナンの沖縄認識については、ロバート・D・エルドリッヂ『沖縄問題の起源――戦後日米関係における沖縄一九四五～一九五二』(名古屋大学出版会、二〇〇三年) 第六章が詳しい。

(28) NSC37 "The Strategic Importance of Formosa," December 1, 1948, *FRUS: 1949*, Vol. 9, pp. 261-262.

(29) Anna Kasten Nelson, ed., *The State Department Policy Planning Staff Papers 1949* (Garland Publishing, 1983), pp. 32-58.

(30) *Ibid.*, p. 39.

(31) PPS53, *FRUS: 1949*, Vol. 9, p. 357.

(32) 例えば、一九五〇年一月四日、アチソンはジョン・キー (John Kee) 下院外交委員会委員長との会談で、「共産主義者が台湾を［軍事的に］侵略し占領することはできない」という見方を示している (Memo, January 4, 1950, Memoranda of Conversation File, Secretary of State File, Dean G. Acheson Papers, Truman Library)。こうした中国共産党の台湾侵攻能力に対する低い評価から、トルーマンの一九五〇年一月五日の台湾政策に関する声明にあるように、「台湾の資源は台湾防衛に必要だと考えられるものを入手するのに十分」だと考えられた (Department of State, *American Foreign Policy 1950-1955: Basic Documents*, Vol. 2, GPO, 1957, p. 2449)。

(33) Memorandum by Lovett to Truman, January 14, 1949, *FRUS: 1949*, Vol. 9, p. 266; NSC37/1 "The Position of the United States with Respect to Formosa," January 19, 1949, *ibid.*, p. 272, p. 274; Memorandum by Merchant to Butterworth, May 24, 1949, *ibid.*, p. 341.

(34) NSC37/1, *ibid.*, pp. 270-275; NSC37/2 "The Current Position of the United States with Respect to Formosa," February 3, 1949, *ibid.*, pp. 281-282.

(35) From Stuart to Acheson, March 23, 1949, *ibid.*, pp. 302-303.

(36) Memorandum by Merchant to Butterworth, May 24, 1949, *ibid.*, p. 338.

(37) Memorandum by Butterworth to Rusk, June 9, 1949, *ibid.*, pp. 346-350.

(38) PPS53, *ibid.*, pp. 359-364. ヘーアの研究によれば、この付属文書を作成したのはデイヴィスだった (Heer, *Mr. X and the*

Pacific, pp. 96–105)。

(39) PPS53, *FRUS: 1949*, Vol. 9, p. 358.

(40) *Ibid.*, p. 357.

(41) *Ibid.*, pp. 361-362.

(42) David Mayers, *George Kennan and the Dilemmas of US Foreign Policy* (Oxford University Press, 1988), p. 177.

(43) PPS53, *FRUS: 1949*, Vol. 9, p. 357.

(44) "American Policy toward China," Department of State, Round-Table Discussion, October 6-8, 1949, pp. 12-13, Folder: China, Round-Table Discussion, Box: 151, Foreign Affairs File, Subject File, President's Secretary's Files, Truman Papers, Truman Library; G. F. Kennan, "Contemporary Problems of Foreign Policy," National War College, September 17, 1948, Folder: 12, Box: 299, Kennan Papers, Princeton University Library; G. F. Kennan, "Estimate of the International Situation," Pentagon Orientation Conference, November 8, 1948, Folder: 17, ibid.

(45) PPS39, *FRUS: 1948*, Vol. 8, p. 147.

(46) ケナン『ジョージ・F・ケナン回顧録』上巻、三五三頁。

(47) PPS39, *FRUS: 1948*, Vol. 8, p. 147.

(48) PPS39, *ibid.*, p. 155; Round-Table Discussion, Truman Papers, p. 6, p. 15.

(49) PPS39, *FRUS: 1948*, Vol. 8, pp. 147–148, p. 153.

(50) *Ibid.*, p. 148.

(51) G. F. Kennan, "United States Foreign Policy," Naval War College, October 11, 1948, Folder: 15, Box: 299, Kennan Papers, Princeton University Library.

(52) Nelson, ed., *The State Department Policy Planning Staff Papers 1949*, p. 28.

(53) Memorandum by Kennan, January 10, 1949, *FRUS: 1949*, Vol. 8 (GPO, 1978), pp. 26-27.

(54) Nelson, ed., *The State Department Policy Planning Staff Papers 1949*, p. 26, p. 28. 歴史家ミスカンブルも、ケナンは中ソの間に楔を打ち込むための積極的なプログラムを作成することができなかったと指摘している（Wilson D. Miscamble, *George F. Kennan and the Making of American Foreign Policy, 1947-1950*, Princeton University Press, 1992, p. 244)。

(55) この点について、ケナンはPPS五三の付属文書に規定されているような他国のイニシアティブのもとでの占領ではなく、アメリカ単独の占領のほうが効果があるとみていた。PPS五三には、「十分な決意とスピード、無慈悲、そして自信でもって、セオドア・ローズヴェルトであったならばとったであろうやり方で」アメリカが台湾の単独占領に踏み切るならば、「この国

［アメリカ］と極東全体に対して電撃的な効果（electrifying effect）をもたらすだろう」と記されている（*FRUS: 1949*, Vol. 9, p. 358）。

(56) 台湾占領という提言は政策企画室文書PPS五三としてまとめられたものの、室の中で意見の相違があったためか、アチソンにはあくまでもケナンの個人的見解を示す覚書として提出された（*FRUS: 1949*, Vol. 9, p. 356, note 81; Finkelstein, *Washington's Taiwan Dilemma*, p. 203, note 46）。

(57) Robert L. Beisner, *Dean Acheson: A Life in the Cold War* (Oxford University Press, 2006), p. 174.

(58) *Ibid*., p. 49.

(59) Acheson's Handwritten Notes for Meeting with Republican Congressmen, February 24, 1949, Memoranda of Conversation File, Secretary of State Files, Acheson Papers, Truman Library.

(60) Gaddis Smith, *Dean Acheson* (Cooper Square Publishers, 1972), p. 108.

(61) Ronald L. McGlothlen, *Controlling the Waves: Dean Acheson and U. S. Foreign Policy in Asia* (W. W. Norton, 1993), p. 140.

(62) ブルース・カミングス／鄭敬謨・林哲・山岡由美訳『朝鮮戦争の起源2――「革命的」内戦とアメリカの覇権　一九四七年～一九五〇年』上巻（明石書店、二〇一二年）一八六頁、McGlothlen, *Controlling the Waves*, p. 141.

(63) NSC41 "United States Policy Regarding Trade with China," February 28, 1949, *FRUS: 1949*, Vol. 9, pp. 826-834.

(64) *Ibid*., p. 830.

(65) Tucker, "China's Place in the Cold War," p. 111.

(66) Senate Committee on Foreign Relations, *Reviews of the World Situation, 1949-1950: Hearings*, 81st Cong., 2nd sess., 1950 (GPO, 1974), p. 135.

(67) シャラー『アジアにおける冷戦の起源』二九六頁、三二六―三二七頁。

(68) 大嶽『戦後日本防衛問題資料集』第一巻、二四二頁。

(69) Senate Committee, *Reviews of the World Situation*, p. 184.

(70) *Ibid*., pp. 132-133, p. 170.

(71) 大嶽『戦後日本防衛問題資料集』第一巻、二四一頁。

(72) *American Foreign Policy 1950-1955: Basic Documents*, Vol. 2, pp. 2448-2449.

(73) 大嶽『戦後日本防衛問題資料集』第一巻、二四一頁。

(74) Senate Committee on Foreign Relations, *Economic Assistance to China and Korea, 1949-50*, 81st Cong., 1st sess., 1949 (Garland Publishing, 1979), p. 30.

(75) June M. Grasso, *Truman's Two-China Policy, 1948-1950* (M. E. Sharpe, 1987), pp. 34-35.
(76) House Committee on International Relations, *United States Policy in the Far East,* Part 1, p. 339.
(77) From the Minister-Counselor of Embassy in China (Clark) to Butterworth, June 30, 1948, *FRUS: 1948,* Vol. 7, p. 333; Memorandum by Butterworth to Marshall, July 27, 1948, *ibid.,* p. 381.
(78) Telegram from Stuart to Marshall, May 15, 1948, *ibid.,* p. 236; Telegram from Stuart to Marshall, May 26, 1948, *ibid.,* pp. 257-259; From Clubb to Marshall, June 14, 1948, *ibid.,* pp. 302-303; From Stuart to Marshall, July 5, 1948, *ibid.,* pp. 336-338; From Stuart to Marshall, July 14, 1948, *ibid.,* pp. 357-358.
(79) Memorandum by Butterworth, *FRUS: 1949,* Vol. 9, p. 605.
(80) NSC37/1, *ibid.,* pp. 270-275.
(81) NSC37/2, *ibid.,* pp. 281-282.
(82) Statement by Acheson at the 35th Meeting of the NSC on the Formosan Problem, *ibid.,* p. 295.
(83) Memorandum by Lovett to Truman, January 14, 1949, *ibid.,* p. 266; NSC37/1, *ibid.,* p. 273; NSC37/5 "Supplementary Measures with Respect to Formosa, March 1, 1949, *ibid.,* pp. 291-292.
(84) 大嶽『戦後日本防衛問題資料集』第一巻、二四二頁。
(85) 同じく、ＣＩＡも一九四九年十月作成のレポートの中で、「軍事介入と台湾の支配以外に、いかなるアメリカの援助も台湾を非共産地域として長く保つことはできない」と指摘している（CIA "Survival Potential of Residual Non-Communist Regimes in China," ORE76-49, October 19, 1949, The China Collection, Central Intelligence Agency Library. 〈https://www.cia.gov/library/readingroom/docs/DOC_0001098226.pdf〉, accessed October 8, 2019）。一九四九年十二月に国家安全保障会議スタッフによって作成されたＮＳＣ四八／一（「アジアに関するアメリカの立場」）もＣＩＡレポートを引用しつつ、「アメリカの軍事占領以外のいかなる方法によっても台湾を中国共産主義者から守ることはできない」と説いた（NSC48/1 "The Position of the United States with Respect to Asia," December 23, 1949, in Thomas H. Etzold and John Lewis Gaddis, eds., *Containment: Documents of American Policy and Strategy, 1945-1950,* Columbia University Press, 1978, p. 257）。
(86) Cohen, "Acheson, His Advisers, and China, 1949-1950," p. 28; Tucker, "China's Place in the Cold War," p. 114.
(87) Secretary's Daily Meeting, 29 July 1949, Summaries of the Secretary's Daily Meetings, 1949-1952, Office of the Executive Secretariat, Records of the Secretary of State, 1944-1953, Records of the Department of State, RG59, NA.
(88) Memorandum by the Department of State to the Executive Secretary of the National Security Council (Souers), August 4, 1949, *FRUS: 1949,* Vol. 9, pp. 369-371.

(89) *Ibid.*, pp. 370-371.

(90) ドワイト・D・アイゼンハワー／仲晃・佐々木謙一訳『アイゼンハワー回顧録』第一巻「転換への負託」(みすず書房、一九六五年)七四頁。歴史家スティーブン・ロスの研究によると、すでに一九四六年初頭の段階で、陸軍(空軍部隊を含む)は八二六万七〇〇〇人から一八九万一〇〇〇人に、海軍は三三八万人から九八万三〇〇〇人に、海兵隊は四七万一〇〇〇人から一五万五〇〇〇人に縮小されていた。その後も動員解除は継続され、一九四八年までに陸軍は五五万四〇〇〇人、空軍は三八万七〇〇〇人、海軍は四一万九〇〇〇人、海兵隊は八万四〇〇〇人の規模となっていた(Steven T. Ross, *American War Plans, 1945-1950*, Garland Publishing, 1988, p. 11)。

(91) 一九四八年四月、トルーマンは新聞編集者との会合で、戦争終了直後の世論の圧力について次のように述べている。「私は全力で動員解除を止めようとした。しかし、この国の母親や父親はすぐに彼らの息子を取り戻そうとした。そしてすべての議員がもちろん、一九四六年に再選されることを望んでいた。彼らは国防計画を壊すため利用できるものは何でも利用した。その結果、われわれはドイツにも、日本にも、朝鮮にもわずかな軍隊しか残すことができなかった」(The President's Special Conference with Editors of Business and Trade Papers, April 23, 1948, *Public Papers of the Presidents of the United States, Harry S. Truman, 1948*, GPO, 1964, p. 232)。

(92) Michael J. Hogan, *A Cross of Iron: Harry S. Truman and the Origins of the National Security State 1945-1954* (Cambridge University Press, 1998), p. 186; Melvyn P. Leffler, *A Preponderance of Power: National Security, the Truman Administration, and the Cold War* (Stanford University Press, 1992), p. 271; 村田晃嗣『米国初代国防長官フォレスタル――冷戦の闘士はなぜ自殺したのか』(中公新書、一九九九年)二〇二―二〇五頁。

(93) NSC37/7 "The Position of the United States with Respect to Formosa," August 22, 1949, *FRUS: 1949*, Vol. 9, pp. 376-378. ケナンは日記に、台湾占領を実行できなかったのは「かなりのところ、軍部の消極性」のゆえであると記している(Kennan Diary, November 21, 1949, Folder: 17, Box: 231, Kennan Papers, Princeton University Library)。

(94) Thomas H. Etzold, "The Far East in American Strategy, 1948-1951," in Thomas H. Etzold, ed., *Aspects of Sino-American Relations since 1784* (New Viewpoints, 1978), p. 116.

(95) この点については、Gordon H. Chang, *Friends and Enemies: The United States, China, and the Soviet Union, 1948-1972* (Stanford University Press, 1990), p. 64を参照。

(96) CIA "Review of the World Situation," April 19, 1950, CIA 4-50, Folder: General Intelligence Group, Box: 212, Intelligence File, 1946-1953, President's Secretary's Files, Truman Papers, Truman Library; CIA "Reports of Current Soviet Military Activity in China," ORE 19-50, April 21, 1950, Folder: ORE, 1950, 18-29, Box: 216, ibid.

(97) Memorandum by Rusk to Acheson, April 26, 1950, *FRUS: 1950,* Vol. 6 (GPO, 1976), pp. 333–335.

(98) Shu Guang Zhang, *Deterrence and Strategic Culture: Chinese-American Confrontations, 1949–1958* (Cornell University Press, 1992), pp. 69–72.

(99) Telegram from the Chargé in China (Strong) to Acheson, April 27, 1950, *FRUS: 1950,* Vol. 6, p. 336.

(100) *Cairns Post,* May 18, 1950, p. 1.

(101) カミングス『朝鮮戦争の起源2』下巻、六三三頁。

(102) Memorandum of Conversation, June 26, 1950, *FRUS: 1950,* Vol. 7 (GPO, 1976), p. 180.

(103) Memorandum by Dulles, May 18, 1950, *FRUS: 1950,* Vol. 1 (GPO, 1977), pp. 314–315.

(104) Franks to Dening, June 7, 1950, FO371/83320, National Archives, Kew.

(105) この点については、佐々木卓也『封じ込めの形成と変容——ケナン、アチソン、ニッツェとトルーマン政権の冷戦戦略』（三嶺書房、一九九三年）第五章や John Lewis Gaddis, *Strategies of Containment: A Critical Appraisal of American National Security Policy during the Cold War,* revised and expanded edition (Oxford University Press, 2005), chap. 4 を参照。

(106) 大嶽『戦後日本防衛問題資料集』第一巻、四二一頁。

(107) Memorandum of Conversation, June 25, 1950, *FRUS: 1950,* Vol. 7, p. 158.

(108) Acheson, *Present at the Creation,* p. 405（アチソン『アチソン回顧録』第二巻、五四頁）.

(109) Frank Costigliola, *The Kennan Diaries* (W. W. Norton, 2014), p. 249; ケナン『ジョージ・F・ケナン回顧録』上巻、四五四頁。

(110) John L. Gaddis, *George F. Kennan: An American Life* (Penguin Press, 2011), p. 397.

(111) この時期のトルーマン政権の台湾政策については、Accinelli, *Crisis and Commitment,* chap. 2 を参照。

(112) United Nations Consideration of the Communist Charges: Statement by the Department of State, August 24, 1950, *American Foreign Policy* 1950–1955: *Basic Documents,* Vol. 2, p. 2476; Refutation of the Communist Charges: Letter from the United States Representative at the United Nations to the Secretary-General, August 25, 1950, *ibid.,* pp. 2476–2478; United States Request that the "Question of Formosa" Be Placed on the Agenda of the General Assembly: Letter from the Secretary of State to the Secretary-General of the United Nations, September 21, 1950, *ibid.,* pp. 2478–2480; Address by the Secretary of State before the General Assembly, September 20, 1950, *American Foreign Policy* 1950–1955: *Basic Documents,* Vol. 1 (GPO, 1957), pp. 169–179.

(113) Memo, January 5, 1950, microfilm reel no. 16, John Foster Dulles Papers: Selected Correspondence and Related Material Alphabetically Arranged Within Years, 1891–1959 (Scholarly Resources, 1976); Dulles to Arthur H. Vandenberg, January 6, 1950, ibid.; Dulles to Thomas M. Debevoise, January 12, 1950, microfilm reel no. 15, ibid.; Minutes of the 39th Meeting of the United States

Delegation to the United Nations General Assembly, November 14, 1950, *FRUS: 1950,* Vol. 6, p. 560; Minutes of the 40th Meeting of the United States Delegation to the United Nations General Assembly, November 15, 1950, *ibid.*, p. 570.

(114)　この点については，Keiji Nakatsuji, "The Short Life of the U. S. Official 'Two China' Policy: Improvisation, Policy, and Postponement, 1950,"『社会文化研究』（広島大学総合科学部紀要Ⅱ）第一五巻（一九八九年）二五四―二五八頁を参照。

(115)　Memorandum of Conversation, September 19, 1950, *FRUS: 1950,* Vol. 6, pp. 510–513.

(116)　Minutes of the 39th Meeting of the United States Delegation to the United Nations General Assembly, November 14, 1950, *ibid.*, p. 561.

(117)　*ibid.*, p. 467, note 1.

(118)　Draft Resolution on the Problem of Formosa, *ibid.*, pp. 555–556.

(119)　Minutes of the 39th Meeting of the United States Delegation to the United Nations General Assembly, *ibid.*, pp. 556–572.

(120)　Telegram from the United States Representative at the United Nations（Austin）to Acheson, November 15, 1950, *ibid.*, pp. 572–573.

(121)　*Ibid.*, p. 573.

(122)　*Ibid.*, p. 573.

(123)　一九五〇年九月の条約草案では，台湾の将来の地位に関して，日本は「イギリス，ソ連，中国，アメリカによるいかなる決定」をも受諾することになっていた。また，対日講話条約の発効後一年以内に四カ国によって決定がなされない場合は，「条約の参加国は国連総会に勧告を求め，それを受諾する」ことになっていた（Draft of a Peace Treaty with Japan, September 11, 1950, *FRUS: 1950,* Vol. 6, p. 1298）。

(124)　Shu, *Deterrence and Strategic Culture,* pp. 83–88.

(125)　対中禁輸の問題については，Shu Guang Zhang, *Economic Cold War: America's Embargo against China and the Sino-Soviet Alliance, 1949–1963*（Woodrow Wilson Center Press, with Stanford University Press, 2001）を参照。

(126)　*New York Times,* April 21, 1951, p. 1. 一九四六年二月に創設された軍事顧問団は，中国情勢の悪化により一九四八年末に撤退が命じられ，翌年一月に撤退を完了していた。

(127)　中国義勇軍の参戦によるアメリカと国府の関係の変化については，Accinelli, *Crisis and Commitment,* chap. 3を参照。

(128)　この秘密作戦については，Accinelli, *Crisis and Commitment,* pp. 64–67 や Bertil Lintner, "The CIA's First Secret War," *Far Eastern Economic Review,* Vol. 156, No. 37（September 1993）を参照。

(129)　NSC48/5 "United States Objectives, Policies and Courses of Action in Asia," May 17, 1951, *FRUS: 1951,* Vol. 6, Part 1（GPO,

1977), pp. 33-39.

(130) Memorandum by the JCS to Marshall, January 12, 1951, *FRUS: 1951,* Vol. 7 (GPO, 1983), pp. 71-72.

(131) ただし、ＣＩＡのダミー会社が秘密裏に、大陸沿岸諸島から行われていた国府の大陸に対する突撃作戦を支援していた（松田康博「台湾の大陸政策（一九五〇～五八年）――『大陸反攻』の態勢と作戦」『日本台湾学会報』第四号、二〇〇二年）。

(132) NSC Staff Study on United States Objectives, Policies and Courses of Action in Asia, *FRUS: 1951,* Vol. 6, Part 1, p. 38, p. 57. トルーマン政権の台湾防衛の意思は固かったが、ＮＳＣ四八／五で台湾が防衛線の中に含められることはなかった。防衛線を維持するためには台湾を守らなければならないという論理構成が忠実にとられたためである。台湾が正式に防衛線の中に含められるのは、アイゼンハワー政権によって一九五三年十一月に策定されたＮＳＣ一四六／二においてである。

(133) NSC154/1 "United States Tactics Immediately Following an Armistice in Korea," July 7, 1953, *FRUS: 1952-54,* Vol. 15, Part 2 (GPO, 1984), pp. 1341-1342.

(134) NSC166/1 "U. S. Policy towards Communist China," November 6, 1953, *FRUS: 1952-54,* Vol. 14, Part 1 (GPO, 1985), p. 280.

(135) *Ibid.,* p. 282.

(136) NSC146/2 "United States Objectives and Courses of Action with Respect to Formosa and the Chinese National Government," November 6, 1953, *ibid.,* p. 308.

(137) 青山瑠妙氏によれば、国府の攻撃による大陸側の被害は「甚大」で、「現在中国の最大の漁業基地となっている舟山漁場が利用できないばかりでなく、上海からアモイまでの海岸からは船舶の出航すら困難であった。アモイでは、取引貨物の輸送は夜間でしか行えなかったほどの状態であった」（青山瑠妙「中国の対台湾政策――一九五〇年代前半まで」『日本台湾学会報』第四号、二〇〇二年、三一頁）。

(138) NSC146/2, *FRUS: 1952-1954,* Vol. 14, Part 1, p. 308.

(139) John W. Garver, *The Sino-American Alliance: Nationalist China and American Cold War Strategy in Asia* (M. E. Sharpe, 1997), p. 115.

(140) NSC146/2, *FRUS: 1952-1954,* Vol. 14, Part 1, pp. 309-310; Accinelli, *Crisis and Commitment,* p. 134.

(141) ソラリウム作業については、Gaddis, *Strategies of Containment,* chap. 5や赤木完爾『ヴェトナム戦争の起源――アイゼンハワー政権と第一次インドシナ戦争』（慶應通信、一九九一年）第二章を参照。ソラリウムという作業名称は、関係者が最初の会合をもったのがホワイトハウス内の「ソラリウム（サンルーム、日光浴室）」であったことに由来する。

(142) Nancy Bernkopf Tucker, *The China Threat: Memories, Myths, and Realities in the 1950s* (Columbia University Press, 2012), p. 49.

（143）一九五二年大統領選挙については、Barton J. Bernstein, "Election of 1952," in Troy, Schlesinger, and Israel eds., *History of American Presidential Election, 1789-2008*, 4th edition を参照。

（144）Memorandum of Conversation, June 1, 1953, *FRUS: 1952-54*, Vol. 14, Part 1, p. 199.

（145）Gaddis, *Strategies of Containment*, p. 126.

（146）ジョン・フォスター・ダレス／藤崎万里訳『戦争か平和か』（河出書房、一九五〇年）三一七―三一八頁。

（147）同右、三二一―三二二頁。

（148）John Foster Dulles, *War or Peace*（Macmillan, 1950）, p. 231（ダレス『戦争か平和か』三〇一―三〇二頁）.

（149）同右、二四九頁。

（150）Costigliola, *The Kennan Diaries*, p. 263; ケナン『ジョージ・F・ケナン回顧録』上巻、四六一頁。

（151）ダレスのチトー化に関する考え方については、Chang, *Friends and Enemies*, pp. 83-88 やジョン・L・ギャディス／五味俊樹・阪田恭代・宮坂直史・坪内淳・太田宏訳『ロング・ピース――冷戦史の証言「核・緊張・平和」』（芦書房、二〇〇二年）三〇一―三一五頁を参照。

（152）赤木『ヴェトナム戦争の起源』六五頁、二二三頁。

（153）北京政府のインドシナ戦争への関与については、Chen Jian, *Mao's China and the Cold War*（University of North Carolina Press, 2001）, chap. 5 や Shu, *Deterrence and Strategic Culture*, chap. 6 を参照。

（154）Telegram from the Ambassador in France（Dillon）to the Department of State, March 11, 1954, *FRUS: 1952-54*, Vol. 13, Part 1（GPO, 1982）, p. 1106.

（155）インドシナ戦争に対する軍事介入の問題については、赤木『ヴェトナム戦争の起源』第六章を参照。

（156）NSC5429 "Review of U. S. Policy in the Far East," August 4, 1954, *FRUS: 1952-54*, Vol. 12, Part 1（GPO, 1984）, pp. 696-703.

（157）Memorandum by the JCS to Wilson, August 11, 1954, *ibid.*, pp. 719-723.

（158）*Ibid.*, pp. 722-723.

（159）Memorandum of Discussion at the 211th Meeting of the NSC, August 18, 1954, *ibid.*, pp. 750-751.

（160）*Ibid.*, p. 751.

（161）*Ibid.*, pp. 753-754.

（162）*Ibid.*, pp. 751-752.

（163）*Ibid.*, p. 753.

（164）*Ibid.*, pp. 748-749.

(165) Memorandum of Conversation, June 27, 1954, FO371/112337, National Archives, Kew.

(166) Memo, August 17, 1954, Folder: 4, Box: 9, General Correspondence and Memoranda Series, John Foster Dulles Papers, Dwight D. Eisenhower Library, Abilene, KS.

(167) William P. Snyder, "Dean Rusk to John Foster Dulles, May-June 1953: The Office, the First 100 Days, and Red China," *Diplomatic History,* Vol. 7, Issue. 1 (January 1983), pp. 84–86.

(168) Ibid.

(169) Memorandum of Discussion at the 211th Meeting of the NSC, *FRUS: 1952–54,* Vol. 12, Part 1, p. 749, p. 757.

(170) *New York Times,* July 2, 1954, p. 2.

(171) Memorandum of Conversation, July 2, 1954, *FRUS: 1952–54,* Vol. 3 (GPO, 1979), p. 734.

(172) Summary of Remarks, March 18, 1955, Folder: White House Correspondence-General 1955 (4), Box: 3, White House Memoranda Series, Dulles Papers, Eisenhower Library; Dulles to Lewis W. Douglas, March 29, 1955, Folder: Strictly Confidential-C-D (3), Box: 2, General Correspondence and Memoranda Series, Dulles Papers, Eisenhower Library; Memorandum of Conversation, October 12, 1958, *FRUS: 1958–1960,* Vol. 19 (GPO, 1996), p. 378.

(173) Memorandum of Conversation, February 7, 1955, *FRUS: 1955–57,* Vol. 2 (GPO, 1986), p. 236.

(174) Memorandum Prepared by Dulles, September 4, 1958, *FRUS: 1958–60,* Vol. 19, p. 133.

(175) Chang, *Friends and Enemies,* p. 120; The Acting Secretary of Defense (Anderson) to Eisenhower, September 3, 1954, *FRUS: 1952–54,* Vol. 14, Part 1, p. 556.

(176) *Ibid.,* pp. 556–557; Memorandum by Radford to Wilson, September 11, 1954, *ibid.,* pp. 598–609.

(177) Telegram from the Acting Secretary of State to the Embassy in the Philippines, September 6, 1954, *ibid.,* p. 574. アイゼンハワーの回顧録では、強硬論を説くラドフォードらをアイゼンハワーが次のように諭したことになっている。「われわれはいま限定された小ぜり合いの話をしているのではないのだ。第三次世界大戦の瀬戸際まで行くかどうかの話なのだ。もしわれわれが中国を攻撃したら、朝鮮のときのように、われわれの軍事行動に限度を設けることなんかできないだろう」（アイゼンハワー『アイゼンハワー回顧録』第一巻、四一四頁）。

(178) Memorandum of Discussion at the 214th Meeting of the NSC, September 12, 1954, *FRUS: 1952–54,* Vol. 14, Part 1, pp. 615–624.

(179) Memorandum by the Special Assistant to the President for National Security Affairs (Cutler) to Dulles, September 26, 1954, *ibid.,* pp. 661–662; Telegram from the Acting Secretary of State to Dulles, September 28, 1954, *ibid.,* p. 664.

(180) Report of the Van Fleet Mission to the Far East, April 26–August 7, 1954, Folder: President's Papers 1954 (8), Box: 2,

Presidential Subseries, Special Assistant Series, Office of the Special Assistant for National Security Affairs, White House Office, Eisenhower Library.

(181) Report by Dulles to the NSC, October 28, 1954, *FRUS: 1952–54*, Vol. 14, Part 1, pp. 809–812.

(182) Memorandum of Conversation, May 19, 1954, *ibid.*, p. 423.

(183) Memorandum by the Joint Strategic Survey Committee to the JCS, October 29, 1954, *ibid.*, pp. 819–820.

(184) 交換公文は、Message from the President of the United States to the Senate, *Mutual Defense Treaty with the Republic of China*, January 6, 1955, 84th Cong., 1st sess., 1955（CIS, n. d.）, pp. 7-8 収録のものを利用。

(185) Memorandum by Dulles to Eisenhower, November 23, 1954, *FRUS: 1952–54*, Vol. 14, Part 1, p. 929. 国府側に立ち、「二つの中国」の併存状況を固定化するということは、北京政府と長期の政治経済競争を戦わなければならないことを意味した。その長期戦に備えてダレスは、国府との条約に政治的経済的協力を謳う北大西洋条約第二条と同様の規定（第三条）を盛り込んだ。

(186) この点、佐橋亮氏の言葉を借りれば、北京政府との「共存の模索」が正式に始まったと言うことができよう（佐橋亮『共存の模索――アメリカと「二つの中国」の冷戦史』勁草書房、二〇一五年）。NSC五四二九／五は、*FRUS: 1952–54*, Vol. 12, Part 1, pp. 1062–1068 に収録されている。

(187) NSC5503 "U. S. Policy toward Formosa and the Government of the Republic of China," January 15, 1955, *FRUS: 1955–1957*, Vol. 2, pp. 30–34.

(188) 再軍備問題をめぐる占領期日米関係については、柴山『日本再軍備への道』や楠綾子『吉田茂と安全保障政策の形成――日米の構想とその相互作用　一九四三～一九五二年』（ミネルヴァ書房、二〇〇九年）を参照。

(189) NSC5516/1 "U. S. Policy toward Japan," April 9, 1955, *FRUS: 1955–57*, Vol. 23, Part 1（GPO, 1991）, pp. 52–62. NSC五五一六／一の成立過程については、坂元一哉『日米同盟の絆――安保条約と相互性の模索』（有斐閣、二〇〇〇年）第二章と李鍾元『東アジア冷戦と韓米日関係』（東京大学出版会、一九九六年）第二章第一節を参照。

おわりに

真珠湾攻撃を受けて、第二次世界大戦に参戦した後、ローズヴェルトは中国大国化構想を推進した。本書は、その構想が戦後になって挫折し、一九五四年末の米華相互防衛条約によって中国ではなく日本をパートナーとするアメリカの戦後東アジア政策の基本路線が確立する、その過程を明らかにしたものである。アメリカが重視すべきは中国か日本かという、本書冒頭で紹介したフォレスタルの問いとの関係で言えば、その答えが中国から日本へと変化する歴史を確認したものと言える。

本書の中に先達のアメリカ東アジア政策研究に対して付け加えるものがあるとすれば次の三点になるだろう。一つ目は、ローズヴェルトの中国大国化構想を一九三〇年代の西半球政策との関係で考察した点である。一九三〇年代にローズヴェルトは、西半球におけるアメリカの覇権的地位が動揺を来していたことに対する危機感からいわゆる善隣外交を展開し、一定の成功を収めた。世界大戦に参戦すると、その経験を背景にして、大国の地域的役割を重んじる戦後構想を推進する。それは、大国に対してアメリカが善隣外交のもと西半球においてめざしたような安定的で開放的な地域秩序の構築を求める構想であり、中国大国化構想はその一部だった。

中国大国化構想のもと、中国はアメリカとともに東アジアの秩序管理に当たることになっていた。ただ、国家統一すら十分に達成できていなかった事情を背景に、中国には少なくとも当面ジュニア・パートナーとしてアメリカの主導的役割を受け入れることが期待されていた。この点、ローズヴェルトの中国大国化構想は、長期的にはともかく短期的には、戦後の東アジアを西半球と同様、アメリカの覇権のもとに置こうとするものだったと言えるだろう。

二つ目は、ヨーロッパ援助計画（マーシャル・プラン）を規定していた法律であることからヨーロッパ政策の文脈で知られる一九四八年対外援助法の東アジア政策における重要性を指摘した点である。一九四六年末、マーシャル特使の国共調停が失敗に終わり、中国では内戦が拡大していった。ローズヴェルト以来の中国重視の立場を貫くのであれば、トルーマン政権は内戦に大規模に介入し中国の統一をめざすべきだったであろう。だが、その路線には多大なコストがかかる。また、ソ連の対抗介入を招きかねないリスクもあった。しかし、だからといって冷戦状況が厳しくなる中、中国における共産勢力の拡大を傍観するわけにもいかない。

このジレンマの中でトルーマン政権は、一九四八年対外援助法に規定された中国援助計画に基づき、蔣介石に限定的援助を支給し、中国が国共二大勢力に分裂している状態を維持するという方針をとる。それと同時に、やはりこの一九四八年対外援助法に規定された日本経済復興計画によって、日本を基軸とする東アジア政策を始動させたのだった。ワシントンの中には国務省を中心に、日本の主たる貿易パートナーとなるべき中国で反日世論が渦巻いていた状況を重くとらえ、ローズヴェルト以来の日本無力化政策から大きく逸脱する政策をとることに否定的な意見もあった。だが、日本経済復興計画の立案過程において、純粋なビジネスの論理で日本復興を強力に推進しようとする陸軍省の路線が勝利を収め、東アジア政策における日本の中心的位置は明確なものになった。

三つ目は、中国大陸を分断するという中国援助計画のねらいが挫折に終わった後、蔣介石が逃げ込んだ台湾に対する政策を、対日政策との関係に注意しつつ分析し、東アジア政策全体における米華相互防衛条約の重要性を指摘した点である。一九四八年対外援助法で定められた日本重視の路線は、中国の共産化を背景に、日本と東南アジアを結ぶ航路を扼する位置にある台湾の戦略的価値を上昇させ、朝鮮戦争勃発後の第七艦隊の台湾海峡派遣につながった。だが、その後、朝鮮半島における中国義勇軍との軍事衝突によって生まれた共産中国に対する激しい敵意は、一九五〇年代半ばのインドシナ危機によってさらに増幅され、一九四八年対外援助法で否定されたはずの共産党打倒論を台頭させる。それは、国府の大陸奪還を支持する議論であり、中国のパートナー化を再びめざす議論とみなしうるものだった。そうした議論を中台分離の方針のもとあらためて否定し、日本重視の路線を確立させたのが米華相互防衛条約だった。

以上、筆者なりに本書の特徴と考えるものを三つ挙げたうえで、ローズヴェルトの中国大国化構想を評価するならば、国家の統一すら成し遂げていなかった中国を「大国クラブ」の一員にしようとした点で、それが最初からかなり無理のある構想だったのは明らかである。だが、日本の無力化をめざす中、東アジアでパートナーを求めるならば、その候補となるのは中国しかなかった。そのためアメリカ主導のアジア管理という構想を引き継ぎ、やはりその地域にパートナーを求めたトルーマン政権もしばらくの間、日本の無力化を追求する一方で、中国の統一・強化に努力したのである。

また無理のある構想だったとはいえ、ローズヴェルトの中国大国化構想がもっていた反植民地主義の性格は、今日の観点からみて、世界の大勢を見抜く先見の明を示すものとして評価に値する。本文中で述べたように、ローズヴェルトが考えた中国大国化構想はアジアから日本の植民地のみならず、ゆくゆくはヨーロッパの植民地をもなくそうとするものだった。

さらに、ローズヴェルトの中国大国化構想がアメリカのアジア方面に対する強い関心を示すものであったのも確かである。もし第二次世界大戦後に冷戦がなければ、アメリカはイギリスとソ連の管轄地域とされたヨーロッパの国際政治に深く関与しなかったかもしれない。だが、東アジアに対しては冷戦があろうとなかろうとアメリカは戦後、その地域の秩序管理に関与したと思われる。ローズヴェルトの中国大国化構想はその意向を如実に示すものであり、ヨーロッパ国際政治に対する関与はできるだけ避けつつ、アジアの国際政治には積極的に関与するアメリカ外交の伝統に沿うものだった。

中国大国化構想に反映された東アジアに対するアメリカの強い関心は、その構想が挫折する中、日本重視の見方へとつながり、東アジアには日本に有利な国際情勢が生まれることになった。アメリカの韓国防衛コミットメントによる朝鮮半島の安定が、大陸の伝統的脅威から日本を解放したという点で、日本にとって大きな意味をもつものであることは言うまでもない。ただ、そのことほど注目されないものの忘れてならないのは、アメリカの台湾防衛コミットメントによって支えられた台湾海峡の安定である。それは、敗戦によって大陸国家として生きる道を捨てざるをえなかった日本が、海洋を基盤とした通商国家としての道を歩むのに欠かせない条件となった。

一九七〇年代に入ると、米中間に和解が成立し、国交が樹立されたことで、それまでアメリカの台湾防衛コミットメントを規定していた米華相互防衛条約が失効する。だが、台湾防衛に対するコミットメント自体は北京政府との国交樹立とほぼ同時に制定された台湾関係法のもとで続くことになった。一九四八年対外援助法で形成され、米華相互防衛条約で確立した日本重視の東アジア政策は米中和解後も継承されたのである。

あとがき

筆者が研究者の道を志し、大学院に進学してから二〇年が経とうとしている。本書は、この二〇年の間に書いてきたものをまとめた、筆者にとっては初めての単著である。単著を出すには一〇年かかるという話を聞いたことがある。だから覚悟してがんばれという趣旨の話だったと記憶しているが、筆者の場合、その二倍の時間がかかってしまった。そのことに忸怩たる思いがある。だが、ようやく一定の成果を出せたことに対する安堵感もある。

時間がかかったとはいえ、浅学の身である筆者が単著を上梓することができたのは、多くの方の支えがあったからこそである。とくに、学生のときからご指導いただいている坂元一哉教授の支えは大きく、それがなければ本書を書き上げることは不可能だったであろう。

ちょうど筆者が大学院に進学したとき、坂元先生の単著『日米同盟の絆』(有斐閣)が出版された。いつかこのような本を書きたいと思い、筆者なりに努力してきた二〇年だった。今、単著を書き終えてあらためて感じるのは、師の業績の偉大さである。いつかこのような本をという筆者の思いはこれからも続く。

本書の出版に際して、「大阪大学法学部教員育成基金」から助成を受けた。本基金は、ある大阪大学法学部卒業生の寄付金により創設されたものである。その方はビジネスで成功し、若手の育成にということで巨額の私財を提供された。学生時代から大阪大学に身を置くものとして、そうした先輩の存在は大きな誇りである。

私事で恐縮だが、筆者は七年前、祖父を失った。祖父・高橋一馬は青年期から壮年期にかけて満州で過ごし、シベリア抑留の憂き目にあった。戦争末期の混乱で家族を失うという悲劇にも見舞われている。シベリアから帰国した後、事故で夫を亡くし、寡婦となっていた祖母・高橋和巳と結婚した。そのとき祖母には二人の子どもがいた。そのうちの一人が筆者の父である。

祖父と筆者の間に血のつながりはない。だが、祖父は常に筆者のことを気にかけ、研究のこともよく聞いてくれた。筆者がアメリカに留学していたとき、祖父から手紙を受けとった。そこには次のような句が書かれていた。

やがて咲く花をぞ待たん若桜

本書は、祖父と祖父を長年伴侶として支え続けた祖母に捧げたい。

二〇一九年十一月

高橋　慶吉

引用・参考文献

◆ 未公刊資料

National Archives, College Park, Maryland

Records Relating to the Far Eastern Commission, Records of International Conferences, Commissions, and Expositions, RG43

Records of the National Advisory Council on International Monetary and Financial Problems, Records of the Department of the Treasury, RG56

Central Decimal Files, Records of the Department of State, RG59

Office of the Assistant Secretary for Occupied Areas, Records of the Department of State, RG59

Records of the Secretary of State, 1944–1953, Records of the Department of State, RG59

Records of Marshall Mission, Records of the Department of State, RG59

Records of the Policy Planning of Staff, Records of the Department of State, RG59

Central Decimal File, Records of the U. S. Joint Chiefs of Staff, RG218

Geographic File, 1946–47, Records of the U. S. Joint Chiefs of Staff, RG218

Records of GHQ/SCAP, Records of Allied Operational and Occupation Headquarters, World War II, RG331

Records of the Under Secretary of the Army (Draper/Voorhees), Records of the Office of the Secretary of the Army, RG335

Records of the State-War-Navy Coordinating Committee, Records of Interdepartmental and Intradepartmental Committees, RG353

Franklin D. Roosevelt Library, Hyde Park, New York

Map Room Papers, Franklin D. Roosevelt Papers

President's Secretary's File, Franklin D. Roosevelt Papers

Press Conferences, Franklin D. Roosevelt Papers

Charles W. Taussig Papers

Harry S. Truman Library, Independence, Missouri
President's Secretary's Files, Harry S. Truman Papers
White House Central Files, Harry S. Truman Papers
Secretary of State File, Dean G. Acheson Papers
Joseph M. Jones Papers

Dwight D. Eisenhower Library, Abilene, Kansas
Records of the Office of the Special Assistant for National Security Affairs, Records of the White House Office
General Correspondence and Memoranda Series, John Foster Dulles Papers
White House Memoranda Series, John Foster Dulles Papers

Central Intelligence Agency Library
The China Collection

Princeton University Library, Princeton, New Jersey
George F. Kennan Papers

Detroit Public Library, Detroit, Michigan
Joseph M. Dodge Papers

国立国会図書館・憲政資料室、東京
Policy Planning Staff Numbered Papers

National Archives, Kew, London
Cabinet Papers
Foreign Office Records

Library and Archives Canada, Ottawa
Diaries of William Lyon Mackenzie King

◆ 公刊資料

Berle, Beatrice Bishop, and Travis Beal Jacobs, eds. *Navigating the Rapids, 1918–1971: From the Papers of Adolf A. Berle* (Harcourt Brace Jovanovich, 1973)
Bland, Larry I., Mark A. Stoler, Sharon Ritenour Stevens and Daniel D. Holt, eds. *The Papers of George Catlett Marshall,* Vol. 6 (Johns Hopkins University Press, 2013)
Blum, John Morton, ed. *The Price of Vision: The Diary of Henry A. Wallace, 1942–1946* (Houghton Mifflin Company, 1973)
Campbell, Thomas M., and George C. Herring, Jr., eds. *The Diaries of Edward R. Stettinius, Jr., 1943–1946* (New Viewpoints, 1975)
Costigliola, Frank. *The Kennan Diaries* (W. W. Norton, 2014)
Diaries of James V. Forrestal (Adam Matthew, 2002)
Dilks, David, ed. *The Diaries of Sir Alexander Cadogan, 1938–1945* (G. P. Putnam's Sons, 1972)
Etzold, Thomas H., and John L. Gaddis, eds. *Containment: Documents of American Policy and Strategy, 1945–1950* (Columbia University Press, 1978)
Hassett, William D. *Off the Record with F. D. R., 1942–1945* (Greenwood Press, 1980)
John Foster Dulles Papers: Selected Correspondence and Related Material Alphabetically Arranged within Years, 1891–1959 (Scholarly Resources, 1976)
Kimball, Warren F., ed. *Churchill and Roosevelt: The Complete Correspondence,* Vol. 3 (Princeton University Press, 1984)
Lilienthal, David E. *The Atomic Energy Years, 1945–1950,* Vol. 2 of *the Journals of David E. Lilienthal* (Harper & Row, 1964)
Mills, Walter, ed. *The Forrestal Diaries* (Viking Press, 1951)
Nelson, Anna Kasten, ed. *The State Department Policy Planning Staff Papers 1949* (Garland Publishing, 1983)
Notter, Harley A. *Post WWII Foreign Policy Planning: State Department Records of Harley A. Notter, 1939–1945* (CIS, 1987)
Pauley, Edwin W. "Report on Japanese Reparations to the President of the United States: November 1945 to April 1946" (GPO, 1946)
——. "Report on Japanese Assets in Manchuria to the President of the United States" (GPO, 1946)
Public Papers of the Presidents of the United States, Harry S. Truman, 1948 (GPO, 1964)

Rosenman, Samuel I., comp. *The Year of Crisis, 1933,* Vol. 2 of *The Public Papers and Addresses of Franklin D. Roosevelt* (Russell & Russell, 1966)

——. *The People Approve, 1936,* Vol. 5 of *The Public Papers and Addresses of Franklin D. Roosevelt* (Russell & Russell, 1966)

——. *Humanity on the Defensive, 1942,* Vol. 11 of *The Public Papers and Addresses of Franklin D. Roosevelt* (Russell & Russell, 1950)

Staff of the Senate Committee on Foreign Relations and the Department of State. *A Decade of American Foreign Policy: Basic Documents, 1941–49* (Scholarly Press, 1968)

The Reports by the Secretary General of the Far Eastern Commission（東出版，一九九四年）

U. S. Army Center of Military History. "History of the China Theater" (Scholarly Resources, n. d.)

U. S. Congress. *Congressional Record.*

——. House of Representatives. Committee on Appropriations. *Military Establishment Appropriation Bill for 1947: Hearings,* 79th Cong., 2nd sess., 1946 (GPO, 1946)

——. ——. ——. *Military Establishment Appropriation Bill, 1947,* 79th Cong., 2nd sess., 1946, H. Rept. 2311. (CIS, n. d.)

——. ——. ——. *The Supplemental Appropriation Bill, 1948,* 80th Cong., 1st sess., 1947, Rept. 990 (CIS, n. d.)

——. ——. ——. *Foreign Aid Appropriation Bill for 1949: Hearings,* Part 2, 80th Cong., 2nd sess., 1948 (GPO, 1948)

——. ——. ——. *Foreign Aid Appropriation Bill, 1949,* 80th Cong., 2nd sess., Rept. 2173 (CIS, n. d.)

——. ——. ——. *Revision of Appropriation Language for the Civil Functions, Department of the Army,* 80th Cong., 2nd sess., 1948, Doc. 659 (CIS, n. d.)

——. ——. ——. *Foreign Aid Appropriation Bill for 1950: Hearings,* 81st Cong., 1st sess., 1949 (GPO, 1949)

——. ——. Committee on Foreign Affairs. *Emergency Foreign Aid: Hearings,* 80th Cong., 1st sess., 1947 (GPO, 1947)

——. ——. ——. *Emergency Foreign Aid,* 80th Cong., 1st sess., 1947, H. Rept. 1152 (CIS, n. d.)

——. ——. ——. *U. S. Foreign Policy for a Post-War Recovery Program: Hearings,* 80th Cong., 2nd sess., 1948 (GPO, 1948)

——. ——. ——. *Foreign Assistance Act of 1948,* 80th Cong., 2nd sess., 1948, Rept. 1585 (CIS, n. d.)

——. ——. Committee on International Relations. *Foreign Economic Assistance Programs,* Part 1, Historical Series, Vol. 3 (GPO, 1976)

——. ——. ——. *United States Policy in the Far East,* Part 1, Historical Series, Vol. 7 (GPO, 1976)

——. Senate. *Narrative of the Expedition of an American Squadron to the China Seas and Japan Performed in the Years 1852, 1853, and 1854, under the Command of Commodore M. C. Perry, United States Navy,* Vol. 2, Ex. Doc. No. 79, 33rd Cong., 2nd sess, 1854

——. ——. Message from the President of the United States to the Senate, *Mutual Defense Treaty with the Republic of China,* January 6, 1955, 84th Cong., 1st sess., 1955 (CIS, n. d.)

——. ——. Committee on Appropriations. *Military Establishment Appropriation Bill for 1947: Hearings,* 79th Cong., 2nd sess., 1946 (GPO, 1946)
——. ——. ——. *European Interim Aid and Government and Relief in Occupied Areas: Hearings,* 80th Cong., 1st sess., 1947 (GPO, 1947)
——. ——. ——. *Economic Cooperation Administration: Hearings,* 80th Cong., 2nd sess., 1948 (GPO, 1948)
——. ——. ——. *Foreign Aid Appropriation Act, 1949,* 80th Cong., 2nd sess., 1948, Rept. 1626 (CIS, n. d.)
——. ——. ——. *Foreign Aid Appropriation Bill, 1950: Hearings,* 81st Cong., 1st sess., 1949 (GPO, 1949)
——. ——. Committee on Foreign Relations. *Investigation of Far Eastern Policy: Hearings,* 79th Cong., 1st sess., 1945 (GPO, 1971)
——. ——, ——. *Foreign Relief Assistance Act of 1948: Hearings,* 80th Cong., 2nd sess., 1948 (Garland Publishing, 1979)
——. ——. ——. *Aid to China,* 80th Cong., 2nd sess., 1948, Rept. 1026 (CIS, n. d.)
——. ——. ——. *Economic Assistance to China and Korea, 1949–50: Hearings,* 81st Cong., 1st sess., 1949 (Garland Publishing, 1979)
——. ——. ——. *Reviews of the World Situation, 1949–1950: Hearings,* 81st Cong., 2nd sess., 1950 (GPO, 1974)
——. ——. Joint Committee on Armed Services and Foreign Relations. *Military Situation in the Far East: Hearings,* 81st Cong., 1st sess., 1951 (GPO, 1951)
——. ——. Committee on the Judiciary. Subcommittee to Investigate the Administration of the Internal Security Act and Other Internal Security Laws. *Institute of Pacific Relations: Hearings,* 82nd Cong., 2nd sess., 1952 (GPO, 1952)
U. S. Department of State. *American Foreign Policy 1950–1955: Basic Documents,* Vol. 1, Vol. 2 (GPO, 1957)
——. *Department of State Bulletin*
——. *Foreign Relations of the United States: 1941,* Vol. 1 (GPO, 1958)
——. *Foreign Relations of the United States: 1941,* Vol. 4 (GPO, 1956)
——. *Foreign Relations of the United States: 1942, China* (GPO, 1956)
——. *Foreign Relations of the United States: 1942,* Vol. 3 (GPO, 1961)
——. *Foreign Relations of the United States: The Conferences at Washington, 1941–1942, and Casablanca, 1943* (GPO, 1968)
——. *Foreign Relations of the United States: The Conferences at Cairo and Tehran, 1943* (GPO, 1961)
——. *Foreign Relations of the United States: 1943,* Vol. 1 (GPO, 1963)
——. *Foreign Relations of the United States: 1943,* Vol. 3 (GPO, 1963)
——. *Foreign Relations of the United States: The Conferences at Washington and Quebec, 1943* (GPO, 1970)
——. *Foreign Relations of the United States: 1943, China* (GPO, 1957)

——. *Foreign Relations of the United States: 1944,* Vol. 6 (GPO, 1967)
——. *Foreign Relations of the United States: Conference at Quebec, 1944* (GPO, 1972)
——. *Foreign Relations of the United States: 1945,* Vol. 1 (GPO, 1967)
——. *Foreign Relations of the United States: 1945,* Vol. 5 (GPO, 1967)
——. *Foreign Relations of the United States: 1945,* Vol. 6 (GPO, 1969)
——. *Foreign Relations of the United States: 1945,* Vol. 7 (GPO, 1969)
——. *Foreign Relations of the United States: The Conference of Berlin* (*The Potsdam Conference*), *1945,* Vol. 2 (GPO, 1960)
——. *Foreign Relations of the United States: The Conferences at Malta and Yalta, 1945* (GPO, 1955)
——. *Foreign Relations of the United States: 1946,* Vol. 1 (GPO, 1972)
——. *Foreign Relations of the United States: 1946,* Vol. 7 (GPO, 1969)
——. *Foreign Relations of the United States: 1946,* Vol. 8 (GPO, 1971)
——. *Foreign Relations of the United States: 1946,* Vol. 9 (GPO, 1972)
——. *Foreign Relations of the United States: 1946,* Vol. 10 (GPO, 1972)
——. *Foreign Relations of the United States: 1947,* Vol. 1 (GPO, 1973)
——. *Foreign Relations of the United States: 1947,* Vol. 3 (GPO, 1972)
——. *Foreign Relations of the United States: 1947,* Vol. 6 (GPO, 1972)
——. *Foreign Relations of the United States: 1947,* Vol. 7 (GPO, 1972)
——. *Foreign Relations of the United States: 1948,* Vol. 1, Part 2 (GPO, 1976)
——. *Foreign Relations of the United States: 1948,* Vol. 6 (GPO, 1974)
——. *Foreign Relations of the United States: 1948,* Vol. 7 (GPO, 1973)
——. *Foreign Relations of the United States: 1948,* Vol. 8 (GPO, 1973)
——. *Foreign Relations of the United States: 1949,* Vol. 8 (GPO, 1978)
——. *Foreign Relations of the United States: 1949,* Vol. 9 (GPO, 1974)
——. *Foreign Relations of the United States: 1950,* Vol. 1 (GPO, 1977)
——. *Foreign Relations of the United States: 1950,* Vol. 6 (GPO, 1976)
——. *Foreign Relations of the United States: 1950,* Vol. 7 (GPO, 1976)

——. *Foreign Relations of the United States: 1951,* Vol. 6, Part 1 (GPO, 1977)
——. *Foreign Relations of the United States: 1951,* Vol. 7 (GPO, 1983)
——. *Foreign Relations of the United States: 1952–1954,* Vol. 3 (GPO, 1979)
——. *Foreign Relations of the United States: 1952–1954,* Vol. 12, Part 1 (GPO, 1984)
——. *Foreign Relations of the United States: 1952–1954,* Vol. 13, Part 1 (GPO, 1982)
——. *Foreign Relations of the United States: 1952–1954,* Vol. 14, Part 1 (GPO, 1985)
——. *Foreign Relations of the United States: 1952–1954,* Vol. 15, Part 2 (GPO, 1984)
——. *Foreign Relations of the United States: 1955–1957,* Vol. 2 (GPO, 1986)
——. *Foreign Relations of the United States: 1955–1957,* Vol. 23, Part 1 (GPO, 1991)
——. *Foreign Relations of the United States: 1958–1960,* Vol. 19 (GPO, 1996)
——. *United States Relations with China: With Special Reference to the Period 1944–1949* (GPO, 1949)（アメリカ国務省編／朝日新聞社訳『中国白書——米国の対華関係』，朝日新聞社，一九四九年）
U. S. President. 22nd Report to Congress on Lend-Lease Operations: For the Period Ended December 31, 1945 (GPO, n. d.)
——. 23rd Report to Congress on Lend-Lease Operations: For the Period Ended September 30, 1946 (GPO, n. d.)
Vital Speeches of the Day
Ward, Geoffrey C., ed. *Closest Companion: The Unknown Story and the Intimate Friendship between Franklin Roosevelt and Margaret Suckley* (Simon and Schuster 2009)
White, Theodore H., ed. *The Stilwell Papers* (Schocken, 1972)

秦孝儀總編纂『總統蔣公大事長編初稿』巻五，上冊，一九七八年
中華民國重要史料初編編輯委員會編『中華民國重要史料初編——對日抗戰時期』第七編「戰後中國（一）」（中國國民黨中央委員會黨史委員會，一九八一年）

大蔵省財政史室編『昭和財政史』第二〇巻「英文資料」（東洋経済新報社，一九八二年）
大嶽秀夫編・解説『戦後日本防衛問題資料集——非軍事化から再軍備へ』第一巻（三一書房，一九九一年）
神谷不二編『朝鮮問題戦後資料』第一巻（日本国際問題研究所，一九七六年）

外務省特別資料部編『日本占領重要文書』第一巻「基本篇」（日本図書センター、一九八九年）
日本国際問題研究所・中国部会編『新中国資料集成　一九四五～一九四七年』第一巻（日本国際問題研究所、一九六三年）

◆ 新聞

Cairns Post
New York Times
Washington Daily News
『朝日新聞』

◆ インタビュー

Robert W. Barnett, interview by Richard D. McKinzie, January 26, 1973, Truman Library

◆ 書籍

Accinelli, Robert. *Crisis and Commitment: United States Policy toward Taiwan, 1950-1955* (The University of North Carolina Press, 1996)
Acheson, Dean. *Present at the Creation: My Years in the State Department* (W. W. Norton, 1969)
Adler, Selig. *The Isolationist Impulse: Its Twentieth-Century Reaction* (Greenwood Press, 1957)
Alperovitz, Gar. *Atomic Diplomacy: Hiroshima and Potsdam; The Use of the Atomic Bomb and the American Confrontation with Soviet Power* (Simon and Schuster, 1965)
Bachrack, Stanley D. *The Committee of One Million: "China Lobby" Politics, 1953-1971* (Columbia University Press, 1976)
Barnes, Dayna L. *Architects of Occupation: American Experts and the Planning for Postwar Japan* (Cornell University Press, 2017)
Beisner, Robert L. *Dean Acheson: A Life in the Cold War* (Oxford University Press, 2006)
Blakeslee, George H. *A Study in International Cooperation, 1945 to 1952*（東出版、一九九四年）
Borden, William S. *The Pacific Alliance: United States Foreign Economic Policy and Japanese Trade Recovery, 1947-1955* (The University of Wisconsin Press, 1984)
Buhite, Russell D. *Patrick J. Hurley and American Foreign Policy* (Cornell University Press, 1973)
Bush, Richard C. *At Cross Purposes: U. S. -Taiwan Relations Since 1942* (M. E. Sharpe, 2004)

Carroll, Holbert N. *The House of Representatives and Foreign Affairs*, revised edition (Little, Brown and Company, 1966)

Carter, Carolle J. *Mission to Yenan: American Liaison with the Chinese Communists, 1944–1947* (The University Press of Kentucky, 1997)

Chan Lau Kit-ching. *China, Britain and Hong Kong, 1895–1945* (The Chinese University Press, 1990)

Chang, Gordon H. *Friends and Enemies: The United States, China, and the Soviet Union, 1948–1972* (Stanford University Press, 1990)

——. *Fateful Ties: A History of America's Preoccupation with China* (Harvard University Press, 2015)

Chen, Jian. *Mao's China and the Cold War* (The University of North Carolina Press, 2001)

Christensen, Thomas J. *Useful Adversaries: Grand Strategy, Domestic Mobilization, and Sino-American Conflict, 1947–1958* (Princeton University Press, 1996)

Cohen, Warren I. *America's Response to China: A History of Sino-American Relations*, 5th edition (Columbia University Press, 2010)

——. *A Nation Like All Others: A Brief History of American Foreign Relations* (Columbia University Press, 2018)

Converse, Elliott V. III. *Circling the Earth: United States Plans for a Postwar Overseas Military Base System, 1942–1948* (Air University Press, 2005)

Cross, Graham. *The Diplomatic Education of Franklin D. Roosevelt, 1882–1933* (Palgrave Macmillan, 2012)

Dallek, Robert. *Franklin D. Roosevelt and American Foreign Policy, 1932–1945* (Oxford University Press, 1995)

Daniels, Roger. *Franklin D. Roosevelt: The War Years, 1939–1945* (University of Illinois Press, 2016)

Davies, John Paton, Jr. *China Hand: An Autobiography* (University of Pennsylvania Press, 2012)

Divine, Robert A. *Second Chance: The Triumph of Internationalism in America during World War II* (Atheneum, 1971)

Duke, Simon. *United States Military Forces and Installations in Europe* (Oxford University Press, 1989)

Dulles, John Foster. *War or Peace* (MacMillan, 1950)

Dunn, Frederick S. *Peace-Making and the Settlement with Japan* (Princeton University Press, 1963)

Finkelstein, David M. *Washington's Taiwan Dilemma, 1949–1950: From Abandonment to Salvation* (George Mason University Press, 1993)

Fishel, Wesley R. *The End of Extraterritoriality in China* (University of California Press, 1974)

Gaddis, John Lewis. *Russia, the Soviet Union, and the United States: An Interpretive History*, 2nd edition (McGraw-Hill, 1990)

——. *Strategies of Containment: A Critical Appraisal of American National Security Policy during the Cold War*, revised and expanded edition (Oxford University Press, 2005)

——. *George F. Kennan: An American Life* (Penguin Press, 2011)

Gallicchio, Marc. *The Cold War Begins in Asia: American East Asian Policy and the Fall of the Japanese Empire* (Columbia University Press, 1988)

——. *The Scramble for Asia: U. S. Military Power in the Aftermath of the Pacific War* (Rowman and Littlefield, 2008)

Gardner, Lloyd C. *Approaching Vietnam: From World War II through Dienbienphu, 1941–1954* (W. W. Norton, 1988)

——. *Spheres of Influence: The Great Powers Partition Europe, from Munich to Yalta* (Ivan R. Dee, 1993)

Garver, John W. *The Sino-American Alliance: Nationalist China and American Cold War Strategy in Asia* (M. E. Sharpe, 1997)

Gellman, Irwin F. *Good Neighbor Diplomacy: United States Policies in Latin America, 1933–1945* (Johns Hopkins University Press, 1979)

——. *Secret Affairs: FDR, Cordell Hull, and Sumner Welles* (Enigma Books, 1995)

Gordon, Leonard H. D. *Confrontation over Taiwan: Nineteenth-Century China and the Powers* (Lexington Books, 2007)

Grasso, June M. *Truman's Two-China Policy, 1948–1950* (M. E. Sharpe, 1987)

Green, Michael J. *By More Than Providence: Grand Strategy and American Power in the Asia Pacific since 1783* (Columbia University Press, 2017)

Harper, John Lamberton. *American Visions of Europe: Franklin D. Roosevelt, George F. Kennan, and Dean G. Acheson* (Cambridge University Press, 1994)

Harriman, W. Averell, and Elie Abel. *Special Envoy to Churchill and Stalin, 1941–1946* (Random House, 1975)

Hartmann, Susan M. *Truman and the 80th Congress* (University of Missouri Press, 1971)

Heater, Derek. *National Self-Determination: Woodrow Wilson and His Legacy* (St. Martin's Press, 1994)

Heer, Paul J. *Mr. X and the Pacific: George F. Kennan and American Policy in East Asia* (Cornell University Press, 2018)

Heiferman, Ronald Ian. *The Cairo Conference of 1943: Roosevelt, Churchill, Chiang Kai-shek and Madame Chiang* (McFarland, 2011)

Hess, Gary R. *The United States' Emergence as a Southeast Asian Power, 1940–1950* (Columbia University Press, 1987)

Hilderbrand, Robert C. *Dumbarton Oaks: The Origins of the United Nations and the Search for Postwar Security* (The University of North Carolina Press, 1990)

Hitchcock, William I. *The Bitter Road to Freedom: A New History of the Liberation of Europe* (Free Press, 2008)

Hogan, Michael J. *A Cross of Iron: Harry S. Truman and the Origins of the National Security State, 1945–1954* (Cambridge University Press, 1998)

Hull, Cordell. *The Memoirs of Cordell Hull,* Vol. 1, Vol. 2 (Macmillan, 1948)

Johnston, B. F., with Mosaburo Hosoda and Yoshio Kusumi. *Japanese Food Management in World War II* (Stanford University Press, 1953)

Jones, Joseph M. *The Fifteen Weeks: An Inside Account of the Genesis of the Marshall Plan* (Harcourt, Brace & World, 1955)

Kennan, George F. *Memoirs (1925–1950)* (Bantam Books, 1969)

Kimball, Warren F. *The Juggler: Franklin Roosevelt as Wartime Statesman* (Princeton University Press, 1994)

Koen, Ross Y. *The China Lobby in American Politics* (Macmillan, 1960)
Kurtz-Phelan, Daniel. *The China Mission: George Marshall's Unfinished War, 1945–1947* (W. W. Norton, 2018)
Leffler, Melvyn P. *A Preponderance of Power: National Security, the Truman Administration, and the Cold War* (Stanford University Press, 1992)
Levine, Steven I. *Anvil of Victory: The Communist Revolution in Manchuria, 1945–1948* (Columbia University Press, 1987)
Liu Xiaoyuan. *A Partnership for Disorder: China, the United States, and Their Policies for the Postwar Disposition of the Japanese Empire, 1941–1945* (Cambridge University Press, 1996)
Lutze, Thomas D. *China's Inevitable Revolution: Rethinking America's Loss to the Communists* (Palgrave Macmillan, 2007)
Manela, Erez. *The Wilsonian Moment: Self-Determination and the International Origins of Anticolonial Nationalism* (Oxford University Press, 2007)
Marolda, Edward J. *Ready Seapower: A History of the U. S. Seventh Fleet* (Naval History and Heritage Command, 2012)
Martin, Edwin M. *The Allied Occupation of Japan* (Stanford University Press, 1948)
May, Gary. *China Scapegoat: The Diplomatic Ordeal of John Carter Vincent* (New Republic Books, 1979)
Mayers, David. *George Kennan and the Dilemmas of US Foreign Policy* (Oxford University Press, 1988)
McGlothlen, Ronald L. *Controlling the Waves: Dean Acheson and U. S. Foreign Policy in Asia* (W. W. Norton, 1993)
Mecham, Lloyd J. *The United States and Inter-American Security, 1889–1960* (University of Texas Press, 1961)
Milward, Alan S. *The Reconstruction of Western Europe 1945–51* (Methuen, 1984)
Miscamble, Wilson D. *George F. Kennan and the Making of American Foreign Policy, 1947–1950* (Princeton University Press, 1992)
——. *From Roosevelt to Truman: Potsdam, Hiroshima, and the Cold War* (Cambridge University Press, 2007)
Newman, Robert P. *Owen Lattimore and the "Loss" of China* (University of California Press, 1992)
Offner, Arnold A. *Another Such Victory: President Truman and the Cold War, 1945–1953* (Stanford University Press, 2002)
O'Sullivan, Christopher D. *Sumner Welles, Postwar Planning, and the Quest for a New World Order, 1937–1943* (Columbia University Press, 2009)
Pach, Chester J., Jr. *Arming the Free World: The Origins of the United States Military Assistance Program, 1945–1950* (The University of North Carolina Press, 1991)
Pettyjohn, Stacie L. *U. S. Global Defense Posture, 1783-2011* (RAND Corporation, 2012)
Pike, Fredrick B. *FDR's Good Neighbor Policy: Sixty Years of Generally Gentle Chaos* (University of Texas Press, 1995)
Plokhy, S. M. *Yalta: The Price of Peace* (Penguin Books, 2011)
Range, Willard. *Franklin D. Roosevelt's World Order* (University of Georgia Press, 1959)

Roosevelt, Elliott. *As He Saw It* (Greenwood Press, 1946)

Ross, Steven T. *American War Plans, 1945–1950* (Garland Publishing, 1988)

Schaller, Michael. *The U. S. Crusade in China, 1938–1945* (Columbia University Press, 1979)

Schild, Georg. *Bretton Woods and Dumbarton Oaks: American Economic and Political Postwar Planning in the Summer of 1944* (Macmillan, 1995)

Sherwood, Robert E. *Roosevelt and Hopkins: An Intimate History* (Harper & Brothers, 1948)

Shu Guang Zhang. *Deterrence and Strategic Culture: Chinese-American Confrontations, 1949–1958* (Cornell University Press, 1992)

——. *Economic Cold War: America's Embargo against China and the Sino-Soviet Alliance, 1949–1963* (Woodrow Wilson Center Press, with Stanford University Press, 2001)

Smith, Gaddis. *Dean Acheson* (Cooper Square Publishers, 1972)

Snow, Edgar. *The Pattern of Soviet Power* (Random House, 1945)

Strunk, Mildred. *Public Opinion, 1935–1946* (Greenwood Press, 1978)

Stuart, John Leighton. *Fifty Years in China: The Memoirs of John Leighton Stuart, Missionary and Ambassador* (Random House, 1954)

Stueck, William. *The Wedemeyer Mission: American Politics and Foreign Policy during the Cold War* (The University of Georgia Press, 1984)

Tønnesson, Stein. *The Vietnamese Revolution of 1945: Roosevelt, Ho Chi Minh and de Gaulle in a World at War* (Sage, 1991)

Trachtenberg, Marc. *A Constructed Peace: The Making of the European Settlement, 1945–1963* (Princeton University Press, 1999)

Truman, Harry S. *Year of Decisions,* Vol. 1 of *Memoirs of Harry S. Truman* (Da Capo Press, 1955)

Tucker, Nancy Bernkopf. *Patterns in the Dust: Chinese-American Relations and the Recognition Controversy, 1949–1950* (Columbia University Press, 1983)

—— *The China Threat: Memories, Myths, and Realities in the 1950s* (Columbia University Press, 2012)

Welles, Sumner. *Where Are We Heading?* (Harper & Brothers, 1946)

——. *Seven Decisions That Shaped History* (Harper & Brothers, 1951)

Westad, Odd Arne. *Cold War and Revolution: Soviet-American Rivalry and the Origins of the Chinese Civil War* (Columbia University Press, 1993)

——. *Decisive Encounters: The Chinese Civil War, 1946–1950* (Stanford University Press, 2003)

Westerfield, Bradford H. *Foreign Policy and Party Politics: Pearl Harbor to Korea* (Yale University Press, 1955)

顾维钧／中国社会科学院近代史研究所译『顾维钧回忆录』第五分册（中华书局、一九八七年）

アイゼンハワー、ドワイト・D／仲晃・佐々木謙一訳『アイゼンハワー回顧録』第一巻「転換への負託」（みすず書房、一九六五年）
赤木完爾『ヴェトナム戦争の起源――アイゼンハワー政権と第一次インドシナ戦争』（慶應通信、一九九一年）
浅井良夫『戦後改革と民主主義――経済復興から高度成長へ』（吉川弘文館、二〇〇一年）
アチソン、ディーン／吉沢清次郎訳『アチソン回顧録』第一巻、第二巻（恒文社、一九七九年）
アルペロビッツ、ガー／鈴木俊彦・岩本正恵・米山裕子訳『原爆投下決断の内幕――悲劇のヒロシマナガサキ』上・下（ほるぷ出版、一九九五年）
五百旗頭真『米国の日本占領政策――戦後日本の設計図』上・下（中央公論社、一九八五年）
――『戦争・占領・講和 一九四一～一九五五』（中央公論新社、二〇〇一年）
――『日米戦争と戦後日本』（講談社、二〇〇五年）
五十嵐武士『対日講和と冷戦――戦後日米関係の形成』（東京大学出版会、一九八六年）
井口治夫『誤解された大統領――フーヴァーと総合安全保障構想』（名古屋大学出版会、二〇一八年）
石井明『中ソ関係史の研究 一九四五～一九五〇』（東京大学出版会、一九九〇年）
ウェデマイヤー、アルバート・C／妹尾作太男訳『第二次大戦に勝者なし――ウェデマイヤー回想録』下巻（講談社、一九九七年）
宇野重昭『毛沢東』（清水書院、一九七〇年）
エルドリッヂ、ロバート・D『沖縄問題の起源――戦後日米関係における沖縄 一九四五～一九五二』（名古屋大学出版会、二〇〇三年）
大来洋一『戦後日本経済論――成長経済から成熟経済への転換』（東洋経済新報社、二〇一〇年）
大蔵省財政史室編『昭和財政史――終戦から講和まで』第一巻「総説、賠償・終戦処理」（安藤良雄・原朗執筆）（東洋経済新報社、一九八四年）
――『昭和財政史――終戦から講和まで』第三巻「アメリカの対日占領政策」（秦郁彦執筆）（東洋経済新報社、一九七六年）
カー、ジョージ・H／蕭成美訳『裏切られた台湾』（同時代社、二〇〇六年）
外務省編『初期対日占領政策――朝海浩一郎報告書』上巻（毎日新聞社、一九七八年）
香西泰『高度成長の時代――現代日本経済史ノート』（日本評論社、一九八一年）
加藤俊作『国際連合成立史――国連はどのようにしてつくられたか』（有信堂高文社、二〇〇〇年）
カミングス、ブルース／鄭敬謨・林哲訳『朝鮮戦争の起源――解放と南北分断体制の出現 一九四五年～一九四七年』第一巻（影書房、一九八九年）
――／鄭敬謨・林哲・山岡由美訳『朝鮮戦争の起源2――「革命的」内戦とアメリカの覇権 一九四七年～一九五〇年』上・下（明石書店、二〇一二年）

ガルブレイス、ジョン・K／松田銑訳『回想録』（ティビーエス・ブリタニカ、一九八三年）
川島真・毛里和子『グローバル中国への道程——外交一五〇年』（岩波書店、二〇〇九年）
川名晋史『基地の政治学——戦後米国の海外基地拡大政策の起源』（白桃書房、二〇一二年）
菅英輝『米ソ冷戦とアメリカのアジア政策』（ミネルヴァ書房、一九九二年）
木畑洋一『チャーチル——イギリス帝国と歩んだ男』（山川出版社、二〇一六年）
ギャディス、ジョン・L／五味俊樹・阪田恭代・宮坂直史・坪内淳・太田宏訳『ロング・ピース——冷戦史の証言「核・緊張・平和」』（芦書房、二〇〇二年）
楠綾子『吉田茂と安全保障政策の形成——日米の構想とその相互作用 一九四三～一九五二年』（ミネルヴァ書房、二〇〇九年）
グッドウィン、ドリス・カーンズ／砂村榮利子・山下淑美訳『フランクリン・ローズヴェルト』下巻「激戦の果てに」（中央公論新社、二〇一四年）
ケナン、ジョージ・F『ジョージ・F・ケナン回顧録——対ソ外交に生きて』（読売新聞社、一九七三年）上巻（清水俊雄訳）、下巻（奥畑稔訳）
コーエン、セオドア／大前正臣訳『日本占領革命——GHQからの証言』上巻（ティビーエス・ブリタニカ、一九八三年）
坂元一哉『日米同盟の絆——安保条約と相互性の模索』（有斐閣、二〇〇〇年）
佐々木卓也『封じ込めの形成と変容——ケナン、アチソン、ニッツェとトルーマン政権の冷戦戦略』（三嶺書房、一九九三年）
佐橋亮『共存の模索——アメリカと「二つの中国」の冷戦史』（勁草書房、二〇一五年）
サンケイ新聞社『蔣介石秘録十四——日本降伏』（サンケイ出版、一九七七年）
柴山太『日本再軍備への道——一九四五～一九五四年』（ミネルヴァ書房、二〇一〇年）
下斗米伸夫『アジア冷戦史』（中公新書、二〇〇四年）
シャーウッド、ロバート／村上光彦訳『ルーズヴェルトとホプキンズ』第一巻（みすず書房、一九五七年）
シャラー、マイケル／豊島哲訳『マッカーサーの時代』（恒文社、一九九六年）
——／立川京一・原口幸司・山崎由紀訳『アジアにおける冷戦の起源——アメリカの対日占領』（木鐸社、一九九六年）
ショーンバーガー、ハワード・B／宮崎章訳『占領 一九四五～一九五二——戦後日本をつくりあげた八人のアメリカ人』（時事通信社、一九九四年）
スノー、エドガー／松岡洋子訳『目ざめへの旅』（筑摩書房、一九八八年）
ソーン、クリストファー／市川洋一訳『太平洋戦争における人種問題』（草思社、一九九一年）
——／——『米英にとっての太平洋戦争』上・下（草思社、一九九五年）
タックマン、バーバラ・W／杉辺利英訳『失敗したアメリカの中国政策——ビルマ戦線のスティルウェル将軍』（朝日新聞社、一九九六年）

ダレス、ジョン・フォスター／藤崎万里訳『戦争か平和か』（河出書房、一九五〇年）
ダワー、ジョン・W／猿谷要監修『人種偏見――太平洋戦争に見る日米摩擦の底流』（ティビーエス・ブリタニカ、一九八七年）
通商産業省・通商産業政策史編纂委員会編『通商産業政策史』第二巻「第Ⅰ期戦後復興期（1）」（通商産業調査会、一九九一年）
ツォウ タン／太田一郎訳『アメリカの失敗』（毎日新聞社、一九六七年）
東郷茂徳『東郷茂徳手記 時代の一面〔普及版〕』（原書房、一九八九年）
ドゴール／村上光彦・山崎庸一郎訳『ドゴール大戦回顧録』第二巻「救済 一九四四―一九四六」（みすず書房、一九六一年）
豊下楢彦『日本占領管理体制の成立――比較占領史序説』（岩波書店、一九九二年）
トルーマン、H・S／加瀬俊一監修、堀江芳孝訳『トルーマン回顧録〔新装版〕』第一巻、第二巻（恒文社、一九九二年）
長尾龍一『オーウェン・ラティモア伝』（信山社、二〇〇〇年）
西川博史『戦中戦後の中国とアメリカ・日本――「東アジア統合構想」の歴史的検証』（HINAS、二〇一四年）
西村成雄『二〇世紀中国の政治空間――「中華民族的国民国家」の凝集力』（青木書店、二〇〇四年）
長谷川毅『暗闘――スターリン、トルーマンと日本降伏』（中央公論新社、二〇〇六年）
バトラー、スーザン／松本幸重訳『ローズヴェルトとスターリン――テヘラン・ヤルタ会談と戦後構想』上巻（白水社、二〇一七年）
ベイム、A・J／河内隆弥訳『まさかの大統領――ハリー・S・トルーマンと世界を変えた四カ月』国書刊行会、二〇一八年
細谷千博『サンフランシスコ講和への道』（中央公論社、一九八四年）
馬暁華『幻の新秩序とアジア太平洋――第二次世界大戦期の米中同盟の軋轢』（彩流社、二〇〇〇年）
マクマリー、ジョン・アントワープ原著、アーサー・ウォルドロン編著／北岡伸一監訳、衣川宏訳『平和はいかに失われたか――大戦前の米中日関係もう一つの選択肢』（原書房、一九九七年）
松村史紀『「大国中国」の崩壊――マーシャル・ミッションからアジア冷戦へ』（勁草書房、二〇一一年）
三浦陽一『吉田茂とサンフランシスコ講和』上巻（大月書店、一九九六年）
蓑原俊洋『排日移民法と日米関係』（岩波書店、二〇〇二年）
宮下雄一郎『フランス再興と国際秩序の構想――第二次世界大戦期の政治と外交』（勁草書房、二〇一六年）
村田晃嗣『米国初代国防長官フォレスタル――冷戦の闘士はなぜ自殺したのか』（中公新書、一九九九年）
山極晃『米中関係の歴史的展開 一九四一～一九七九年』（研文出版、一九九七年）
山田康博『原爆投下をめぐるアメリカ政治――開発から使用までの内政・外交分析』（法律文化社、二〇一七年）
山本和人『戦後世界貿易秩序の形成――英米の協調と角逐』（ミネルヴァ書房、一九九九年）

吉田茂『回想十年』第一巻、第二巻（中央公論社、一九九八年）
ラクチュール、ジャン／吉田康彦・伴野文夫訳『ベトナムの星――ホー・チ・ミン伝』サイマル出版会、一九七五年
ラティモーア、オーウェン／春木猛訳『アジアの解決』（青山学院大学法学会、一九七〇年）
――／磯野富士子編・訳『中国と私』（みすず書房、一九九二年）
李鍾元『東アジア冷戦と韓米日関係』（東京大学出版会、一九九六年）
ローズ、ギデオン／千々和泰明監訳、佐藤友紀訳『終戦論――なぜアメリカは戦後処理に失敗し続けるのか』（原書房、二〇一二年）
渡辺武『占領下の日本財政覚え書』（中央公論新社、一九九九年）
渡邊啓貴『アメリカとヨーロッパ――揺れる同盟の八〇年』（中公新書、二〇一八年）

◆ 論文、エッセイ、レポート

Bernstein, Barton J. "Election of 1952," in Gil Troy, Arthur M. Schlesinger, Jr., and Fred L. Israel, eds., *History of American Presidential Election, 1789–2008,* 4th edition（Facts on File, 2012）
Cohen, Warren I. "Acheson, His Advisers, and China, 1949–1950," in Dorothy Borg and Waldo Heinrichs, eds., *Uncertain Years: Chinese-American Relations, 1947–1950*（Columbia University Press, 1980）
Davis, Forrest. "What Really Happened at Teheran," May 13, 1944, *Saturday Evening Post*
Eiler, Keith E. "Devotion and Dissent: Albert Wedemeyer, George Marshall, and China," in Larry I. Bland, ed., *George C. Marshall's Mediation Mission to China, December 1945–January 1947*（George C. Marshall Foundation, 1998）
Etzold, Thomas H. "The Far East in American Strategy, 1948–1951," in Thomas H. Etzold, ed., *Aspects of Sino-American Relations since 1784*（New Viewpoints, 1978）
Feaver, John H. "The China Aid Bill of 1948: Limited Assistance as a Cold War Strategy," *Diplomatic History,* Vol. *5,* Issue 2（April 1981）
Fohlen, Claude. "De Gaulle and Franklin D. Roosevelt," in Cornelis A. van Minnen and John F. Sears, eds., *FDR and His Contemporaries: Foreign Perceptions of an American President*（St. Martin's Press, 1992）
Guptil, Marilla Bliss. "The United States and Foreign Relief: UNRRA in China, 1942–1947"（Ph. D. diss., University of Virginia, 1995）
Heniff, Bill Jr. "Overview of the Authorization-Appropriations Process," CRS Report for Congress, RS20371（November 26, 2012）
Hess, Gary R. "The Iranian Crisis of 1945–46 and the Cold War," *Political Science Quarterly,* Vol. 89, No. 1（March 1974）
Hughes, E. J. "Winston Churchill and the Formation of the United Nations Organization," *Journal of Contemporary History,* Vol. 9, No. 4（October 1974）

Irwin, Douglas A. "From Smoot-Hawley to Reciprocal Trade Agreements: Changing the Course of U. S. Trade Policy in the 1930s," in Michael D. Bordo, Claudia Goldin, and Eugene N. White, eds., *The Defining Moment: The Great Depression and the American Economy in the Twentieth Century* (University of Chicago Press, 1998)

Kemp, Virginia. "Congress and China, 1945–1959" (Ph. D. diss., University of Pittsburgh, 1966)

Kim Donggil. "Stalin and the Chinese Civil War," *Cold War History,* Vol. 10, No. 2 (2010)

Kimball, Warren F. "The Sheriffs: FDR's Postwar World," in David B. Woolner, Warren F. Kimball, and David Reynolds, eds., *FDR's World: War, Peace, and Legacies* (Palgrave Macmillan, 2008)

LaFeber, Walter. "Roosevelt, Churchill, and Indochina: 1942–45," *The American Historical Review,* Vol. 80, No. 5 (December 1975)

Lintner, Bertil. "The CIA's First Secret War," *Far Eastern Economic Review,* Vol. 156, No. 37 (September 1993)

Maga, Timothy P. "Vision and Victory: Franklin Roosevelt and the Pacific War Council, 1942–1944" *Presidential Studies Quarterly,* Vol. 21, No. 2 (Spring 1991)

Manela, Erez. "The Fourth Policeman: Franklin Roosevelt's Vision for China's Global Role," 呉思華・呂芳上・林永樂主編『開羅宣言的意義與影響』（政大出版社，2014年）

Mark, Eduard. "American Policy toward Eastern Europe and the Origins of the Cold War, 1941–1946: An Alternative Interpretation," *The Journal of American History,* Vol. 68, No. 2 (September 1981)

Marolda, Edward J. "The U. S. Navy and the 'Loss of China,' 1945–1950," in Larry I. Bland, ed., *George C. Marshall's Mediation Mission to China, December 1945–January 1947* (George C. Marshall Foundation, 1988)

Mastny, Vojtech. "Stalin and the Prospects of a Separate Peace in World War II," *The American Historical Review,* Vol. 77, No. 5 (December 1972)

McCoy, Donald R. "Election of 1920," in Gil Troy, Arthur M. Schlesinger, Jr., and Fred L. Israel, eds., *History of American Presidential Election, 1789–2008,* 4th edition (Facts on File, 2012)

Nakatsuji Keiji. "The Short Life of the U. S. Official 'Two China' Policy: Improvisation, Policy, and Postponement, 1950,"『社会文化研究』（広島大学総合科学部紀要Ⅱ）第一五巻（一九八九年）

Nanto, Dick Kazuyuki. "The United States' Role in the Postwar Economic Recovery of Japan" (Ph. D. diss., Harvard University, 1976)

Niu Jun. "The Origins of the Sino-Soviet Alliance," in Odd Arne Westad, ed., *Brothers in Arms: The Rise and Fall of the Sino-Soviet Alliance, 1945–1963* (Woodrow Wilson Center Press, with Stanford University Press, 1998)

Pechatnov, Vladimir O. "The Soviet Union and the Bretton Woods Conference," in Giles Scott-Smith and J. Simon Rofe, eds., *Global Perspectives on the*

Bretton Woods Conference and the Post-War World Order (Palgrave Macmillan, 2017)

Rofe, J. Simon. "'Under the Influence of Mahan': Theodore and Franklin Roosevelt and Their Understanding of American National Interest," *Diplomacy and Statecraft,* Vol. 19 (2008)

Saturno, James V., and Brian T. Yeh. "Authorization of Appropriations: Procedural and Legal Issues," CRS Report for Congress, R42098 (November 30, 2016)

Sbrega, John J. "The Anticolonial Views of Franklin D. Roosevelt, 1941–1945," in Herbert D. Rosenbaum and Elizabeth Bartelme, eds., *Franklin D. Roosevelt: The Man, the Myth, the Era, 1882–1945* (Greenwood Press, 1987)

Serafino, Nina, Curt Tarnoff and Dick K. Nanto. "U. S. Occupation Assistance: Iraq, Germany and Japan Compared," CRS Report for Congress, RL 33331 (March 23, 2006)

Skretting, J. R. "Republican Attitudes toward the Administration's China Policy, 1945–1949," (Ph. D. diss., State University of Iowa, 1952)

Snyder, William P. "Dean Rusk to John Foster Dulles, May-June 1953: The Office, the First 100 Days, and Red China," *Diplomatic History,* Vol. 7, Issue. 1 (January 1983)

Tønnesson, Stein. "Franklin Roosevelt, Trusteeship, and Indochina: A Reassessment," in Mark Atwood Lawrence and Fredrik Logevall, eds., *The First Vietnam War: Colonial Conflict and Cold War Crisis* (Harvard University Press, 2007)

Tucker, Nancy Bernkopf. "American Policy toward Sino-Japanese Trade in the Postwar Years: Politics and Prosperity," *Diplomatic History,* Vol. 8, Issue 3 (July 1984)

——. "China's Place in the Cold War: The Acheson Plan," in Douglas Brinkley, ed., *Dean Acheson and the Making of U. S. Foreign Policy* (Palgrave Macmillan, 1993)

Wang, Richard Yuping. "The Joint Chiefs of Staff and United States Policy on China, 1945–1949" (Ph. D. diss., Mississippi State University, 1987)

Ward, Geoffrey C. "On Writing about FDR," *Prologue,* Vol. 23, Summer 1991

青山瑠妙「中国の対台湾政策——一九五〇年代前半まで」『日本台湾学会報』第四号（二〇〇二年七月）

浅井良夫「ドッジ・ラインと経済復興——マーシャル・プランとの比較検討」油井大三郎・中村政則・豊下楢彦編『占領改革の国際比較——日本・アジア・ヨーロッパ』（三省堂、一九九四年）

浅野豊美「ポーレー・ミッション——賠償問題と帝国の地域的再編」小林道彦・中西寛編著『歴史の桎梏を越えて——二十世紀日中関係への新視点』（千倉書房、二〇一〇年）

飯倉章「占領期　一九四五～一九五二年」細谷千博監修、A五〇日米戦後史編集委員会編『日本とアメリカ―パートナーシップの五〇年』（ジャパン・タイムズ、二〇〇一年）
五十嵐武士「対日占領政策の転換と冷戦――対日経済復興政策の立案を中心にして」中村隆英編『占領期日本の経済と政治』（東京大学出版会、一九七九年）
岩本純明「占領軍の対日農業政策」中村隆英編『占領期日本の経済と政治』（東京大学出版会、一九七九年）
袁克勤「米華相互防衛条約の締結と『二つの中国』問題」『国際政治』第一一八号（一九九八年五月）
川島真「カイロ宣言の〝亡霊〟」『中央公論』第一二九巻第二号（二〇一四年二月号）
柴田茂紀「対日食糧援助の開始と継続」『商学論集』（同志社大学大学院）第三三巻第二号（一九九九年三月）
杉田米行「一九四〇年代アメリカ対中国政策の不確定性」西村成雄編『中国外交と国連の成立』（法律文化社、二〇〇四年）
スミス、ロバート・ロス「日本本土進攻ルートの決断」K・R・グリンフィールド編／中野五郎訳『歴史的決断』（筑摩書房、一九八六年）
高橋慶吉「アメリカの対中政策とチャイナ・ロビーの誕生（一）――ウォルター・ジャッドを中心に」『阪大法学』第五三巻第二号（二〇〇三年八月）
――「アメリカの対中政策とチャイナ・ロビーの誕生（二）――ウォルター・ジャッドを中心に」『阪大法学』第五三巻第五号（二〇〇四年一月）
――「米国外交における中国大国化構想の挫折――一九四八年対外援助法を中心に」『阪大法学』第五六巻第三号（二〇〇六年九月）
――「占領期米国の対日経済援助政策の形成――対日占領政策の転換過程に見る中国要因」『阪大法学』第五八巻第五号（二〇〇九年一月）
――「戦後アメリカ対中政策の起源――「二つの中国」政策の形成過程」『阪大法学』第五九巻第三／四号（二〇〇九年一一月）
――「『二つの中国』とアメリカ――ダレスの対中政策論」『阪大法学』第六二巻第二号（二〇一二年七月）
――「G・F・ケナンと台湾防衛政策の起源」『阪大法学』第六三巻第三／四号（二〇一三年一一月）
――「F・D・ローズヴェルトと民族自決理念の普遍化――ウィルソン外交との比較」『阪大法学』第六九巻第三／四号（二〇一九年一一月）
――「F・D・ローズヴェルトの戦後アジア構想――中国大国化の条件」瀧口剛編『近現代東アジアの地域秩序と日本』（大阪大学出版会、近刊）
細谷雄一「国連構想とイギリス外交――普遍主義と地域主義の交錯　一九四一―四三年」細谷雄一編『グローバル・ガバナンスと日本』（中央公論新社、二〇一三年）
松田康博「台湾の大陸政策（一九五〇～五八年）――『大陸反攻』の態勢と作戦」『日本台湾学会報』第四号（二〇〇二年七月）
松本はる香「台湾海峡危機［一九五四～五五］と米華相互防衛条約の締結」『国際政治』第一一八号（一九九八年五月）
マハン、アルフレッド・T／麻田貞雄訳「アジアの問題」『アルフレッド・T・マハン』アメリカ古典文庫第八巻（研究社、一九七七年）
丸山鋼二「戦後満州における中共軍の武器調達――ソ連軍の『暗黙の協力』をめぐって」江夏由樹・中見立夫・西村成雄・山本有造編『近代中国東

北地域史研究の新視角』（山川出版社、二〇〇五年）
山極晃「敗戦をめぐる国際政治――アメリカの政策を中心にして」『世界』第三七一号（一九七六年一〇月号）
楊維真／天野裕子訳「ベトナム問題をめぐる中仏交渉　一九四五～一九四六年」西村成雄・石島紀之・田嶋信雄編『国際関係のなかの日中戦争』（慶應義塾大学出版会、二〇一一年）

事項索引

◆ あ 行

◆ か 行

◆ さ 行

◆ た 行

◆ な 行

人名索引

◆ あ 行

◆ か 行

◆ さ 行

◆ た　行

◆ な　行

◆ は　行

◆ま 行

◆や 行

◆ら 行

●著者紹介
高橋 慶吉（たかはし けいきち）
1977年，岐阜県に生まれる。
2000年，大阪大学法学部卒業。2002年，大阪大学大学院法学研究科博士前期課程修了。2003-05年，ペンシルヴァニア大学留学。大阪大学大学院法学研究科助教などを経て，
現在，大阪大学大学院法学研究科准教授。
専門は，アメリカ外交史。
著作に，「原爆投下と日米の歴史認識――オバマ米大統領の広島訪問を踏まえて」田中仁編『21世紀の東アジアと歴史認識』（法律文化社，2017年），「F・D・ローズヴェルトの戦後アジア構想――中国大国化の条件」瀧口剛編『近現代東アジアの地域秩序と日本』（大阪大学出版会，近刊）など。

米国と戦後東アジア秩序――中国大国化構想の挫折
China or Japan? The American Search for a Partner in East Asia, 1941-1954

2019年12月15日　初版第1刷発行

著　者　高　橋　慶　吉
発行者　江　草　貞　治

発行所　株式会社　有　斐　閣
〒101-0051
東京都千代田区神田神保町2-17
電話（03）3264-1314〔編集〕
（03）3265-6811〔営業〕
http://www.yuhikaku.co.jp/

印刷・株式会社三陽社／製本・大口製本印刷株式会社

★定価はカバーに表示してあります。

ISBN 978-4-641-14934-2